汉水文化研究资料索引

付 鹏 杨晓月 主编

武汉出版社

(鄂)新登字 08 号

图书在版编目(CIP)数据

汉水文化研究资料索引/付鹏,杨晓月主编.—武汉:武汉出版社,2022.10
ISBN 978-7-5582-5474-1

Ⅰ.①汉… Ⅱ.①付… ②杨… Ⅲ.①汉水-流域-文化史-研究资料-索引 Ⅳ.① Z89：K296

中国版本图书馆 CIP 数据核字（2022）第 167704 号

主　　编：付　鹏　杨晓月
责任编辑：李　俊
封面设计：王　璇
出　　版：武汉出版社
社　　址：武汉市江岸区兴业路 136 号　　邮　　编：430014
电　　话：(027) 85606403　　85600625
http://www.whcbs.com　　E-mail: whcbszbs@163.com
印　　刷：武汉鑫佳捷印务有限公司　　经　　销：新华书店
开　　本：787 mm×1092 mm　1/16
印　　张：15.75　　插　页：3　　字　数：330 千字
版　　次：2022 年 10 月第 1 版　2022 年 10 月第 1 次印刷
定　　价：62.00 元

版权所有·翻印必究
如有质量问题，由本社负责调换。

本书为湖北省高等学校人文社会科学重点研究基地汉江师范学院汉水文化研究基地2018年度重点研究项目"汉水流域文化研究索引"（项目编号：2018A01）资助，系中国索引学会2020年度青年指导项目"2008—2018汉水流域地方文化研究索引"（项目编号：CSI20B04）系列研究成果，本书受到十堰市张三丰历史文化研究会资助。

"汉水文化书系"编委会

一、本书系顾问名单

王生铁　湖北省政协原主席

周洪宇　湖北省人大常委会副主任

张维国　湖北省政协副主席

胡亚波　中共十堰市委书记

黄剑雄　十堰市人民政府市长

师永学　十堰市人大常委会主任

赵　哲　十堰市政协主席

刘光远　湖北省社会科学院院长

二、本书系组委会、编委会名单

主　任

纪光录　汉江师范学院原党委书记

付永昌　汉江师范学院党委书记、校长

周明华　汉江师范学院党委副书记

吴红斌　汉江师范学院党委常委、副校长

蔡静峰　十堰市委常委、宣传部部长

潘世东　十堰市政协副主席、汉江师范学院原校领导

副主任

王雪峰　十堰市委宣传部常务副部长

欧阳山　十堰市社科联主席

黄宏伟　十堰市科学技术协会主席
李占富　十堰市文联主席
操建华　十堰市作家协会主席
杨宝昌　十堰市地方志编纂委员会办公室主任
王太宁　十堰市南水北调水源区保护中心主任
余荣江　十堰市水利和湖泊局局长

编委会成员

饶咬成	聂在垠	罗耀松	王　进	王道国	王洪军
胡忠青	党家政	郑传芹	宋　晶	甘毅臻	陈　梅
李　岱	曹　弋	黄新霞	郝　敏	肖　锋	石永松
赵盛国	郭顺峰	冷小平	付　鹏	潘龚凌子	左　攀
廖兆光	钟　俊	何道明	李　娜	刘晓丽	康　平

总　编　潘世东
副总编　聂在垠　饶咬成　罗耀松　王道国　王洪军

《汉水文化研究资料索引》编委会

总顾问　纪光录　杨鲜兰
顾　问　付永昌　潘世东
主　编　付　鹏　杨晓月
副主编　喻正夫　宋永虹　李　艳
编　委　王　进　饶咬成　魏巨学　张　红　张　燕　程　慧
　　　　　吕瑾瑜　徐吉平　刘志慧　李　慧　王雅娟　向思仪
　　　　　贾淑慧　张文静　张　聪　杨　瑛　吴　昊　杨　硕

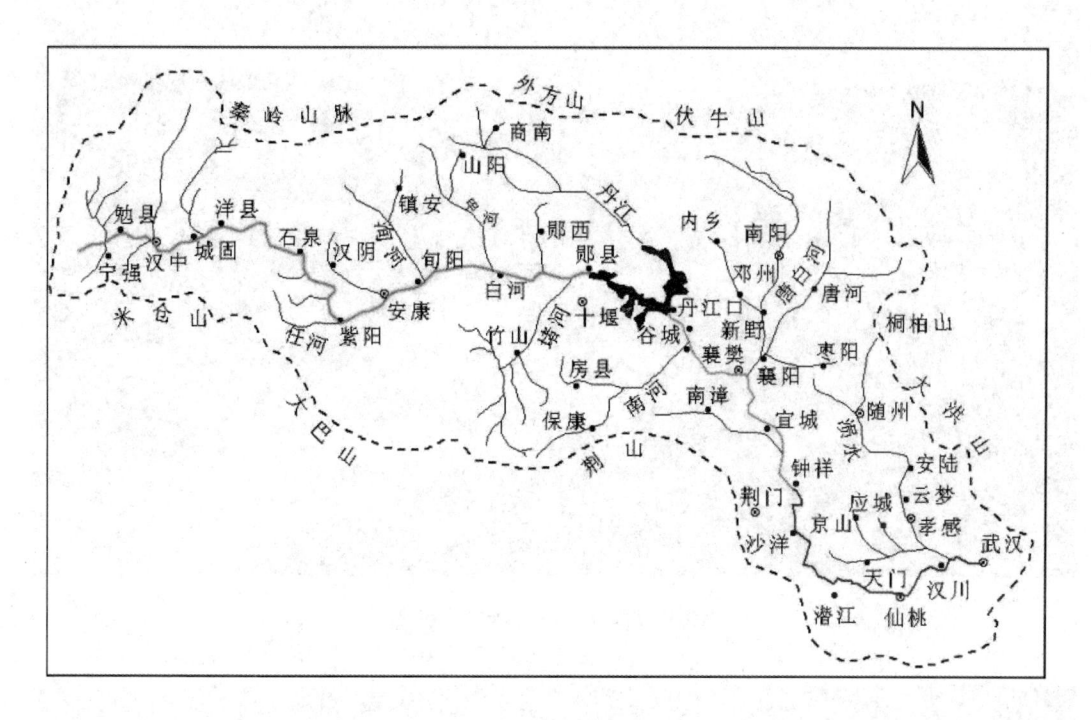

图1 汉江流域分布图

图2 南水北调中线主线干线工程路线图

图3 丹江口大坝(陈华平摄)

图4 武当山

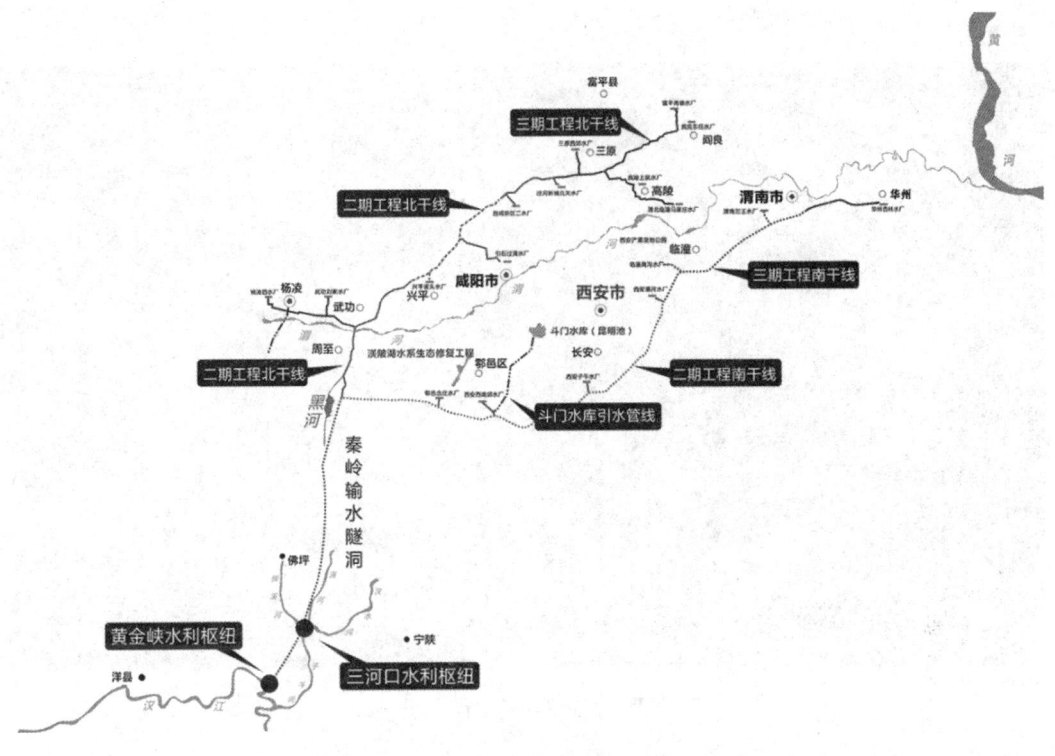

图5 引汉济渭工程平面示意图

图6 南水北调中线陶岔渠首枢纽工程（陈华平摄）

图7　汉江师范学院全景

图8　汉江师范学院图书馆

序 一

张维国

在东西方世界中都有一条银河，而且，令人不胜惊异的是她们都与"乳汁"密不可分。在古希腊的神话中，主神宙斯背着夫人赫拉生养了一个私生子。宙斯期盼这个儿子能够长生不老，便偷偷地把婴儿放在熟睡的夫人赫拉身旁，让他吮吸赫拉的乳汁，不料孩子把赫拉惊醒，一看吃奶的孩子并不是自己的亲生儿子，赫拉便一把推开，把孩子含在口中的乳汁溅洒在空中。神奇的乳汁滑过浩瀚的太空，星光闪闪、波光粼粼，立刻在宇宙之间铺开一条乳白色的大河，那便是银河在西方传说中的起源。而在中国的古老传说中，银河也叫云汉、银汉，是牛郎和织女相会的地方，而且，这条天河实际上与大地相连，《诗经》中有云，"维天有汉"，唯一与银河相接的地上河流，便在中国，便是汉江。汉水行诗走歌、流金淌银，不仅是一条绿色生态之河、商旅黄金之河、文化大河、历史大河和魅力大河，更是华夏文明的重要发源地和中华民族的"母亲河"，被世界文化学家誉为东方的"莱茵河"。

汉水是中国最古老的大河，比长江黄河还要早七亿多年，堪称中国的"祖母河"。在战国《禹贡》九州导山导水示意图和北宋沈括的《禹迹图》中，黄河与长江的流向都与如今所见并不相同，中途几经改道，唯有汉江，在这两幅地图上描绘得与今天的地图几乎一样。人类在2500年前就认识了汉江，在一千多年前认识了黄河，在400多年前还不知道长江源头在青海省。人类对于汉江的认识，要早于长江与黄河，直至春秋时期，汉江都保持着古中国第一大水的地位。

汉水流域既是地球上古老生命的发祥地之一，更是人类重要发祥地。这里不仅有世界上规模最大、数量最多、分布最广、龙蛋共生的恐龙蛋化石群，它们距离今天大约6500万年，而且是东方从距今200万年到5万年的古人类演变完整链条化石群的所在地。这里出土的郧县人化石大致距今80万年至200万年之间，距75万年的是梅铺猿人牙齿化石，白龙洞猿人距今10万—20万年，而黄龙洞猿人则距今5万年。汉水流域古人类演变完整链条化石群的发现，彻底改写了人类起源于非洲的论点，使汉水流域升格为人类的老家，成了人类当之无愧的摇篮。

汉水流域是中华民族和中华文明的重要发祥地。在地球的版图上，有一条神秘的北纬三十度线，许多古老的河流文明正是沿着这条纬线，开始了自己跨越千年的文明旅程。公元前3000年，两河流域出现了十几个城邦，由此进入了早期的国家状态；尼罗河三角洲一带，也因为土地肥沃，人口密集，成为古代"地中海沿岸的粮仓"，也是古埃及文明的发源之地。汉江，正好处在这条黄金般的北纬三十度文明线之上。据吕思勉和钱穆的观点，古代民族的得名往往是他们居住的地区。古老的华夏民族主干最早就是生活在汉水流域。他们认为，华夏族就是生活在华山以南、夏水两岸的民族。而古代华山就是现在的河南嵩山，夏水就是今天的汉水。这说明，汉水流域是中华民族最古老族源的发祥地。也正因为如此，汉江还是中国唯一一条被国外（韩国）系统复制迁移了名称、风俗文化和流域地名的大江，她同时也成了远古移民海外韩国人的祖先之河。

　　2003年前后，武汉大学考古学家王然教授带领自己的学生来到了汉水之滨的郧县柳陂镇。这里是南水北调的淹没区。他们的任务是抢救性发掘即将被淹没的文物。在一个叫辽瓦梁子的地方，他们被发掘地点的奇异景象惊呆了。此处的文物从明清开始依次纵深掘进，1～2米不等，就代表一个朝代的文物层，层层叠压，一个朝代压着另一个朝代，中间从未间断，竟然连续开挖出了夏商时代的文物。这是在世界文物考古发掘史上都少见的奇观！它雄辩地说明，地处发掘地的汉江流域古老文明一脉长流，历经悠悠五千年从未断绝。因此，他们理直气壮地将遗址所在地辽瓦梁子命名为"中华文明通史遗址"。与此可以相得益彰的是，三皇在这里留下了伏羲画八卦、女娲补天、神农尝百草的神话。中国最美丽、最古老、最有影响力的神话传说牛郎织女、嫦娥奔月、汉水神女、大禹治水等在这里诞生，商洛阳墟山发现了仓颉发明的最早文字，钟祥发现了中国最早的稻作遗址，汉口发现了中国最早的盘龙城，随州发现了春秋时代世界上最先进的乐器编钟……

　　作为兴龙之地，在汉代，从汉水走出了西汉和东汉两朝的开国帝王刘邦和刘秀。由于他们对西汉和东汉王朝的开辟和建立，使一个历史上唯一可以与大唐王朝兴盛强大并驾齐驱的帝国从汉水兴起，使汉水与汉朝、汉人、汉语、汉字、汉族、汉服、汉子、汉学等有着密不可分的直接联系，使汉水流域成为华夏文明的发祥地之一，也成为世界各地华夏子孙和汉民族祖居圣地。

　　自古以来，汉水流域缔造了伟大的文明。据现代学者考证，在远古，汉水流域生活的是炎帝的子孙——主要是巴族、苗族和后来的楚族。著名的"西土八国"不仅是当年掌握了先进生产力、助周倒商的强大军事劲旅，而且代表了春秋以前神州大地大西南和华南的最高文明。中国文学的两大源头《诗经》和《楚辞》均发源交汇于汉水流域，《诗经·汉广》描写的汉水神女是中国文学史上最早的江河女神形象。诗祖尹吉甫在这里创造了中国最早的个人署名诗篇,并且采编了中国诗歌元典《诗经》;爱国诗人屈原是中国最伟大的浪漫主义诗人之一,也是我国已知最早的著名诗人和伟大的政治家。他创立了"楚辞"这种文体,也开创了"香草美人"的传统。《离骚》和《诗经》开创了中国文学现实主义和浪漫主义的伟大先河和光辉传统,成为中国文学的渊薮。

出现在曾侯乙墓中的二十八宿天象图,拉开了中国最早天文学之序幕,而《甘石星经》的作者之一甘德是楚人,远远早于印度发现彗星,更比伽利略早1300多年。张衡诞生于南阳郡汉水流域白河之畔的西鄂县(今河南南阳市石桥镇),是我国东汉时期伟大的天文学家、地震学家和发明家。他提出浑天说,发明浑天仪,开启了我国航天遥测技术;他探索地震起因,发明了世界上最早的地动仪。

西汉时期的外交家张骞从汉水边的城固踏出了第一条通向世界的丝绸之路。东汉的蔡伦封侯于汉水边的龙亭铺,发明了造纸术。"医圣"张仲景是东汉南郡涅阳县(今河南省南阳县)人,为我国古代伟大的医学家,因含仁心仁德,后人尊称他为"医宗之圣"或"医圣"。他所著述的《伤寒杂病论》是我国最早的理论联系实际的临床诊疗专书,是继《黄帝内经》之后一部最有影响的光辉医学典籍,被后世医家誉为"万世宝典。""千古良相"诸葛亮"鞠躬尽力,死而后已"的献身精神,择才使用、任人唯贤的用人之道,忠诚无私的高尚品格,开拓创新的进取意识,千百年来一直为人们所敬仰、称道和怀念。其手摇羽扇,运筹帷幄的潇洒形象,千百年来已成为人们心中"智慧"的代名词。习凿齿是东晋人物志史学家,他所著作的《襄阳耆旧记》是中国最早的人物志之一。"宰相之杰"张居正世人称其为"张江陵",他是中国历史上最优秀的内阁首辅,明代最伟大的政治家、改革家。"茶圣"陆羽擅长品茗,对中国茶业和世界茶业发展作出了卓越贡献,被誉为"茶仙",尊为"茶圣",祀为"茶神"。

汉水流域物华天宝、人杰地灵。这里不仅文化伟人英雄辈出,撼动天下、扛鼎历史,而且更富跨代绝响、超世贡献。无论政治历史、经济社会、农业医药、科学技术、军事外交、文学艺术、语言文字等方面,都在不同历史时期,谱写了中华文明不同发展阶段上的绝顶奇迹,对人类文明做出了巨大贡献,留下了不可磨灭的丰功伟绩,泽被千秋,影响深远,为古今中外的文化历史学家所景仰、所赞叹。

汉水流域拥有丰富璀璨的著名文化品牌。汉水流域不仅享有古人类、中华民族、中华文明三大发祥地之誉,更是一座国内少有、世界罕见的文化资源宝库。这里有世界独一无二的野考基地神农架,有世界文化遗产武当山和明显陵,有世界最大的流放地古房陵,有世界民间故事村伍家沟村,还有中国七大历史文化名城和二十大国家级文化品牌,她们分别是"三皇"品牌、汉民族史诗《黑暗传》、汉民族第一民歌村——吕家河、中华文明的第四源头古巴域、中国最古老的大江——汉水、中国第一诗人和第一诗人的故乡——尹吉甫和房陵、中国郧县人、中国楚文化的发祥地、中国孝文化的摇篮——孝感、中国最古老的城堡——盘龙城、中国古代最先进的乐器——曾侯乙墓古编钟、拥有最宽的人工护城河和最完备古城的中华第一城池——襄阳城、中国最有影响的布衣山水田园诗人孟浩然的故居所在地和隐居地——鹿门山、中国智圣诸葛亮的隐居地与耕读地——古隆中、在宋元之战号称"铁打"的襄阳、沿用时间最长的私家园林鼻祖和郊野园林典范——习家池、"牛郎织女"与七夕节起源地、被誉为古代土木工程的第三大奇迹的褒斜石门古隧道、太极湖和中国最早的楚长城。此外，这里聚集了68处国家文化遗产保护单位、49处国家非物质文化遗产，还有大量的文化遗址正在论证、申报之中，而省级文化保护单位和非物质文化遗产则比比皆是，据初步统计，已达1100余处。这些宝贵的文化资源，有的填补了人类文化的空白，有的代表了中华文明在该历史时代发展的高峰，有的昭示了人类无法测度、永无止境的高贵智慧，有的则是取之不尽、用之不竭的精神宝藏。他们闪烁着中华文明的璀璨光华，散发着强烈的东方智慧神奇魅力，是中华民族骄傲、自豪和无上光荣之所在，也是汉水流域永续发展的信心和福祉所在！

汉水文化是中国传统文化重大特大题材与主题。汉水流域是人类的古老发祥地之一，是以华夏民族为主干的汉民族重要发祥地，更是古老伟大中华文明的重要发祥地。600年前，因为明朝北修故宫、南修武当使汉水武当与北京建立起神秘的连接而异军突起，一跃而为圣山、仙山，600年后的今天，随着南水北调工程的实施和完成，汉水与汉水文化又将再一次与北京缔结神秘的联系，将会成为横空出世、举世瞩目的圣河和文化宝藏。

正是在这个意义上，如果说，大唐文化在西安，大宋文化在开封，那么，我们也有充分的理由说，大汉文化、汉文化就在汉水。汉水文化不仅属于汉水、汉水流域、汉民族，而且更属于神州大地，属于中华民族，属于人类和世界。而汉水文化内涵的价值和高度，不仅具有流域文化的地标性，更富于民族特性和国家高度，是我们伟大民族和伟大国家应该倍加珍惜和保护、大力弘扬和传承、科学发掘和开发的无上宝藏。

习近平总书记指出，历史和现实都证明，中华民族有着强大的文化创造力。每到重大历史关头，文化都能感国运之变化、立时代之潮头、发时代之先声，为亿万人民、为伟大祖国鼓与呼。没有中华文化繁荣昌盛，就没有中华民族伟大复兴。中华优秀传统文化是中华民族的突出优势，中华民族伟大复兴需要以中华文化发展繁荣为条件，必须大力弘扬中华优秀传统文化。要对传统文化进行创造性转化、创新性发展，让收藏在禁宫里的文物、陈列在广阔大地上的遗产、书写在古籍里的文字都"活"起来。正是基于这种认识，汉江师范学院立足于文化历史学、文化社会学、文化哲学和文化地理学等学科背景，着眼于历史性、时代性、全面性、典型性、学术性和普及性等学术定位，运用现代学术规范，从全流域的角度，系统地梳理了汉江流域经济社会、历史文化发展的辉煌历程，汉水文化形成和发展的古今概貌，揭示了汉水文化的基本内涵和特征，全面地描绘了汉水流域具有典型意义、五彩纷呈的文化事象和民风民俗，形成了"汉水文化研究书系"这部独具特色的地域文化研究、流域与河流文化研究的系列丛书。丛书的出版，既是汉水流域文化研究的喜事、盛事和要事，也是汉江师范学院学科建设、教育教学改革转型发展的重要成果，更是地方高校践行政、产、学、研、企融合、努力传承发展地方历史文化、强力服务地方经济社会发展的突出表现，值得社会各界的点赞和欢迎。

汉水是古代"江河淮汉"四大名河之一，在中国流域文化中，其文化的兼容性、开放性、固执性和创新性都非常典型。汉水文化是特异型的流域文化。汉水流域历史上基本形成了整体性的文化系统和文化结构，构成了相对独立的文化区；汉水流域的历史发展和文化变迁是中华文明历史演变的一个缩影。汉水流域以两大平原（江汉平原和伊洛平原）和三大盆地（汉中盆地、南阳盆地和襄阳盆地）为地理环境条件，以四大流域文化（秦陇文化、巴蜀文化、荆楚文化和中原文化）为人文语境条件，形成上游、中游、下游三个区系，它是甘、陕、鄂、豫、川、渝交界地区，是承东启西、连接南北的枢纽地带，形成内陆性的文化走廊和黄金文化带。作为特异型的流域文化，汉水文化在自身的历史进程中处于南北文化激荡交锋的锋面，融合黄河文化和长江文化的优长，具有兼容会通的特色，独树一帜、别具一格，是得天独厚、不可代替的流域文化范型。对汉水文化的观照和审视，从某种意义上说，就是对中华文化的重心和关节点的观照和审视。我坚信，随着"汉水文化研究书系"的问世，关于汉水文化赋存资源现代转型的研究和开发，对于中西部地区的先进文化建设与和谐文化建设，对于流域文化、城市文化和文化学的学科建设，对于进一步振兴中华民族传统文化，具有重要的理论意义和现实意义；对于全流域地区的文化资源优势转化为文化产业优势，对于推进文化强省建设和文化产业跨越式发展，对于南水北调中线工程实施和文化生态保护，具有重要的促进和推动作用。我们期望，随着"汉水文化研究书系"的出版，一个更大范围、更大力度的保护和传承、研究和发展汉水文化的高潮会尽快到来。

是为序。

2022年3月

（本序作者系湖北省政协副主席）

序 二

潘世东

  三千里汉水，从悠久绵长的五千年历史深处流来，流出了灿烂辉煌的文化和文明、神话和历史、文艺和诗歌、精神和传统，同时也流出了科技与创新、开拓与奋斗、斗争与牺牲、和平与美丽，流成了一条奔腾不息、蕴藉深厚、泽被久远的文化之河和历史之河，流成了一条充满奇迹和谜团的魅力之河。

  《汉水文化研究资料索引》一书系我校汉水文化研究基地2018年重点资助出版项目，作者通过梳理汉水文化研究论文、著作、报刊、科研论文等，进行细致的分门别类，按照时间先后排序进行整理，该索引收录的文献资料范围广：囊括了学术论文和硕士博士论文及会议、报纸、著作、国家社科基金项目与教育部人文社会科学项目、部分省市社科基金项目立项课题等，时间上截至2021年，该书有利于研究者了解该领域研究的最新动态和趋势。

  据了解，目前在汉水流域还没有学者对研究成果进行系统化收集整理，所以说本书的出版也是汉水文化研究的一大成果，可喜可贺！有理由相信《汉水文化研究资料索引》的出版将对我国汉水文化相关学术领域的研究起到重要的学术参考价值。此外《汉水文化研究资料索引》的编撰出版也具有重要的学术价值，对汉水文化研究的拓展和创新具有非常重要的参考价值。同时对于汉水文化特色数据库、机构库的建设都打下了良好的初始资源建设基础，必然是奠定汉水文化特色学科建置的关键基石。

  此书原来只是汉水文化研究论文索引，但是在研究过程中，作者又增加了图书和科研项目，增加了资料收集整理的难度，更新完善了索引体系，本书的出版不仅为汉水流域地方文化工作者增"柴"添"火"，更让初入汉水文化研究的新秀后进，得以拥有"按图索骥"的指引。

  汉水文化研究资料索引一方面给予研究者所需资料方面的引导，帮助他们在较短的时间内掌握相关资料的目录信息，另一方面也为读者呈现汉水文化研究近40年发展整体状况，帮助研究者获得了较好的研究背景和开阔的眼界。本书的意义与价值在于填补了汉水文化研究领域关于2008—2021年间研究文献整理的空白，汇集了汉水文化方方面面的成果与信息，及时反映了汉水文化研究的最新学术动态，为汉水文化研究学者提供检索便利。

  阅完付鹏的书稿后，深为感动和欣喜。他天性颖悟，勤奋扎实，志向专笃，对汉水文化情有独钟。多年来他一直结合自己的岗位和专业特长从信息资源管理的角度围绕汉水文化执着开展研究，取得了一项项成果，我为他感到高兴，也被他执着科研探究精神与甘于"坐冷板凳"做学问的态度感动，这也应该是当代青年学者做学问应该具有的科学精神。

  书成之后，承付鹏之托为该书作序，有感于付鹏研究志向坚定，虽不是图情专业学历，但其勤学钻研，实在难能可贵。就此而论，付鹏积数年之功，费心尽力编撰《汉水文化研究资料索引》，实在是件嘉惠学林、功德无量之事。此书的出版，对于地方文化工作者开发利用地方文献具有一定的帮助，也是汉水文化研究的一件幸事，值此付梓出版之际，应付鹏之邀，聊作数语，欣然允之，权且为序。

  不废江河万古流。最后，我衷心祝愿汉水文化研究行稳致远、根深蒂固、生机勃勃！热切期待汉水文化研究基地成果丰硕、人才济济，兴旺发达！

  是为序

2022年5月28日于汉江师范学院

（本序作者系湖北省政协委员、十堰市政协副主席、湖北省民间文艺家协会副主席，汉江师范学院二级教授，湖北省高校人文社科重点研究基地汉水文化研究基地负责人）

前 言

汉水是华夏文明的发源地和成长摇篮之一，也是中华民族的"母亲河"，十堰是汉水流域的重要城市之一，境内汉水文化资源丰富，遗址遗迹众多。汉水处于中国地理版图的中央，以"天下之中"的地理优势造就了古代最著名的政治、经济、文化中心。汉水流域是古老的"华夏族"崛起之地、古代"两汉"和汉民族的龙兴之地，"汉族""汉语"等词由此而来。作为自然地理南北过渡带的汉水流域是南北文化交融的轴心、南北丝绸之路的必经之路和沟通海内外的桥梁，也是移民聚集之地。

从20世纪80年代中期开始，在汉水沿岸的高等院校和地方文化部门相继成立了关于汉水流域文化学术活动研究机构，在许多学者近四十年的争相探索与研究下，汉水文化研究取得了重大进展，产生了许多重要的学术成果，使汉水文化成为以地域命名为一门学科，并呈现出旺盛的学术生命力。

本书旨以"中国学术期刊网"为检索统计工具，选取"关键词""题名""摘要""主题"为检索项，以"汉水、汉江、沧浪"为检索词，通过"中国期刊全文数据库""中国博士学位论文全文数据库""中国优秀硕士学位论文全文数据库""中国重要会议论文全文数据库"四个数据库进行跨库高级检索，对1980年至2021年有关汉水方面的研究论文进行了收录。索引条目以时间先后顺序，按"汉水文化""汉水人物""汉水民俗""汉水文学"等专题分类编排，每一条著录格式为：序号 文献正题名：副题名/责任者//刊名，年.卷（期）。

汉水索引编制是一项集体工程，在汉水文化研究基地的大力支持及学校领导对汉水文化研究索引编制的高度重视下，历经5年编制完成，该书凝聚了汉江师范学院图书馆集体智慧。

本书的主要参与人员分工如下：

付鹏负责全书的组织统筹，制定资料收集、栏目设置、分类方法、著录及体例原则；资料的收集整理由杨晓月、喻正夫、宋永虹负责；索引格式编排规范由向思仪、贾淑慧、张文静、张聪等同学帮忙校对，丹江口市委宣传部陈华平提供了有关南水北调的相关照片的插图。

一部索引的使用价值，很大程度上取决于其信息收集的"全"与编排体例的"准"。本书在信息收集面上，力求无所偏废；在编排体例上，力求类目清晰，以便"按图索骥"。由于能力所限，本书离我们的目标还存在一定差距，恳切希望专家、学者及广大读者在使用过程中给我们提出宝贵意见，以便不断完善。

凡 例

一、本书分为研究论文资料索引和研究图书书目索引及汉水科研项目目录索引三部分。

研究论文资料索引收录1980—2021年间发表的有关汉水研究的论文、资料题录数据约3800余条，论文资料主要来源于国内报刊及论文集，CNKI、读秀、万方、维普等文献数据库；图书书目收同一时期国内出版发行的汉水文化研究专著和有专题章节研究汉水的图书题录数据一百多条。

二、索引采取分类编排方式，按文献内容研究对象的学科属性或事物性质设置多级分类类目。分类标引采取从总到分、从一般到具体的原则，充分体现研究对象的事物性质或学科隶属关系和族性关系。二级分类设置依据《中国图书馆分类法》立类原则，按文献研究对象（内容）的学科属性设置，其中文学的下位类按文学体裁细分。

三、研究论文资料索引同一类目下的资料大致按照出版年编排；同一资料分别有多个出处的，以其首次发表的时间录入。研究图书目录按专著出版时间编排，同一时段下再按图书题名的汉语拼音顺序排列。

四、索引正文条目著录格式主要参考国家标准《检索期刊条目著录规则》（GB3793—83），在此基础上增加了文献类型代码著录项目。

1. 基本格式

序号 题名：副题名或说明文字［文献类型］/责任者，其他责任者//原载出处

例：0025 汉水文化鸟瞰：关于武当文化背景的思考［J］/杨洪林//郧阳师范高等专科学校学报，1993（1）

2. 期刊论文

序号 题名：其他题名［J］/责任者，其他责任者//来源出版物，年，卷（期）

例：0125 汉水文化视野下的《黑暗传》之历史文化价值［J］/潘世东，李洪，葛慧//郧阳师范高等专科学校学报，2009（1）

3. 学位论文

序号 题名：其他题名［D］/责任者.—来源或学住授予单位（学位级别），发布时

间

例：0564　长江中游地区商代文化研究［D］/豆海锋.—吉林大学（博士论文），2011

4．会议论文

序号　题名：其他题名/责任者，其他责任者//来源（论文集名）/论文集责任者.—出版地：出版者，出版年

例：汉水流域休闲体育文化圈构建的SWOT分析［C］/张娟//中国体育科学学会2015第十届全国体育科学大会论文摘要汇编（二）中国体育科学学会（China Sport Science Society）：中国体育科学学会，2015

5．报纸

序号　题名：其他题名［N］/责任者，其他责任者/报纸名，出版日期

例：汉水文化知多少［N］/海冰//湖北日报，2021-11-25

6．图书

序号　题名：副题名及说明文字［M］/责任者，其他责任者及责任方式;其他形式责任者及责任方式.—出版地：出版社，出版时间（丛书名）

例：115　汉水上游报刊史话［M］/付鹏，周尚原，程培长编著.—北京：中国文联出版社，2018

7．科研项目

序号　项目标题（项目来源）/主持人//机构///年度

例：192　汉水流域戏剧文化的传承与保护研究（湖北省社会科学基金）/曹赟//汉江师范学院///2019

目录

序一
序二
前言
凡例

第一部分　汉水文化研究论文资料索引 ············ 1
  1　汉水文化 ············ 1
  2　汉水人物 ············ 15
  3　汉水文学 ············ 17
  4　汉水民俗 ············ 29
  5　汉水经济 ············ 33
  6　汉水军事 ············ 51
  7　汉水艺术 ············ 53
  8　南水北调专题 ············ 60
    Ⅰ 汉水水利工程 ············ 60
    Ⅱ 生态保护 ············ 64
    Ⅲ 移民及其他 ············ 67
  9　汉水建筑工程 ············ 68
  10　汉水城镇 ············ 94
  11　汉水水文 ············ 106
  12　汉水生态 ············ 117
  13　汉水历史 ············ 188
  14　汉水动植物 ············ 200
  15　汉水防洪专题 ············ 202
  16　汉水有关新闻报道 ············ 205

第二部分　汉水文化研究图书书目索引 ············ 214

第三部分　汉水文化科学研究项目目录索引 ············ 221

后　记 ············ 234

第一部分　汉水文化研究论文资料索引

1　汉水文化

1. 伯牙姓氏考［J］/余显明//江汉论坛，1983（10）
2. 汉水上游巴文化的探讨［J］/唐金裕//文博，1984（1）
3. 论湖北龙山文化［J］/方酉生//江汉考古，1985（1）
4. 试论屈家岭文化［J］/方酉生//武汉大学学报（人文科学版），1986（3）
5. "沧浪水"地理位置考［J］/刘丙初//船山学刊，1987（S1）
6. 汉水上游巴文化与殷周关系的探讨［J］/唐金裕//文博，1988（1）
7. 清代汉江水运［J］/萧正红//陕西师范大学学报（哲学社会科学版），1988（4）
8. 论大溪文化与其它原始文化的关系［J］/王杰，田富强//江汉考古，1989（2）
9. 汉水流域文化渊源的几个问题［J］/李星//陕西理工学院学报（社会科学版），1991（1）
10. 汉水上游文化史探微［J］/梁中效//陕西理工学院学报（社会科学版），1991（1）
11. 试论朱家台文化［J］/沈强华//江汉考古，1992（2）
12. 老官台文化再研究［J］/赵宾福//江汉考古，1992（2）
13. 汉水文化鸟瞰：关于武当文化背景的思考［J］/杨洪林//郧阳师范高等专科学校学报，1993（1）
14. 郧阳府治城建史廓觅踪［J］/冷遇春//郧阳师范高等专科学校学报，1993（3）
15. 大巴山脉与川北史前文化的探讨/马幸辛//四川文物，1993（5）
16. 夏代巴人地域考［J］/田敏//湖北民族学院学报（哲学社会科学版），1994（1）
17. 汉水上游文化史寻踪［J］/梁中效//汉中师范学院学报，1994（1）
18. 略论汉水中游地区的仰韶文化［J］/靳松安，任伟//中原文物，1994（4）
19. 陕西古人类文化类型与分布［J］/周春茂//文博，1994（5）
20. 巴族之族源考［J］/杨华//三峡学刊（四川三峡学院社会科学学报），1994（2，3）

- 1 -

21. 远古时期巴族与三苗文化的关系［J］/杨华//四川文物，1995（4）

22. 廪君巴与汉上巴之关系探略［J］/田敏//中南民族学院学报（哲学社会科学版），1995（2）

23. 从战国带铭铜戈看蜀文字的存在［J］/梁文骏//四川文物，1995（2）

24. 春秋以前巴人史迹辨析［J］/田耕//贵州民族研究，1995（3）

25. 《山海经》貊国考［J］/刘子敏，金荣国//北方文物，1995（4）

26. 论早期濮文化与巴文化的关系［J］/朱世学//民族论坛，1996（2）

27. 先秦巴族族源综论［J］/田敏//东南文化，1996（3）

28. 试论大溪文化的变迁［J］/徐祖祥//四川文物，1997（1）

29. 对巴蜀文化数千年历史特点的思考［J］/屈小强//文史杂志，1997（2）

30. 论巴无姬姓［J］/田敏//东南文化，1997（2）

31. 汉水中游保康县明清时期的墓碑石刻文化［J］/龙国平，王善栋//汉中师范学院学报，1998（1）

32. 巴楚关系刍议［J］/郑文//西北师大学报（社会科学版），1998（6）

33. 古汉人与傩文化的源流［J］/何光岳//学术月刊，1998（7）

34. 对汉水文化研究若干问题的思考［J］/徐永安//湖北汽车工业学院学报，2000（3）

35. 汉江流域可持续发展的思考［J］/蔡述明，陈国阶，杜耘//长江流域资源与环境，2000（4）

36. 简论秦汉王朝与汉水流域的关系［C］/马强//秦文化学术研讨会论文集，2001

37. 十堰地区古代部族与方国探源［J］/徐永安//湖北汽车工业学院学报，2001（3）

38. 关于汉水几个问题的探讨［J］/喻宗汉//学习与实践，2001（6）

39. 论早期汉水上游与渭水流域的关系及意义［J］/马强//炎帝与汉民族国际学术研讨会论文集，2002

40. 汉水、渭水流域在汉民族发展史上的地位［J］/梁中效//炎帝与汉民族国际学术研讨会论文集，2002

41. 论历史时期汉水流域的文化政治地位［J］/马强//汉中师范学院学报，2002（2）

42. 石门摩崖石刻文化价值再认识［J］/李锐//汉中师范学院学报，2002（4）

43. 再论汉水文化与楚文化、汉文化的关系［J］/徐永安//郧阳师范高等专科学校学报，2002（4）

44. 巴文化起源新论［J］/张硕//江汉论坛，2002（8）

45. 汉源文化历史探源三题［J］/王中达//郧阳师范高等专科学校学报，2003（1）

46. 汉水、渭水流域在汉民族发展史上的地位［J］/梁中效//天水师范学院学报，2003（3）
47. 汉水中上游文化特性及其现代转型［J］/朱飞//汉中师范学院学报，2003（5）
48. 楚王及其都城［J］/郑昌琳//武汉文史资料，2003（8）
49. 论楚风汉韵：汉水文化与楚汉文化之关系［J］/杨洪林，张翎//湖北广播电视大学学报，2004（2）
50. 汉水流域与荆楚文化的孕育与勃兴（摘要）［C］/魏昌//汉水文化暨武当文化国际学术讨论会集，2004
51. 汉水文化刍论（摘要）［C］/刘玉堂，张硕//汉水文化暨武当文化国际学术讨论会论文集，2004
52. 汉水文化的特色及影响［C］/梁中效//汉水文化暨武当文化国际学术讨论会论文集，2004
53. 沧浪文化初探［C］/郭旭阳//汉水文化暨武当文化国际学术讨论会论文集，2004
54. 十年来汉水流域历史文化研究综述［C］/孟宪杰//汉水文化暨武当文化国际学术讨论会论文集，2004
55. 汉水流域的早期居民［C］/金学清//汉水文化暨武当文化国际学术讨论会论文集，2004
56. 有关曹魏、孙吴时期的江夏地域与汉水流域初步考察（摘要）［C］/菊地大//汉水文化暨武当文化国际学术讨论会论文集，2004
57. 汉水文化带的形成述论［J］/梁中效//汉中师范学院学报，2004（5）
58. 马克思主义的汉水文化体系观［J］/饶春球//郧阳师范高等专科学校学报，2004（5）
59. 先秦巴文化与巴楚文化的形成［J］/段渝//华中师范大学学报（人文社会科学版），2004（6）
60. 汉水文化暨武当文化国际学术研讨会综述［J］/田雁//江汉论坛，2004（9）
61. 汉水流域与荆楚文化的孕育与勃兴［C］/魏昌//汉水文化暨武当文化国际学术讨论会论文集，2004
62. "清风朗月"：唐代汉水道隐文化［J］/李文澜//汉水文化暨武当文化国际学术讨论会论文集，2004
63. 汉水流域古方国的类型及其构成［J］/蓝哲，龚玉华//郧阳师范高等专科学校学报，2005（5）

64. 汉水上游的文化传统与教育的更新性发展［J］/王芳//陕西理工学院学报（社会科学版），2005（4）

65. 汉水审美文化论纲［J］/杨洪林//郧阳师范高等专科学校学报，2005（6）

66. 重视地域文化的认定、发掘与保护：房陵文化圈启示录［C］/傅广典//中国民间文化艺术产业建设研讨会论文集，2005

67. 论汉水文化的生态形式特征［J］/潘世东//郧阳师范高等专科学校学报，2006（1）

68. 汉水文化：在亚文化与主文化关系中审视［J］/黄瑞玲//陕西理工学院学报（社会科学版），2006（2）

69. 学科建设视野下的汉水文化研究［J］/李锐//陕西理工学院学报（社会科学版），2006（2）

70. 汉水流域历史文化的和谐特色［J］/梁中效//陕西理工学院学报（社会科学版），2006（2）

71. 金文简牍中的汉水与楚国［J］/罗运环//江汉论坛，2006（4）

72. 唐宋时期关于汉水正源的考辨/马强//陕西理工学院学报（社会科学版），2006（4）

73. 汉水文化研究基地简介［J］//安康师专学报，2006（6）

74. 早期蜀文化和汉水上游地区青铜文化的关系［J］/宋治民//南方文物，2007（3）

75. 汉江水文化探讨［J］/张中旺，白华云//襄樊学院学报，2007（4）

76. "汉"含义的历史演变［J］//协商论坛，2007（4）

77. 汉水文化史上八大文化整合现象探究［J］/明安生//郧阳师范高等专科学校学报，2007（4）

78. 汉水流域堵河文化源流考/华赋桂//郧阳师范高等专科学校学报，2007（4）

79. 横亘东西勾连南北的汉水流域古代盐道［J］/潘世东//郧阳师范高等专科学校学报，2008（1）

80. 论汉水文化精神［J］/潘世东//武汉大学学报（人文科学版），2008（2）

81. 汉水上游地区教育发展的文化学内涵［J］/张晓华//教育评论，2008（6）

82. 汉水流域的诸葛亮文化［J］/梁中效//襄樊学院学报，2008（7）

83. 论蜀汉江州都督［J］/刘华//湖北第二师范学院学报，2008（12）

84. 文化视域中的武汉与汉江［J］/张笃勤//江汉大学学报（社会科学版），2008（3）

85. 从中外科技文明的比较看汉水上游科技文明的发展［J］/刘鹏，彭卓飒//科技创新导报，2008（15）

86. 汉水文化视野下的《黑暗传》之历史文化价值［J］/潘世东，李洪，葛慧//郧阳师范

高等专科学校学报，2009（1）

87. 一部地域文化研究的创新力作——评潘世东教授的《汉水文化论纲》［J］/郑春元，刘玉敏//十堰职业技术学院学报，2009（1）

88. 《汉水文化论纲》评介［J］/邱紫华//郧阳师范高等专科学校学报，2009（1）

89. "汉文化"概念及其相关问题［J］/孙启祥//陕西理工学院学报（社会科学版），2009（1）

90. 郧阳文化的解读与认定——郧阳地域文化考察报告［J］/傅广典//民间文化论坛，2009（5）

91. 试论早期汉水文化在中华文化形成发展中的地位［J］/席成孝//安康学院学报，2009（5）

92. 具有汉水文化特色的安康滨水景观［J］/李金婷//园林，2009（12）

93. 汉水流域文献信息资源的网络化建设［J］/刘莉//兰台世界，2009（20）

94. "核心—边缘"模式理论视阈下的早期汉水文化［J］/席成孝//学理论，2009（20）

95. 汉水文化视野下的古老文明大国——庸国［J］/潘世东//郧阳师范高等专科学校学报，2010（2）

96. 汉水文化研究的新开拓——评潘世东教授新著《汉水文化论纲》［J］/黄南珊//襄樊职业技术学院学报，2010（4）

97. 区域文化视野下汉水上游地区教育发展探究［J］/张晓华//当代教育与文化，2010（2）

98. 江汉平原南部民居与聚落源流研究［D］/荣蓉．—华中科技大学（硕士论文），2010

99. 早期楚文化的初步研究［D］/胡刚．—西北大学（硕士论文），2010

100. 城镇化背景下西部职业教育的梯级开发探讨——以汉水上游地区为例［J］/张晓华//陕西理工学院学报（社会科学版），2010（1）

101. 汉水文化特色数据库的建设构想［J］/付鹏，胡遂生，阮湛钧//郧阳师范高等专科学校学报，2010（2）

102. 浅谈鄂西北道教、汉水、汽车特色文献资源建设探析［J］/付鹏，胡遂生//湖北经济学院学报（人文社会科学版），2010（11）

103. 汉水中游地区屈家岭文化研究［D］/张萍．—郑州大学（硕士论文），2011

104. 从中华文化的多元生成性看汉水文化的地位——兼与"汉江是中华民族的母亲河"观点商榷［J］/徐永安//理论月刊，2011（4）

105. 汉江流域文化线路上的传统村镇聚落类型研究［D］/吕晓裕．—华中科技大学（硕士论文），2011

106. 武汉码头文化的历史源流与发展演变［J］/王玉德//世纪行，2011（5）

107. 中国古代文学与地域文化学术研讨会综述［J］/王建科，刘昌安，王伟//陕西理工学院学报（社会科学版），2011（4）

108. 长江中游地区商代文化研究［D］/豆海锋．—吉林大学（博士论文），2011

109. "沧浪濯缨"典故源流研究［J］/陆璐，潘宇//科教文汇（中旬刊），2011（3）

110. 论楚文化生成的自然地理环境因素［J］/黄莹//三峡大学学报（人文社会科学版），2011（4）

111. 充满魅力的"东方莱茵河"——关于襄阳汉江文化问题的研究［J］/杜汉华，杜睿杰//襄樊职业技术学院学报，2011（2）

112. 汉水七夕文化考［J］/杜汉华，杜睿杰//襄樊职业技术学院学报，2011（1）

113. 汉江明珠 人文之都——关于襄阳文化定位问题的研究［J］/陈仁铭//襄樊职业技术学院学报，2011（4）

114. 勉县县城历史文化空间艺术构架研究［D］/刘昱如．—西安建筑科技大学（硕士论文），2011

115. 汉水女神民俗文化旅游开发研究［J］/朱运海//江汉大学学报（社会科学版），2012（6）

116. 楚骚美学形成的文化地理条件［J］/周婷，祁国宏//语文学刊，2012（11）

117. 南北水陆节点古镇—赊店研究［D］/张振宇．—武汉理工大学（硕士论文），2012

118. 打造民间民俗体育文化品牌的新战略——以汉水上游地区为例［J］/杨柳，邱毅//新课程研究（中旬刊），2012（08）

119. 汉水文化研究与学科建设问题［J］/王忠锋//陕西理工学院学报（社会科学版），2012（2）

120. 楚文化：汉水文化项链上的瑰宝［J］/王雄，甘在斌//中国三峡，2012（12）

121. 汉水，中国神话文化的源头［J］/王雄//中国三峡，2012（6）

122. 灿烂多姿的汉水文化［J］/王生铁//世纪行，2012（4）

123. 汉水中游地区石家河文化研究［D］/王富国．—郑州大学（硕士论文），2012

124. 丝绸之路上拜火教远东教廷遗址江州匡山寺九考［D］/彭达（Kring Kristall）．—清华大学（硕士论文），2012

125. 东西汉水辨——兼论古人的汉源观念［J］/刘淑颖//华中师范大学学报（人文社会

科学版），2012（4）

126. 西汉水流域民间建筑文化管窥——与民间玩具蚂蚱笼之关联［J］/刘吉平//甘肃高师学报，2012（6）

127. 汉江以长江最长的支流中华文明的摇篮之一楚文化的发祥地名冠华夏［J］/令狐铭//中国地名，2012（6）

128. 汉水中游地区新石器时代瓮棺葬遗存研究［D］/李佩．—吉林大学（硕士论文），2012

129. 明清郧阳抚治二百年［J］/黄忠富//世纪行，2012（2）

130. 嘉陵江名称考［J］/何术林//临沧师范高等专科学校学报，2012（1）

131. 从《诗经》看先秦时期汉水流域文化特征［J］/桂珍明，刘勇//剑南文学（经典教苑），2012（12）

132. 浅议汉江综合整治应彰显的文化特色［J］/袁明义//新西部（理论版），2012（Z3）

133. 汉水中游地区新石器时代出土玉器研究［D］/郑龙龙．—郑州大学（硕士论文），2013

134. 《汉初武都大地震与汉水上游的水系变迁》之质疑——与周宏伟先生商榷［J］/赵炳清，周运中//历史地理，2013（2）

135. 楚国疆域变迁之研究［D］/赵炳清．—复旦大学（硕士论文），2013

136. 湖北道德群星现象的文化思考［J］/张敏//文化发展论丛，2013（2）

137. 古"南襄隘道"上城镇商业空间与会馆建筑研究［D］/余骞．—武汉理工大学（硕士论文），2013

138. 两个荆楚方国与三个鄂国探微［J］/杨采华//荆楚学刊，2013（6）

139. 明清时期汉水中游城镇体系的等级结构与空间结构——以襄阳府为例［J］/徐俊辉//设计艺术研究，2013（3）

140. 百色盆地旧石器和汉水上游地区旧石器的比较研究［J］/吴雁，梁新堂//史前研究，2013（6）

141. 汉水古码头及其文化特质［J］/王雄//苏州科技学院学报（社会科学版），2013（2）

142. 汉水中游地区仰韶文化研究［D］/田盼．—重庆师范大学（硕士论文），2013

143. 汉水上游巴人踪迹探论［J］/孙启祥//陕西理工学院学报（社会科学版），2013（1）

144. 汉水流域水利历史文化浅析［J］/罗权，霍姝颖//三峡论坛（三峡文学理论版），2013（3）

145. 浅析汉水流域的中医养生文化［J］/刘淮，付颖//内蒙古中医药，2013（5）

146. 从宁强羌族服饰分析汉水流域少数民族的审美文化［J］/刘飞//旅游纵览（下半月），2013（12）

147. 汉水流域文化与牛郎织女星神［J］/梁中效//安康学院学报，2013（4）

148. 汉水流域的牛郎织女文化［J］/梁中效//陕西理工学院学报（社会科学版），2013（1）

149. 并立与分化——明清时期汉水流域复式城市的形成、类型与启示［J］/李晓峰，徐俊辉//新建筑，2013（4）

150. 楚国水上交通述论［J］/李经威，徐文武，李经兴//新余学院学报，2013（4）

151. 鄂西北地域文化的国家意义［J］/傅广典//郧阳师范高等专科学校学报，2013（1）

152. 汉江河源考析［J］/冯忠贤，常崇信，樊维翰//陕西水利，2013（4）

153. 论汉水流域新时期小说中民间文化的审美意义［J］/费团结//陕西理工学院学报（社会科学版），2013（2）

154. 基于历史文化名城的汉水流域文化时空特征研究［J］/程金文，邢海虹//郧阳师范高等专科学校学报2013（5）

155. 陕南三市共建汉水文化数据库的SWOT分析［J］/王小华//情报探索，2013（12）

156. 论早期荆楚文化与汉水流域的关联性——以史前至三国为考察中心［J］/李亮宇//湖北民族学院学报（哲学社会科学版），2013（4）

157. 汉水流域文化研究的力作——《汉水文化史》评介［J］/王建科//陕西理工学院学报（社会科学版），2014（1）

158. 明代汉水上游的水利事业与水利文化［J］/左攀，潘世东//农业考古，2014（3）

159. 汉江流域传统节日体育文化研究透析［J］/周红萍//湖北体育科技，2014（8）

160. 汉水文化研究学术研讨会综述［J］/张西虎，王淑新，王吉清//陕西理工学院学报（社会科学版），2014（1）

161. 中国大河流域开发与国家文明发育［J］/张雷，鲁春霞，李江苏//黄河文明与可持续发展，2014（1）

162. 中国大河流域开发与国家文明发育［C］/张雷//黄河文明与可持续发展（第九辑）河南大学黄河文明与可持续发展研究中心，2014

163. 千秋汉水［J］/许灏//陕西水利，2014（6）

164. 汉水上游汉中盆地新发现的旧石器及其年代［J］/王社江，孙雪峰，鹿化煜，弋双文，张改课，邢路达，卓海昕，俞凯峰，王頠//人类学学报，2014（2）

165. 秦岭南麓汉水上游旧石器考古研究现状与契机［J］/王社江，鹿化煜//人类学学报，2014（3）

166. 汉中文化的内涵和特点（上）［J］/孙启祥//陕西档案，2014（5）

167. 精心培育汉水流域三国文化带［J］/沈伯俊//湖北文理学院学报，2014（12）

168. 彰显南阳水文化魅力 展示地域历史风采［J］/肜海平//河南水利与南水北调，2014（23）

169. 汉水流域的历史文化光芒（五题）［J］/潘世东//郧阳师范高等专科学校学报，2014（2）

170. 汉江宗教文化生态特点论［J］/刘松//甘肃广播电视大学学报，2014（2）

171. 说"汉"［J］/梁中效//安康学院学报，2014（3）

172. 湖北三国历史地名与文化遗存述考［D］/李亮宇．—华中师范大学，2014

173. 古蜀道及其对汉江上游地区文化的传播渗透［J］/柯西钢，朱立挺//西北大学学报（自然科学版），2014（6）

174. 汉水流域文化资源产业化开发的路径研究［J］/郭顺峰//荆楚学刊，2014（5）

175. 从《诗经》"二南"看汉水上游与秦楚、巴蜀文化的关系［J］/桂珍明，杨名，张丽娜//鄂州大学学报，2014（6）

176. 秦岭流出的三条河［J］/陈旭//森林与人类，2014（4）

177. 周代邓国、邓县的历史与文化［D］/陈楚天．—华中师范大学（硕士论文），2014

178. 十堰境内汉江水文化特质［J］/曹弋，李娜//郧阳师范高等专科学校学报，2014（4）

179. "是是非非"西汉水——西汉水、嘉陵江、汉水古名辨析［J］/周侃//甘肃水利水电技术，2015（1）

180. 汉江东荆河流域水文化浅探［J］/赵晓鸣，赵莉，陈云该//科技风，2015（19）

181. 中国大河流域开发与国家文明发育［J］/张雷，鲁春霞，李江苏//长江流域资源与环境，2015（10）

182. 汉水流域休闲体育文化圈构建的SWOT分析［C］/张娟//中国体育科学学会（China Sport Science Society）2015第十届全国体育科学大会论文摘要汇编（二）中国体育科学学会（China Sport Science Society）：中国体育科学学会，2015

183. 汉水端公舞与丽江东巴跳文化同源性探析［J］/张华江，胡小明//武汉体育学院学

报，2015（1）

184. 汉水流域端公舞文化传承困境及对策［J］/张华江//湖北文理学院学报，2015（9）

185. 汉水上游乡土聚落空间形态特征研究——以原公集镇为例［J］/闫杰，王军//建筑与文化，2015（10）

186. 明清会馆的公共文化特色——以汉江流域明清商会建筑为例［J］/王芸辉，雷礼锡//产业与科技论坛，2015（17）

187. 中国古代会馆中的秩序与和谐——以汉江流域会馆为例［J］/王芸辉//湖北文理学院学报，2015（7）

188. 汉水上游巴文化遗存研究［D］/王静．—重庆师范大学（硕士论文），2015

189. 十堰城市特色文化及郧阳文化品牌宣传语提炼［J］/田运科，李垣璋，郑妍妍//湖北工业职业技术学院学报，2015（3）

190. 论汉江流域水利文化中的人文精神维度［J］/潘世东，左攀//郧阳师范高等专科学校学报，2015（1）

191. 宋代文人对汉水女神文化的开拓［J］/梁中效//荆楚学刊，2015（6）

192. 沧浪之水荡神州［C］/李广彦//中国水文化（2015年第6期）：《中国水文化》杂志社，2015明清时期汉江流域书院研究［D］/贾勇．—广西师范大学（硕士论文），2015

193. 陕西汉江走廊休闲文化产业发展问题及对策研究［J］/侯晓丽//理论导刊，2015（5）

194. 汉江流域传统村落居民文化传承研究——以枣阳前湾村为例［J］/何珍//商，2015（35）

195. 汉水中游新石器文化编年序列及其与邻近地区的互动关系［D］/何强．—吉林大学（硕士论文），2015

196. 汉水流域文化发展与研究初探［C］/何红霞//中国水文化（2015年第4期）：《中国水文化》杂志社，2015

197. 汉水流域女娲文化资源的整合与开发［J］/郭顺峰//荆楚学刊，2015（3）

198. 是"河瀚"还是"河汉"？［J］/辜良仲//咬文嚼字，2015（6）

199. 美国国会图书馆藏《汉江以北四省边舆图》述考［J］/冯岁平//陕西理工学院学报（社会科学版），2015（1）

200. "襄阳军事攻防工程体系"与汉水流域"世界遗产"的申报、保护［J］/杜汉华，余海鹏//襄阳职业技术学院学报，2015（3）

201. 百里长渠的两千年沧桑［J］/陈松平//中国农村水利水电，2015（12）
202. 考古学视角下的襄阳文脉［J］/张硕//湖北社会科学，2015（7）
203. 嶓冢山与汉水古源——对一桩史地疑案的梳理［J］/祝中熹//天水师范学院学报，2016（3）
204. 从考古学角度看巴文化与汉文化的融合［D］/周杰.—南京大学（硕士论文），2016
205. 信阳茶源流考辩［J］/张清改//和田师范专科学校学报，2016（3）
206. 新石器时代汉江流域文化地理［J］/尹弘兵//文化发展论丛，2016（2）
207. 汉江流域明清会馆的文化传承与创新［J］/王芸辉，雷礼锡//中华文化论坛，2016（1）
208. 明清至民国时期两湖平原水事纠纷与地方水利利益同盟［J］/王红//人文论丛，2016（2）
209. 从"身体有恙"到"礼物流动"：作为交往话语生产的治疗实践——西汉水流域猫鬼神信仰的人类学研究［J］/台文泽//中南民族大学学报（人文社会科学版），2016（2）
210. 地方感、民间信仰与村落整合——西汉水流域"犯丧"信仰的人类学研究［J］/台文泽//中国农业大学学报（社会科学版），2016（1）
211. 南北朝晚期大型墓葬出土胡人驱傩画像砖和俑研究［J］/师若予//中国国家博物馆馆刊，2016（5）
212. 多维视野下的汉水文化历史地位探寻［J］/潘世东//郧阳师范高等专科学校学报，2016（1）
213. 汉水流域道教发展的文化地理条件初探［J］/路旭斌//荆楚学刊，2016（3）
214. 氐羌遗韵：陇南古民居建筑及其文化传承——以西汉水流域民居建筑为例［J］/刘吉平，李杰//甘肃广播电视大学学报，2016（1）
215. 汉水上游神话传说述论［J］/刘昌安//陕西理工学院学报（社会科学版），2016（3）
216. 刘邦汉国的建立及其意义［J］/梁中效//咸阳师范学院学报，2016（5）
217. 曹魏文学中的汉水女神形象浅析［J］/梁中效//湖北文理学院学报，2016（7）
218. 试论唐代诗人对汉水女神文化的开拓［J］/梁中效//陕西理工学院学报（社会科学版），2016（1）
219. 汉江女神：一个文化基因的历史生成［J］/雷礼锡//襄阳职业技术学院学报，

2016（4）

220. 汉水流域文化发展与研究初探［C］/何红霞//中国水文化（2016年第1期 总第145期）：《中国水文化》杂志社，2016

221. 文化汉江的四维解读［J］/戴承元，杨明贵//安康学院学报，2016（2）

222. 贾平凹散文中的汉江文化元素［J］/陈思//文学教育（上），2016（10）

223. 《史记·楚世家》"三王"封地考［J］/曹天晓//文教资料，2016（34）

224. 让媒体融合引领转型发展——汉江流域城市党报媒体融合发展论坛综述［J］/陈栋，李晗//新闻前哨，2016（1）

225. 汉江遗产廊道系统的构建［J］/崔俊涛//兰台世界，2016（18）

226. 明清时期天门县的水利困境与地方水利秩序——以《襄堤成案》为中心［J］/王红//江汉论坛，2016（4）

227. 陕西汉水流域特色文献数据库的建设与探索［J］/王敬斌//电脑知识与技术，2016（26）

228. 巧借东风行大船——襄阳日报社媒体融合发展的探索［J］/闵葆华//中国地市报人，2016（4）

229. "融媒体"语境下的网络专题建设——以汉江网"襄阳抗战记忆"为例［J］/刘清原，刘婷婷//西部学刊，2016（1）

230. 汉江经济带襄十随城市群高职教育资源共享研究［J］/廖伦建//当代经济，2016（25）

231. 蒋骥楚辞地理研究方法述评［J］/朱闻宇//铜仁学院学报，2017（2）

232. 陕豫鄂毗邻区历史地理研究（1912-2012）［D］/闫奕铭．—西北大学（硕士论文），2017

233. 古代巴地的地域及民族考辨［J］/薛宗保//三峡论坛（三峡文学 理论版），2017（6）

234. 巴·彭·板楯蛮·賨［J］/薛宗保//长江师范学院学报，2017（5）

235. 明代温州文学家何白的均州沧浪游记考略［J］/田运科，李垣璋//湖北工业职业技术学院学报，2017（1）

236. 论商时期中原文化势力从南方的消退［D］/孙卓．—武汉大学（硕士论文），2017

237. 以《导淮工程计划》和《汉江上游之概况及希望》看李仪祉治水理念［J］/沙玉梅//名作欣赏，2017（11）

238. 汉口码头与码头汉口——汉口老码头回眸［J］/彭建新//文化发展论丛，2017（3）

239. 陕南的史前考古文化与族群分布［J］/刘烨，王欣//中国历史地理论丛，2017（4）

240. 汉江上游北宋时期特大历史洪水考证研究［D］/刘嘉慧．—陕西师范大学（硕士论文），2017

241. 汉江源头在哪里［C］/雷保寿//中国水文化（2017年第3期 总第153期）：《中国水文化》杂志社，2017

242. 清代汉江流域书院经费探究［J］/贾勇//中国经济与社会史评论，2017

243. 汉江流域六朝墓砖纹饰研究［D］/吉遇．—南京大学（硕士论文），2017

244. 生态文明建设视域下汉江水文化发展历史考察［J］/何道明，赵盛国//汉江师范学院学报，2017（2）

245. "汉阳诸姬"初探［D］/苟家容．—烟台大学（硕士论文），2017

246. 多维视野下的春秋早期楚国中心区域——清华简《楚居》之楚王居地考［J］/笪浩波//长江大学学报（社科版），2017（4）

247. 滥觞与嬗变：汉江遗产廊道的形成及其特征［J］/崔俊涛//农村经济与科技，2017（5）

248. 汉江流域传统民居营建技艺探究——以南漳县板桥镇传统民居为例［J］/陈鹏，王丹妹//建筑设计管理，2017（11）

249. 老官台文化生计方式研究［J］/陈畅，宋柯欣//北方文物，2017（4）

250. 西汉水流域档案文化学术论坛在西和县举行［J］/本刊讯//档案，2017（11）

251. 秦巴汉水的体育强市梦——记安康市体育发展惠民强市实践［J］/王开成//现代企业，2017（12）

252. 现代化语境下汉水流域村落民俗体育的文化创新［J］/张华江，周波文//湖北文理学院学报，2017（11）

253. 地方媒体关注国家超级工程的报道创新——以十堰晚报聚焦"汉水北上"系列报道为例［J］/朱江//新闻战线，2017（22）

254. "水上生华年"：一个码头城镇的汉江记忆——基于天门市多宝镇的田野调查［J］/王灿，冯明//长江论坛，2017（3）

255. 基于汉中特色地域文化的酒店设计方案比较研究［D］/牛晓军．—西安理工大学（硕士论文），2017

256. 方言对英语语音音素的负迁移Praat图像实证研究——以汉水上游鄂北方言为例［J］/方鹏，沈玲//汉江师范学院学报，2018（5）

257. 汉水上游鄂北方言对英语语音习得的负迁移影响调查报告［J］/方鹏，沈玲//课程

教育研究，2018（41）

258. 方言对英语语调的负迁移Praat图像实证研究——以汉水上游鄂北方言为例［J］/方鹏，沈玲//中国民航飞行学院学报，2018（5）

259. 方言对英语语音习得的负迁移及教学策略——以汉水上游鄂北方言为例［J］/方鹏，沈玲//湖北工业职业技术学院学报，2018（2）

260. 汉水流域古民居建筑原生自然环境探析［J］/周艳//美术教育研究，2018（6）

261. 汉北岩疆：宁陕镇与清代秦岭治理［J］/赵永翔//中国社会历史评论，2018（1）

262. 两周时期汉水中游陶豆的演变分析［D］/张博森．—西北师范大学（硕士论文），2018

263. 明清时期汉水流域皇家道教宫观的建筑形制与美学特征——以钟祥元佑宫为例［J］/尹波，苏中钰//美术教育研究，2018（22）

264. 汉水女神形象及其人文内涵［J］/向俊//怀化学院学报，2018（3）

265. 汉江上游沉积记录的北宋时期古洪水事件文献考证［J］/王光朋，查小春，黄春长，庞奖励，张国芳//浙江大学学报（理学版），2018（4）

266. 唐代山南道研究［D］/林云鹤．—上海师范大学（硕士论文），2018

267. 试论汉水文化的思想与精神内涵［J］/冷静//汉江师范学院学报，2018（5）

268. 汉水流域语言与文化研究［J］/柯西钢//陕西师范大学学报（哲学社会科学版），2018（3）

269. 湖北省郧县安阳口旧石器时代遗址发掘简报［C］/胡长春//中国科学院古脊椎动物与古人类研究所、安徽省国土资源厅第十六届中国古脊椎动物学学术年会论文集中国科学院古脊椎动物与古人类研究所、安徽省国土资源厅：中国古生物学会，2018

270. 汉江流域传统村落居民文化传承意向与行为研究——以南漳县雷坪村为例［J］/何珍，杨芳//农村经济与科技，2018（19）

271. 汉江流域传统村落居民文化传承意向及行为研究——以襄阳市南漳县漫云村为例［J］/何珍，汤桂林//市场周刊，2018（10）

272. 略论川东地区的巴国［J］/陈卫东，周科华//四川文物，2018（4）

273. 陇南民歌与先秦风土歌谣——西汉水上游民俗文化对秦早期文化的接受与诠释之一［J］/陈江英//民族艺林，2018（3）

274. 汉江上游地区方言的混合特征及历史成因［J］/柯西钢//中山大学学报（社会科学版），2018（5）

275. 自然与人文双优的长江文明［J］/冯天瑜，马志亮，丁援//华中师范大学学报（人

文社会科学版），2019（1）

276. 武汉岳飞文化遗迹及其变迁简论［J］/张全明//河北大学学报（哲学社会科学版），2019（3）

277. 文化码头与"码头文化"：近代汉口文化市场研究［D］/周春芸.—华中师范大学（硕士论文），2019

278. 陕南油纸伞历史文化与传统制作工艺复原研究［D］/王秀丽.—陕西师范大学（博士论文），2019

279. 关于均州沧浪文化产业化的思考［J］/田运科，李垣璋//湖北工业职业技术学院学报，2020（6）

280. 房县磬口漫谈［J］/袁林，彭杰//中国民族博览，2021（17）

281. 齿颊生香——汉水饮食文化内涵及特征探研［J］/何道明//四川旅游学院学报，2021（1）

282. 论中国亭建筑的文化意味［D］/张雨檬.—云南师范大学（硕士论文），2021

2 汉水人物

283. 汉水东流逝不还 将军忠勇震瀛寰：缅怀抗日英雄张自忠将军［J］/孙祥征//武汉大学学报（人文科学版），1985（4）

284. 诸葛亮躬耕地质疑［J］/李兆钧，黄宛蜂//中州学刊，1988（5）

285. 屈原未放汉北说质疑与被放汉北新证［J］/赵逵夫//中国文学研究，1990（3）

286. 诸葛亮躬耕地考辨［J］/任崇岳//固原师专学报，1991（3）

287. 关于诸葛亮躬耕地之考辨［J］/赵长征//商丘师范学院学报，1991（3）

288. 屈原放逐汉北说质疑与《抽思》新解：与赵逵夫同志商讨［J］/冀凡//中国文学研究，1991（3）

289. 汉水流域禹迹散谈［J］/徐信印//安康师专学报，1992（Z1）

290. 诸葛亮躬耕隆中说献疑［J］/程有为//南都学坛，1992（3）

291. 张继乃为襄阳人［J］/斌//湖北师范学院学报（哲学社会科学版），1992（5）

292. 子贡所过汉阴考［J］/邹荣础//唐都学刊，1993（2）

293. 屈原武当沧浪之行考［J］/杨洪林//郧阳师范高等专科学校学报，1993（4）

294. 国殇：张自忠将军殉国纪实［J］/张传华//党史天地，1995（1）

295. 李宗仁与老河口［J］/汤礼春//团结，1995（1）

296. 张之洞与晚清江汉水政［J］/徐凯希//荆州师范学院学报，1995（4）

297. 汉北云梦、屈原赋与屈原在怀朝的被放之地［J］/赵逵夫//荆州师范学院学报，1995（4）

298. 李宗仁将军在老河口片断［J］/权超//世纪行，1997（1）

299. 襄阳、南阳诸葛亮在何处躬耕？［J］/李兆钧，王建中//人民论坛，1998（2）

300. 清思汉江上 习池有草堂：杜甫与襄阳［J］/魏平柱//襄樊学院学报，2000（3）

301. 三代领导人情系湖北水利［J］/胡正选，李明，帅移海//世纪行，2001（6）

302. 李白仗剑远游初期两次去蜀出峡臆说［J］/乔长阜//镇江高专学报，2001（1）

303. 杜光庭两度入蜀考［J］/罗争鸣//宗教学研究，2002（1）

304. 大禹故里考察［J］/李佩今//禹城与大禹文化文集，2002

305. 毛泽东与南水北调［J］/杨马林//长江建设，2003（6）

306. 作家鹏喜的汉江情结［J］/楚奇//武汉文史资料，2003（11）

307. 屈原与汉水流域文化［J］/梁中效//陕西理工学院学报（社会科学版），2005（4）

308. 伯牙和钟子期是否真有其人［J］/皮明庥//武汉文史资料，2006（9）

309. 永远的怀念：纪念老伴石泉教授［J］/李涵//江汉考古，2006（2）

310. 召信臣治水功垂史册［J］/华红安//陕西水利，2007（4）

311. 汉水流域的诸葛亮文化［J］/梁中效//陕西理工学院学报（社会科学版），2007（4）

312. 论屈原与沧浪文化［C］/张应荣//湖南省屈原学会湖南省屈原学会成立大会交流论文集湖南省屈原学会：湖南省社会科学界联合会学会工作处，2008

313. 运建立：汉江守望者［J］/窦丽丽//环境教育，2010（9）

314. 白云黄鹤下的"美丽人梯"——记武汉市汉江区中学政治教研员唐银平［J］/楚竹//中学政治教学参考，2010（11）

315. 真爱书写"石头记"——记湖北省郧县青曲中学党员教师杨正林［J］/周雪，吴兴林//学校党建与思想教育，2011（27）

316. 唐宋八大家与襄阳考论［D］/潘月．—广西师范学院（硕士论文），2011

317. 潘广宁：拳行汉水滨 鹏程万里心［J］/王芳，任涛//经济，2012（8）

318. 炎帝与汉水流域文化［J］/梁中效//陕西理工学院学报（社会科学版），2012（1）

319. 嘉靖皇帝与汉水文化［J］/左攀//郧阳师范高等专科学校学报，2013（4）

320. 遵吾道兮洞庭——屈原与西洞庭湿地文化［C］/张应荣//北京市哲学社会科学北京

语言大学首都国际文化研究基地、江苏高校哲学社会科学重点研究基地南通大学楚辞研究中心中国楚辞学（第二十二辑）--2013年河南西峡屈原与楚辞学国际学术讨论会暨中国屈原学会第十五届年会论文集北京市哲学社会科学北京语言大学首都国际文化研究基地、江苏高校哲学社会科学重点研究基地南通大学楚辞研究中心：中国屈原学会，2013

321. 汉水之滨的"痴情汉子" 记全国模范人民调解员、湖北省钟祥市石牌镇调委会主任宋善选［J］/黄宽浩，范荣华，胡园//人民调解，2013（8）

322. 楚天汉水，名句如云［J］/冯新生//中关村，2013（9）

323. 央视纪录片《汉江》第一撰稿人潘世东采访记［J］/王宁德//世纪行，2014（11）

324. 屈原贬谪汉北与楚辞相关名物典故的解读［J］/李炳海//山西大学学报（哲学社会科学版），2014（2）

325. 屈原未写《沧浪歌》［J］/吴斌//咬文嚼字，2015（2）

326. 论孟浩然的故乡情结［D］/孙丽华.—湖北师范学院（硕士论文），2015

327. 王世贞汉江流域抚郧文中的迁客之叹［J］/胡晓华//郧阳师范高等专科学校学报，2015（5）

328. 引汉济渭 福祉三秦——访陕西省引汉济渭工程协调领导小组副组长、省水利厅厅长王锋［J］/王辛石，张智吾，王剑//中国水利，2015（14）

329. 屈原会在秦国汉水郧阳投江吗?——报告文学《屈原：魂兮归来》质疑之一［J］/袁正洪，邢方贵，王永国，胡继南//职大学报，2016（5）

330. 诸葛亮与汉江［J］/夏日新//文化发展论丛，2016（2）

331. 诸葛亮为何躬耕南阳［J］/刘阳//先锋队，2016（30）

3 汉水文学

332. 简评《李自成》的战争描写［J］/段柄仁//东岳论丛，1980（4）

333. 宋之问的籍贯及《渡汉江》诗［J］/马斗全//中州学刊，1982（6）

334. 喜读《汉江，记住这个夜晚》［J］/严肃//当代文坛，1985（3）

335. 同安康人一起呼吸：写在《汉江，记住这个夜晚》发表后［J］/杨贵云//当代文坛，1985（3）沧浪水与孺子歌［J］/唐兰才//江汉考古，1986（3）

336. 空灵绮丽 韵味悠深：析张居正《泊汉江望黄鹤楼》/苏者聪//名作欣赏，1986（6）

337. 三千里汉江［J］/郭予//中国水利，1987（1）

338. 沧浪河畔诗话多［J］/常怀堂//水利天地，1987（1）

339. 《左传》"夏汭"考［J］/何浩//江汉论坛，1987（8）

340. 杜甫诗的"江汉"含义新探［J］/谭文兴//陕西理工学院学报（社会科学版），1990（3）

341. 永恒的艺术生命：《渡汉江》《行宫》赏析［J］/查良圭//名作欣赏，1991（2）

342. 丹朱传说与江汉古族［J］/丁冰//东北师大学报（哲学社会科学版），1991（5）

343. 《渔父》发微［J］/蒋南华//云梦学刊，1992（1）

344. 汉江情思［J］/李昌富//水利天地，1993（2）

345. 汉水、天汉文化考——兼论《牛郎织女》神话故事的源流［J］/杨洪林//郧阳师范高等专科学校学报，1993（4）

346. 《诗经·秦风》与先秦陇右地方文化［J］/张先堂//甘肃社会科学，1993（4）

347. 汉江儿女的欢歌与悲歌［J］/姚维荣//安康师专学报，1994（2）

348. 江源头话水来［J］/贺贵德//陕西水利，1995（2）

349. 孟浩然《登安阳城楼》小考［J］/易严//文献，1996（3）

350. 汉水与诗歌［J］/常怀堂//中国水利，1996（7）

351. 屈原《抽思》真是作于汉北吗［J］/张朝海//中国韵文学刊，1997（2）

352. 读《禹贡》随记［J］/王毓瑚//中国历史地理论丛，1997（4）

353. 《诗经·国风》中为何没有"楚风"［J］/欧雪松//文史杂志，1997（5）

354. 丹江的传说［J］/郑慧生//中州统战，1997（11）

355. 《招魂》与楚国文化［J］/蒋南华//贵州社会科学，1998（4）

356. 巴山汉水飞流韵［J］/江树业//当代戏剧，1998（4）

357. 汉水文化的沉淀与激活：评王雄的长篇小说《阴阳碑》［J］/曹毓民//铁道师院学报，1998（5）

358. 汉水谣［J］/周辉球//今日湖北，1999（6）

359. 唐代诗人汉中诗考略（下）［J］/马强//汉中师范学院学报，2000（1）

360. 明清诗歌描述的汉中安康自然环境［J］/梁中效//汉中师范学院学报，2000（2）

361. 从《汉江临泛》看王维诗歌的画意［J］/张剑//河南教育学院学报（哲学社会科学版），2000（3）

362. 从《诗经》和《楚辞》看汉水、淮河流域的文化［J］/梁中效//华夏文化，2001（4）

363. 感受与事实之间：宋人诗文所记汉水中下游河流景观及其解释［J］/潘晟//中国历史地理论丛，2002（2）

364.《商颂》五篇的分类与作年［J］/姚小鸥//文献，2002（2）

365.《黑暗传》的汉水文化历史价值论析［J］/冰客//郧阳师范高等专科学校学报，2003（4）

366. 汉水神女与浪漫的荆楚（摘要）［C］/罗运环//汉水文化暨武当文化国际学术讨论会论文集，2004

367. 汉水与中国古代神话传说［C］/夏日新//汉水文化暨武当文化国际学术讨论会论文集，2004

368. 浅析《渡汉江》的思想意蕴与艺术特点［J］/刘新昉//濮阳职业技术学院学报，2004（4）

369. "牛郎织女""七夕节"源考［J］/杜汉华，汪碧涛，余海鹏//襄樊职业技术学院学报，2004（5）

370. "牛郎织女"流变考［J］/杜汉华//中州学刊，2005（4）

371.《汉广》三家说探赜［J］/俞艳庭//黑龙江社会科学，2006（1）

372. 汉水文化的风情画卷：读王雄的"汉水文化三部曲"［J］/储开稳，陈浩诠//苏州科技学院学报（社会科学版），2006（2）

373. 汉水女神考论［J］/梁中效//郧阳师范高等专科学校学报，2006（5）

374.《诗经》与汉水流域文化［J］/梁中效//湖北大学学报（哲学社会科学版），2006（6）

375. 汉水、天汉、天水：论织女传说的形成［J］/赵逵夫//天水师范学院学报，2006（6）

376.《史记·夏本纪》汉中探微［J］/张昌文//司马迁与《史记》学术研讨会会议手册，2007

377. 论《诗经》时代汉水流域的诗歌和诗人：兼论中国最早的诗歌部落和诗人［J］/潘世东//郧阳师范高等专科学校学报，2007（1）

378. 汉水女神的文化阐释［J］/魏平柱//襄樊职业技术学院学报，2007（1）

379. 论汉水流域的女娲文化遗存及其地位［J］/袁林//郧阳师范高等专科学校学报，2007（1）

380. 悠悠汉水谣［J］/常望江，吴丹照，姜志斌，程东升//中国三峡建设，2007（2）

381. 陕西嘉陵江运记［J］/王自立//陕西水利，2007（4）

382. 汉水文化视野下的圣母女娲［J］/潘世东//十堰职业技术学院学报，2007（4）

383. 论炎帝神农尝百草对汉水文化的深远影响［J］/潘世东//郧阳师范高等专科学校学报，2007（4）

384. 汉画牛郎织女神话的原型分析［J］/郑先兴//古代文明，2007（4）

385. 星桥"史影——武当山"摘星桥"名的汉水文化资源赏析［J］/饶春球//郧阳师范高等专科学校学报，2007（5）

386. 中国文学形象中的汉水女神［J］/梁中效//古典文学知识，2007（6）

387. 探寻汉江源头［J］/税晓洁//生命世界，2007（7）

388. 人神之道殊兮楚天悲歌：从《诗经·周南·汉广》到《洛神赋》［J］/汪云霞//名作欣赏，2007（15）

389. 司马迁笔下的汉水流域及其汉中行踪［J］/孙启祥//陕西理工学院学报（社会科学版），2008（1）

390. 1998年湖北抗洪大事记［J］/吕东亮//党史天地，2008（1）

391. 抗洪精神永存［J］/罗清泉//党史天地，2008（1）

392. 汉水悠悠［J］/微言//文学教育（上），2008（1）

393. 跨越汉江的中国最早长城［J］/税晓洁//中国三峡建设，2008（2）

394. 我的水利生涯［J］/曹乐安，伍新建//武汉文史资料，2008（2）

395. 十五春秋铸丰碑——丹江口水电站建设侧记［J］/陈启红，张利霞//湖北电业，2008（2）

396. 汉水淬火"桥闸精神" 心血浇灌企业人文［J］/费良民//陕西水利，2008（3）

397. 开拓创新熔铸路桥之魂 顽强坚韧锻打桥闸精神［J］/费良民//陕西水利，2008（3）

398. 《渔父》沧浪地理位置之究索［J］/钱明锵//云梦学刊，2008（3）

399. 楚辞"渔父"形象内蕴探微［J］/张少杰//职大学报，2008（3）

400. 汉江明珠再铸辉煌——丹江口水力发电厂发电40年回顾［J］湖北水力发电，2008（5）

401. 回顾过去展望未来——纪念丹江口水利枢纽建设50周年［J］湖北水力发电，2008（5）

402. 河汉的"宽度"［J］/周苇风，方宜//广西社会科学，2008（6）

403. 沧浪之水——读楚辞《渔父》有感［J］/马镇//前进论坛，2008（11）

404. 感受那份勇气—读《汉水横冲—武汉城市改革的实践与思考》［J］/效平//中国出版，2008（12）

405. 汉江在我心中流淌［J］/蔡代平，张步新//音乐天地，2009（5）

406. 一道绵绵的汉水情思——席星荃散文解读［J］/汤天勇//襄樊学院学报，2009（6）

407. 家住汉江边［J］/郑迎春//黄河之声，2009（17）

408. 丰碑永存天地间——读吴官正《汉水横冲》有感［J］/袁利荣//博览群书，2010（2）

409. 陕南 被遗忘的隐者［J］/藏水蓝，丁小村//国学，2010（3）

410. 湖北省抗御汉江"20107"大洪水纪实［J］/孙又欣//中国防汛抗旱，2010（5）

411. 读鱼玄机《隔汉江寄子安》［J］/王爱生//文学教育（上），2010（10）

412. 湖北2010年防汛抗洪的认识与灾后思考［J］/王忠法//中国水利，2010（19）

413. 明确新任务 再创新辉煌［J］/王忠法//中国水利，2010（24）

414. 江涌新潮 再谱华章［J］/蔡其华//中国水利，2010（24）

415. 渔父是与世推移的人吗？［J］/王守明//名作欣赏，2010（28）

416. 襄阳与唐代诗歌［D］/马喜瑞.—河北师范大学（硕士论文），2011

417. 回归文献与历史现场：重审汉水流域城市样貌的若干成说——鲁西奇著《城墙内外》评介［J］/王日根//中国社会经济史研究，2011（2）

418. 明朝散发弄扁舟——"渔父"解读［J］/王开东//中学语文教学，2011（3）

419. 救救我们的主流——评潘世东教授《汉水文化论纲》［J］/王晓飞//郧阳师范高等专科学校学报，2011（4）

420. 谁能决定农耕大国走向工业强国？——评《让汉江告诉中国》［J］/彭彩霞//全国新书目，2011（5）

421. 草书《楚山汉水》五言联［J］/吕燮强//书法，2011（6）

422. 江堤情韵［J］/九夕//水利天地，2011（12）

423. 《水经·沔水注》襄樊—武汉河段校注与复原——附：《夏水注》校注与复原（下篇）［J］/张修桂//历史地理，2012

424. 汉水上游唐诗研究［D］/马玉霞.—陕西理工学院（硕士论文），2012

425. 神韵说与纯诗论比较研究［D］/刘金华.—浙江大学（硕士论文），2012

426. 朴素的语言 美好的情感——浅析几首先秦古歌的思想价值［J］/赵长慧//科教文汇（中旬刊），2012（1）

427. 盈盈沧浪水 巍巍艺苑情［J］/九玉淇//艺术学研究，2012（2）

428. 陆游汉中诗文的史料价值初探［J］/孙启祥//陕西理工学院学报（社会科学版），2012（3）

429. 浅议王雄"汉水文化三部曲"中文化基因的传承［J］/袁丽//陕西广播电视大学学报，2013（1）

430. 平凡显本色 迁徙见英雄——《梦萦故乡那条河》的史诗艺术价值［J］/龚艳丽//郧阳师范高等专科学校学报，2013（2）

431. 家在秦巴汉水间——观章长青山水画有感［J］/王鲁湘//安康学院学报，2013（5）

432. 愿做扁舟沧浪叟［J］/冯硕//水利天地，2013（6）

433. 《传世古》的东方古韵［J］/陈力//小说评论，2014（2）

434. 《水经注》中汉水流域的诸葛亮文化遗踪［J］/张超，梁中效//陕西理工学院学报（社会科学版），2014（3）

435. 十堰古代诗歌发展概况——先秦至两宋时期［J］/王学范，王晓//湖北工业职业技术学院学报，2014（3）

436. 汉水风俗文化研究的生态型范本——《三省山内风土杂识》内涵解读［J］/何道明//郧阳师范高等专科学校学报，2014（5）

437. 徜徉在《我的汉水家园》［J］/王丹//中国戏剧，2014（7）

438. 汉江河畔的枪声［J］/王国军//税收征纳，2014（8）

439. 亲近汉水［J］/刘庆邦//北京观察，2014（12）

440. 荆楚文化与唐代文学研究［D］/曾羽霞.—陕西师范大学（硕士论文），2015

441. 论唐代泛舟诗的游泛主题［J］/覃卫媛//太原城市职业技术学院学报，2015（2）

442. 言论的诗意化表达——以湖北日报"汉水北上"言论写作为例［J］/李思辉//新闻前哨，2015（2）

443. 《城墙内外：古代汉水流域城市的形态与空间结构》读后［J］/林枫，黄河//中国经济史研究，2015（2）

444. 诗题与诗体的互补性及其在唐代五绝韵体英译中的体现——以五位译者对《渡汉江》的英译为例［J］/王永胜，单畅//渤海大学学报（哲学社会科学版），2015（3）

445. 千里甘泉寻水源［J］/袁伟//中国石油企业，2015（3）

446. 汉水映诗魂［J］/赵丽宏，黎明//中国三峡，2015（3）

447. 古桂与汉源［J］/税晓洁//中国三峡，2015（4）

448. 南源玉带河［J］/税晓洁//中国三峡，2015（4）

449. 北源与新源［J］/税晓洁//中国三峡，2015（4）

450. 古栈道与楚长城［J］/税晓洁//中国三峡，2015（4）

451. 沧浪之水［J］/税晓洁//中国三峡，2015（4）

452. 汉水四源考［J］/任红，税晓洁//中国三峡，2015（4）

453. 汉之广矣，不可泳思［J］/任红//中国三峡，2015（4）

454. 王雄作品的审美文化意义［J］/蒋丽//陕西理工学院学报（社会科学版），2015（4）

455. 《三省山内风土杂识》对汉水风俗文化研究的价值浅析［J］/何道明//郧阳师范高等专科学校学报，2015（4）

456. 汉江秋韵［J］/柯贤会//中国盐业，2015（22）

457. 屈原在郧均地带作《渔父》、《橘颂》［C］/常怀堂//大江文艺：中国水利作家协会，2016

458. 襄阳三题［C］/秦建军//大江文艺（2016第4期 总第163期）：中国水利作家协会，2016

459. 沧浪水、沧浪歌与《楚辞·渔父》［J］/方成慧，刘刚//中国诗歌研究，2016（1）

460. 现当代湖北作家作品中的长江意象［J］/叶吉娜//世界文学评论（高教版），2016（3）

461. 龙泉：一道善水滋养四方［J］/江俊涛//法人，2016（4）

462. 均州：沧浪之上，沧浪之下［J］/任红//中国三峡，2016（5）

463. 唐诗中的城市景观：襄阳汉水［J］陈燕妮//江汉论坛，2016（9）

464. 浅谈王雄长篇小说中的汉水文化传承［J］/尚炜//语文建设，2016（9）

465. 南朝襄阳乐府诗研究［D］/王梦．—沈阳师范大学（硕士论文），2017

466. 沧浪湿地，与你有缘（外一篇）［C］/柳萍//大江文艺：中国水利作家协会，2017

467. 宋元明小说中的汉水故事母题及其当代重构［J］/费团结，陈曦//陕西理工大学学报（社会科学版），2017（2）

468. 梦回家乡情［J］/远山//税收征纳，2017（10）

469. 李白诗《金陵望汉江》"横溃豁中国"语意辨析［J］/朱文成//语文教学之友，2017（11）

470. 汉水欢腾 端午竞舟［J］/王小刚//人民司法（天平），2017（18）

471. 《群山绝响》［J］/方英文//文学自由谈，2018（3）

472. 《中吴纪闻》中的诗词研究［D］/王春燕．—西北师范大学（硕士论文），2019

473. 董永遇仙故事跨文本研究［D］/蒋蔚．—陕西理工大学（硕士论文），2019

474. 宋代"气象"论与唐宋新儒学的关系［D］/潘婷婷．—广东外语外贸大学（硕士论

文），2019

475. 《沧浪诗话》"本色"论［D］/吴娱．—哈尔滨师范大学（硕士论文），2019

476. 杨羲及其诗歌研究［D］/石婷．—西北师范大学（硕士论文），2019

477. 入江南溟《唐诗句解》绝句研究［D］/姚骄桐．—上海师范大学（硕士论文），2019

478. 宋代诗话与唐诗艺术学［D］/谢晓敏．—安徽大学（硕士论文），2019

479. 北宋荆州诗歌研究［D］/周大伟．—河北师范大学（硕士论文），2019

480. "丹江水"：中国水利的地理名片［C］/刘铁军//大江文艺，2019

481. 论阎真小说的知识分子精神困境［D］/白杨．—河北大学（硕士论文），2019

482. 《丹江口工程往事漫忆》一书出版［C］/韩诗//大江文艺（2019年第2期 总第179期），2019

483. 黄海章文学批评的学术理念与思想个性［J］/李松//中山大学学报（社会科学版），2019（1）

484. 从《沧浪诗话·诗评》对李杜的评价探讨严羽的诗学理念［J］/贾瑞芬//连云港职业技术学院学报，2019（1）

485. 论严羽的辨体观［J］/张伟//邵阳学院学报（社会科学版），2019（1）

486. 追根溯源见功力，融会贯通开视野——评《<诗经>"二南"研究》的价值和意义［J］/史继东//陕西理工大学学报（社会科学版），2019（1）

487. "豫章沧浪亭观演《秣陵春》"集会唱和考［J］/朱则杰//井冈山大学学报（社会科学版），2019（1）

488. 惜别小沧浪［J］/周湧//苏州杂志，2019（1）

489. 抵达汉江（外二首）［J］/王盛波//绿风，2019（2）

490. 印象苏州［J］/张佐香//山东文学，2019（2）

491. "镜花水月"批评意象研究述评［J］/温玲，高文强//贵州文史丛刊，2019（2）

492. 论"三言""二拍"中的汉水流域风俗描写［J］/陈曦，费团结//陕西理工大学学报（社会科学版），2019（2）

493. 论严羽《沧浪诗话》对诗之"盛唐"的建构［J］/陶楚歌//陕西理工大学学报（社会科学版），2019（2）

494. 试论《沧浪诗话》中"诗识观"的构建［J］/程芸，李妍//河南师范大学学报（哲学社会科学版），2019（2）

495. 《小沧浪笔谈》与《揅经室集》诗歌异文比较研究［J］/孙震宇//扬州职业大学学

报，2019（3）

496. 沧浪歌［J］/郗文倩//河北教育（德育版），2019（4）

497. 清诗选本视野下《山南诗选》的文学文献价值论析［J］/刘昌安//陕西理工大学学报（社会科学版），2019（4）

498. 论《沧浪诗话》中"兴趣"与"妙悟"的美学内涵［J］/张悦//闽西职业技术学院学报，2019（4）

499. 严羽的诗歌哲学及其美学史意义［J］/郑伟//文学评论，2019（4）

500. 试论《沧浪诗话》的禅宗美学渊源［J］/严胜英//哈尔滨工业大学学报（社会科学版），2019（4）

501. 放逐·解构·启蒙——阎真小说的知识分子形象及创作思想研究［J］/周文慧//三峡大学学报（人文社会科学版），2019（4）

502. 组织部又来了个年轻人——重读《沧浪之水》［J］/沈建阳//湖南工业大学学报（社会科学版），2019（4）

503. 永远的乡愁——重读《沧浪之水》兼论世纪末的一种写作［J］/唐伟//湖南工业大学学报（社会科学版），2019（4）

504. 《沧浪之水》：知识分子新的道德谱系之寻找［J］/陈若谷//湖南工业大学学报（社会科学版），2019（4）

505. 《21世纪两岸诗歌鉴藏（戊戌卷）》首发式暨"穿过平原的河流：诗歌与地理"诗学研讨会在湖北潜江举行［J］/倪贝贝//江汉学术，2019（4）

506. 汉江：一条鱼的歌唱［J］/吕志军//时代报告（奔流），2019（4）

507. 文学地理学视域下的汉水流域爱情婚姻剧［J］/姚秋霞//陕西理工大学学报（社会科学版），2019（4）

508. 汉水流域历史剧剧目探论［J］/王建科//陕西理工大学学报（社会科学版），2019（5）

509. 从左思《蜀都赋》"流汉汤汤"论《三都赋》中的国家形象［J］/牟歆//理论月刊，2019（5）

510. 地方·景观·记忆：唐代襄阳景观群的文学书写［J］/何安平//新疆大学学报（哲学·人文社会科学版），2019（5）

511. 从欧阳修对沧浪亭的估值谈起［J］/王诚军//中国资产评估，2019（5）

512. 沧浪［J］/臧北//苏州杂志，2019（5）

513. 巴山汉水 组章［J］/鲁绪刚//散文诗世界，2019（5）

514. 元好问与严羽诗学观比较——以《论诗三十首》与《沧浪诗话》为中心［J］/梁思诗//忻州师范学院学报，2019（6）

515. 《沧浪诗话》"不假悟"义辨［J］/张勇//安徽师范大学学报（人文社会科学版），2019（6）

516. 小沧浪亭随笔［J］/许评//当代小说，2019（6）

517. 襄阳风日好［J］/葛水平，魏冬玲//湖北画报（湖北旅游），2019（6）

518. 《沧浪诗话》诗歌理论初探［J］/范瑞懿//艺术科技，2019（7）

519. 与一湾湖水相对［J］/刘静//河南电力，2019（7）

520. 诸葛亮 绕不开的襄阳南阳［J］/艾子//中国三峡，2019（9）

521. 汉水划开襄与樊［J］/谢泽//中国三峡，2019（9）

522. 由武当山下那片海想到的［J］/王峰//武当，2019（9）

523. "桥城"郧阳美如画［J］/李尚菲//老年教育（长者家园），2019（9）

524. 明月清风本无价［J］/耿艳菊//意林（原创版），2019（9）

525. 桐林夜话 第五回 三义阁再访林海生 沧浪亭巧遇方子玉［J］/马维衡//音乐生活，2019（10）

526. 半日读书［J］/黄恩鹏，戴卫//诗潮，2019（10）

527. 去梅洁的家乡［J］/刘建东//当代人，2019（11）

528. 诗家四境界 人生四境界［J］/余芳//今日教育，2019（12）

529. 天籁与峡谷［J］/闫文盛//雨花，2019（12）

530. 屈子之歌［J］/鲍安顺//江淮法治，2019（12）

531. 诗歌一束［J］/张捷//幸福，2019（12）

532. 鱼梁洲头（外一首）［J］/涂玉国//长江丛刊，2019（13）

533. 英魂常伴定军山［J］/冀川//工会信息，2019（14）

534. 我取［J］/周丽//思维与智慧，2019（17）

535. 明月清风本无价［J］/耿艳菊//思维与智慧，2019（21）

536. 《沧浪之水》晏之鹤姓名及形象的象征性［J］/袁玉芳//文教资料，2019（21）

537. 汉中走笔［J］/翟孝章//金秋，2019（22）

538. 岂因妙悟误诸端（上）——重读《沧浪诗话》［J］/蔡智敏//语文教学通讯，2019（28）

539. 岂因妙悟误诸端（下）——重读《沧浪诗话》［J］/蔡智敏//语文教学通讯，2019（31）

540. 从《沧浪诗话》的诗学思想看书法理念［J］/李思航//名作欣赏，2019（32）

541. 严羽"入神"诗论探究［D］/陈亚．—湖北民族大学（硕士论文），2020

542. 中国古代诗学"神"范畴研究［D］/丁嘉阳．—湖北民族大学（硕士论文），2020

543. 阎真小说知识分子书写研究［D］/韦可．—曲阜师范大学（硕士论文），2020

544. 汉水流域三国戏研究［D］/周文琪．—陕西理工大学（硕士论文），2020

545. 为我的母亲河作传——《走过丹江》创作谈［J］/李育善//商洛学院学报，2020（1）

546. 严羽《沧浪诗话》"入神"说探析［J］/王浩娜//广播电视大学学报（哲学社会科学版），2020（1）

547. 《兰心诗钞》均州沧浪诗作的创作背景分析［J］/田运科，李垣璋//湖北工业职业技术学院学报，2020（1）

548. 溯湘水而来［J］/刘绍权//时代邮刊，2020（1）

549. 龟山苍苍 汉水汤汤——谨献给抗击新型冠状病毒肺炎疫情中殉职的医务工作者及公职人员［J］/高海洋，秦丹//海南热带海洋学院学报，2020（1）

550. 说"武汉"［J］/莫不言//当代电力文化，2020（2）

551. 《兰心诗钞》均州沧浪诗作的主题意义分析［J］/田运科，李垣璋//湖北工业职业技术学院学报，2020（2）

552. 妈，我都看到你了［J］/张港//百花园，2020（3）

553. 蔡其矫《雾中汉水》《川江号子》创作与传播始末［J］/邱景华//南方文坛，2020（3）

554. 《诗经·汉广》游女形象考述［J］/熊艳，桂珍明//贵州文史丛刊，2020（4）

555. 诗文长江千古来—"古典新读—山川篇"之四［J］/王瑾//博览群书，2020（4）

556. 《兰心诗钞》"均州沧浪"意象的"元典"元素分析［J］/田运科，李垣璋//湖北工业职业技术学院学报，2020（4）

557. 当江水成为你的血液 组诗［J］/何刚//散文诗世界，2020（4）

558. 汉江 辽河盼你启航［J］/商国华//芒种，2020（4）

559. 过了堵河是汉江［J］/李文山//绿叶，2020（5）

560. 夜宿朱儿坝［J］/映泉//延河，2020（5）

561. 《沧浪诗话》对复社"兴复古学"的影响［J］/安达//参花（上），2020（5）

562. 浅谈《沧浪之水》中的女性形象映射的社会偏见［J］/高冰//散文百家（理论），2020（5）

563. 《兰心诗钞》均州沧浪诗作的典型形象分析［J］/郑妍妍，李垣璋，田运科//湖北工业职业技术学院学报，2020（5）

564. 以禅喻诗：严羽的诗学思想及其文化旨趣［J］/洪涛//首都师范大学学报（社会科学版），2020（5）

565. 沧浪月色［J］/周涌//苏州杂志，2020（5）

566. 心心念念，怜一抔温婉的水花［J］/吴国荣//江河文学，2020（6）

567. 《诗经》二《南》中反映出的先秦时期汉水流域文化特征［J］/汪雪莲//湖北工业职业技术学院学报，2020（6）

568. 河流意象与唐代文人汉江诗［J］/王丽芳//哈尔滨工业大学学报（社会科学版），2020（6）

569. 陶诗的诗学批评衍变阐微——以《诗品》《沧浪诗话》为中心［J］/陈必应//许昌学院学报，2020（6）

570. 以严羽诗论管窥柳宗元诗歌［J］/丘丽华//文化学刊，2020（7）

571. 就像黄河一样流着［J］/马行//青岛文学，2020（8）

572. 晴朗我大地之肺［J］/舒放//散文诗，2020（9）

573. 背影（外一篇）［J］/王华//参花（中），2020（9）

574. "妙悟"新识［J］/张晶//中华书画家，2020（10）

575. 乡村，夜与昼［J］/陈元武//福建文学，2020（10）

576. 纸上还乡（外一篇）［J］/惠远飞//散文百家（理论），2020（12）

577. 濯水濯心［J］/文猛//当代党员，2020（17）

578. 长江滔滔汇汉水［J］/王永红//长江丛刊，2020（19）

579. 蜀河［J］/姜华//长江丛刊，2020（31）

580. 情系赣江汉水滨——空同子两地诗刍议［J］/石麟//湖北师范大学学报（哲学社会科学版），2021（1）

581. 人间四月天［J］/刘梅芳//青年文学家，2021（1）

582. 春风纵笔 汉水放歌——襄阳城门作品赏析［J］/陈佐松//对联，2021（2）

583. 从"即此可濯缨"到"无尘可濯缨"看白居易的沧浪思想［J］/田运科，李垣璋//湖北工业职业技术学院学报，2021（2）

584. 一丘一壑也风流［J］/周淑娟//贡嘎山（汉文版），2021（3）

585. 一渔一樵即江湖——古典文学中一种类型人物的建构［J］/朱锐泉//古典文学知识，2021（4）

586. 大水之上［J］/楚林//长江丛刊，2021（4）

587. 水瓢［J］/肖建新//星火，2021（4）

588. 汉江水［J］./王倩茜//伊犁河，2021（5）

589. 池塘［J］/金克巴//中国铁路文艺，2021（5）

590. 文学理论与文学史之间：比较视域下宇文所安的文学理论解读［J］/陈雪婧//咸阳师范学院学报，2021（5）

591. 语言文学在汉水文化之旅中的重要作用探析［J］/康梅兰，马学儒//水利水电科技进展，2021（6）

592. 湿地放歌［J］/李建新// 林业与生态，2021（9）

593. 汉江赋［J］/葛昌永//档案记忆，2021（9）

594. 心有亭轩［J］/查晶芳// 思维与智慧，2021（9）

595. 管宁故里挥金河［J］/李凤玲//环境经济，2021（15）

596. 独眼神医［J］/邱红根//民间故事选刊，2021（16）

597. 一条江谱写的百年激流曲［J］/牛合群//星星，2021（21）

598. 白鹭浅翔汉江上［J］/孙依清//青年文学家，2021（23）

4 汉水民俗

599. 古隆中诸葛故宅［J］/楚英//华中建筑，1989（1）

600. 汉水流域的民居和民居风俗说略［J］/巫其祥//陕西理工学院学报（社会科学版），1991（1）

601. 浅谈历史文化名城的建筑创作：襄樊市"名城建设"工程设计体会［J］/向欣然//建筑学报，1992（3）

602. 龙岗寺仰韶墓地葬俗管窥［J］/尚民杰//考古与文物，1997（1）

603. 略论陕南地区的战国墓葬［J］/杨亚长//考古与文物，1997（4）

604. 论南阳府衙建筑的文化意蕴［J］/姚柯楠，贾付军//南都学坛，1999（1）

605. 郧县汉水两岸"自死窑"之谜［J］/黄忠富//今日湖北，2000（1）

606. 巴山汉水之间的民居文化［J］/祁今燕//城市开发，2003（3）

607. 汉水中上游民居文化现代转型的研究报告［J］/李锐//汉中师范学院学报，2003（5）

608. 汉水中上游婚俗现代转型的文化考察［J］/封彩梅//汉中师范学院学报，2003（5）

609. 汉水流域婚俗杂考［C］/顾久幸//汉水文化暨武当文化国际学术讨论会论文集，2004

610. 汉水流域"寄死窑"之文化哲学解读［J］/潘世东//汉水文化暨武当文化国际学术讨论会论文集，2004

611. 汉水流域"寄死窑"大文化观系统阐释［J］/潘世东//郧阳师范高等专科学校学报，2004（5）

612. 襄樊"穿天节"考辨［J］/杜汉华//民俗研究，2005（1）

613. 汉水崖居文化初探（上）［J］/欧阳辉//郧阳师范高等专科学校学报，2005（2）

614. 汉中月台苍玉赏析［J］/江富建//中原文物，2005（4）

615. 论汉水流域丧歌多文化向度的价值系统结构［J］/潘世东//郧阳师范高等专科学校学报，2005（5）

616. 汉水与西、礼两县的乞巧风俗［J］/赵逵夫//西北师大学报（社会科学版），2005（6）

617. 论汉水上游文化中的崇祖意识与该区域的发展［J］/姚秋霞//广西社会科学，2007（11）

618. 汉水中游地区史前猪骨随葬现象及相关问题［J］/罗运兵//江汉考古，2008（1）

619. 汉江"自死窑"是"悬棺鼻祖"？［J］/税晓洁//中国三峡，2009（4）

620. 西汉水流域方言古词例考［J］/蒲向明//山西大同大学学报（社会科学版），2009（4）

621. 西汉水流域"语言活化石"抽样考证［J］/蒲向明//南阳师范学院学报，2009（8）

622. 安康地区传统建筑语汇的研究与发展应用［D］/郭斌．—西安建筑科技大学（硕士论文），2010

623. 汉江上游鄂北片方言的地理格局及混合性特征［J］/柯西钢//方言，2010（1）

624. 浅谈湖北省竹山县发现的一例幽契［J］/刘志军//郧阳师范高等专科学校学报，2010（1）

625. 汉水中游地区史前腰坑与瓮棺［J］/李英华//江汉考古，2010（1）

626. 甘肃陇南汉水流域乞巧节的"通过仪礼"意蕴阐释［J］/王亚红//怀化学院学报，2010（4）

627. 汉水流域"自死窑"遗址类型及其传说的民俗信仰内涵［J］/徐永安//湖北社会科学，2010（11）

628. 秦巴精神——浅谈陕西安康地区"汉江号子"艺术特点［J］/肖剑//大众文艺，2010（18）

629. 湖北京山方言中的"AA声"［J］/戴军平//语文知识，2011（4）

630. 从襄阳市首届龙舟赛看汉水流域群众体育发展态势［J］/陈世高，李小辉，张华江//襄樊学院学报，2011（8）

631. 清代湖北汉水流域的民间信仰［J］/陈二峰//江汉论坛，2011（9）

632. 汉水流域民族传统体育文化开发研究［J］/黎远军//价值工程，2011（36）

633. 旅游与民俗的互动发展研究［D］/王璐．—华中师范大学（硕士论文），2012

634. 汉水流域民俗体育当代呈现及发展方略［J］/张华江//武汉体育学院学报，2012（6）

635. 汉水上游地区民俗体育的现状及发展研究［J］/邱毅//黑河学刊，2012（6）

636. 多元视角下的汉水流域方言与文化——以上游地区为例［C］/柯西钢//西北语言与文化研究（第一辑）：兰州城市学院西北方言研究中心，2013

637. 试论汉水中下游地区新石器时代猪骨随葬现象——兼说与黄河流域同类葬俗的关系［J］/曾宗龙//长江文明，2013（1）

638. 新农村建设与汉水流域民俗体育发展互动研究［J］/张娟，周红萍，张华江//南京体育学院学报（社会科学版），2013（1）

639. 汉水流域民俗体育发展研究［J］/张娟//体育文化导刊，2013（2）

640. 襄阳"穿天节"习俗探源［J］/马永军，倪向阳//湖北文理学院学报，2013（6）

641. 汉水流域民俗体育文化的区位空间差异及其地域活化［J］/潘晓波，张华江//武汉体育学院学报，2013（12）

642. 襄阳民俗穿天节研究［D］/胡珊珊．—武汉大学（硕士论文），2014

643. 襄阳方言的调查［J］/姜玉蝶//旅游纵览（下半月），2014（1）

644. 汉水上游羌族宗教信仰的非典型性特征［J］/邢海虹//阿坝师范高等专科学校学报，2014（3）

645. 汉水流域民间信仰研究述评［J］/樊丽沙//陕西理工学院学报（社会科学版），2014（4）

646. 汉水流域民俗体育文化在地域迁移中的嬗变及启示［J］/张华江//湖北文理学院学报，2014（8）

647. 汉水流域湖北段民俗体育文化的变迁［D］/艾安丽．—福建师范大学（硕士论文），2015

648. 试论襄阳穿天节的文化内涵［J］/唐明生//湖北民族学院学报（哲学社会科学版），2015（1）

649. 汉水流域民俗体育的文化特征及社会功能［J］/张华江，王晓东//广州体育学院学报，2015（2）

650. 人观、养育实践与成年礼——西汉水流域汉人"寄保"习俗的人类学研究［J］/台文泽//原生态民族文化学刊，2015（4）

651. 西汉水上游乞巧民俗的地域文化蕴涵初论——以礼县祁山镇西汉村的调查为支点［J］/蒲向明//兰州文理学院学报（社会科学版），2015（5）

652. 汉水流域民俗体育"三龙"文化的发展［J］/艾安丽//体育学刊，2015（6）

653. 汉水流域民俗传统体育研究——以陕南地区为例［J］/姜小峰//陕西教育（高教），2015（9）

654. 新型城镇化背景下汉江流域民俗体育公共服务供给［J］/张建文//湖北文理学院学报，2015（10）

655. 陕西省秦巴山区民俗体育发展研究［D］/郭世强．—西北师范大学（硕士论文），2016

656. 堤垸格局与河湖环境中的聚落与民居形态研究［D］/方盈．—华中科技大学（硕士论文），2016

657. 汉水流域民俗体育研究——以郧阳地区为例［J］/尹上//郧阳师范高等专科学校学报，2016（2）

658. 汉江龙舟节的现代传播研究［D］/宋垣．—西北大学（硕士论文），2017

659. 汉代关中陈宝民俗的文化人类学探索［J］/付希亮//荆楚学刊，2017（1）

660. 西汉水上游民俗文化传承助推乡村旅游华丽嬗变——基于陇南西和县乞巧民俗的考察［J］/李金峰//汉江师范学院学报，2018（1）

661. 试论史前时期长江流域随葬猪下颌骨习俗［J］/孙丹//东南文化，2018（3）

662. 真武信仰的渊源与流变研究［D］/左攀．—兰州大学（硕士论文），2019

663. 论汉水中上游杨泗信仰产生、繁盛之原由［J］/王平//社会科学动态，2019（5）

664. 陇南西汉水上游地区乞巧节巧娘娘崇拜的文化意蕴及当代传承［J］/张玉平，高翾//装饰，2019（10）

665. 襄阳地区习俗传说的地域特色［J］/漆福刚，陈文俊//襄阳职业技术学院学报，2020（2）

5　汉水经济

666. 明清时期郧阳山区的农业开发［J］/钮仲勋//湖北大学学报（哲学社会科学版），1981（4）
667. 关于"蜀汉江陵千树桔"的考证［J］/李懋声//中国南方果树，1982（1）
668. 与《关于"蜀汉江陵千树桔"的考证》一文商榷［J］/闵启昌//中国南方果树，1982（4）
669. 汉川南河发现西周大米［J］/张远栋//农业考古，1984（2）
670. 试论江汉平原涝地农业与水体农业发展战略［J］/关庆滔//农业技术经济，1984（4）
671. 汉江上游渔业资源的现状和开发利用意见［J］/范维端//水利渔业，1986（4）
672. 试论十堰市经济振兴的科技战略问题［J］/胡玉龙//科技进步与对策，1986（5）
673. 汉水银梭［J］/中国茶叶，1986（6）
674. "召父杜母"与两汉南阳农业［J］/王兵翔//农业考古，1987（2）
675. 论建立汉水中上游经济区的客观基础［J］/柯美成，侯建中//经济管理，1987（7）
676. 清代前期汉口的商品市场［J］/石莹//武汉大学学报（哲学社会科学版），1989（2）
677. 江汉平原农区林业的兴起与发展［J］/刘永传//湖北林业科技，1989（4）
678. 试论屈家岭文化的农业生活［J］/刘壮已//江西社会科学，1989（S5）
679. 江汉平原的洲滩资源及其开发利用［J］/吴林祥//湖北农业科学，1989（6）
680. 清代江汉地区垸田经济简论［J］/刘纯志，宋平安//中南财经政法大学学报，1990（2）
681. 汉水上游经济开发的拓荒期［J］/梁中效//陕西理工学院学报（社会科学版），1992（3）
682. 汉江流域综合利用规划与实践［J］/周棣华//人民长江，1992（12）
683. 汉中茶业始期［J］/王民柱//古今农业，1993（2）
684. 浅谈丹江口水库渔业利用现状及发展意见［J］/宋长河，谈华炜//水利渔业，1993（6）
685. 明清汉水上游山区的开发与水利建设［J］/张建民//武汉大学学报（哲学社会科学版），1994（1）

686. 汉中地区的萝卜品种资源［J］/杜武峰//中国种业，1995（1）

687. 宋代汉水上游的水利建设与经济开发［J］/梁中效//中国历史地理论丛，1995（2）

688. 陕南汉水流域枇杷适生区生态条件及栽培技术［J］/何佳林，李龙山//陕西林业科技，1995（3）

689. 宋代蜀道交通与汉中经济的重大发展［J］/梁中效//汉中师范学院学报，1995（4）

690. 汉江流域的战略地位［J］/陈国阶//地理学与国土研究，1996（4）

691. 汉中盆地的"堰文化"［J］/刘乐//陕西水利，1996（5）

692. 汉江航运历史、现状与未来［J］/刘先春//中国水运，1996（11）

693. 论汉江流域经济不均衡发展战略［J］/陈国阶//经济地理，1997（2）

694. 汉江流域经济发展评价与战略思考［J］/陈国阶//长江流域资源与环境，1997（2）

695. 谈汉中名茶产销中存在的问题及对策［J］/张安//中国茶叶加工，1997（3）

696. 汉江流域资源开发型产业发展刍论［J］/杨定国//长江流域资源与环境，1997（3）

697. 汉江航运与社会发展［J］/杨洪//华夏文化，1998（1）

698. 古代巴民族的存在及其和饮茶文化的关系［J］/周树斌//农业考古，1998（4）

699. 秦汉江南经济发展的几个问题［J］/黄今言//南方文物，1998（4）

700. 历史时期汉江流域农业经济区的形成与演变［J］/鲁西奇//中国农史，1999（1）

701. 新石器时代汉水流域的经济类型及其地区差异［J］/鲁西奇//中国社会经济史研究，1999（2）

702. 秦汉江南农村的多种经营［J］/王福昌//农业考古，1999（3）

703. 秦汉江南城市问题述略［J］/陈晓鸣，陈涓//江西广播电视大学学报，1999（3）

704. 近年来秦汉江南社会经济史研究综述［J］/王福昌//中国史研究动态，1999（6）

705. 明清时期汉水流域农业经济的区域差异［J］/鲁西奇//中国社会经济史研究，2000（1）

706. 一部研究上古江南经济的拓荒之作：读《秦汉江南经济述略》［J］/陈世象//江西社会科学，2000（2）

707. "汉水银梭"茶香飘［J］/冯贵华//陕西林业，2000（3）

708. 汉中茶飘香［J］/冯贵华//陕西水利，2000（4）

709. 汉水流域大棚秋无籽西瓜栽培技术［J］/李正明，王永重//长江蔬菜，2000（7）

710. 展秦巴山区特色经济初探［J］/姜明全，陈建新//陕西农业科学，2000（12）

711. 古代盐官镇的昌著与丝路货币文化的积淀［C］/刘可通，汪玲玲//甘肃省钱币学会第四次会员代表大会专辑，2001

712. 唐宋时期汉水流域粮食作物种植及其地理分布［J］/鲁西奇//中国农史，2001（3）

713. 长江上游秦早期都邑西犬丘及其周边社区的开发与利用［C］/徐日辉//中国古都学会2002年年会暨长江上游城市文明起源学术研讨会论文集，2002

714. 在郧山汉水间架起致富金桥［J］/熊效军//武汉市教育科学研究院学报，2002（1）

715. 宋代江汉平原水陆交通的发展及其对经济开发的影响［J］/杨果，陈曦//武汉大学学报（人文科学版），2003（3）

716. 清代汉江上游的商品流通与市场体系［D］/徐礼山．—西北大学（硕士论文），2004

717. 论春秋中期以前楚人对汉水中下游地区的经营［C］/刘金华//汉水文化暨武当文化国际学术讨论会论文集，2004

718. 两宋时期汉水中下游地区的农业开发［J］/雷家宏//汉水文化暨武当文化国际学术讨论会论文集，2004

719. 南朝刘宋"分荆置郢"与夏口城市经济的发展［J］/吴成国//汉水文化暨武当文化国际学术讨论会论文集，2004

720. 元代汉水流域经济发展初探［C］/李倩//汉水文化暨武当文化国际学术讨论会论文集，2004

721. 从历史上汉水流域经济盛衰看其在西部开发中的资源优势［J］/马强//河南科技大学学报（社会科学版），2004（1）

722. 20世纪30年代湖北汉江流域的农业改良［J］/黄长义，徐凯希//湖北大学学报（哲学社会科学版），2004（3）

723. 元代汉水流域农业和工商业发展初探［J］/李倩//江汉论坛，2004（11）

724. 汉晋时期南阳盆地农业科学技术探析［D］/黄遵福．—郑州大学（硕士论文），2005

725. 汉水上游地区产业结构调整与教育的适应性发展［J］/王学成//陕西理工学院学报，2005（1）

726. 汉江中下游地区粮食安全问题与对策［J］/李涛，蔡述明等//华中师范大学学报（自然科学版），2005（1）

727. 汉江中下游湖泊流域地区综合开发与整治［J］/邓宏兵，郭敏//中国地质大学学报（社会科学版），2005（2）

728. 清代汉中、兴安两府商品生产与市场体系［J］/代辛//中国优秀硕士学位论文全文数据库，2006

729. 汉水中上游大巴山区富硒有机茶开发的前景与意义［J］/程良斌//茶业通报，2006（1）

730. 论汉江流域交通与近代陕南商业的发展［J］/陈卓//安康学院学报，2007（2）

731. 汉江航运发展的可持续性和对策［J］/张昌伟//湖北交通建设可持续发展论坛论文集，2007

732. 宋代襄阳地区工商业发展初探［D］/冯波．—华中师范大学（硕士论文），2007

733. 汉江樱桃优良株系选育［J］/李细牛，肖小华等//湖北林业科技，2007（1）

734. 汉水流域县域生态产业的构建研究［J］/胡仪元//生态经济，2007（1）

735. 汉江中下游水文特点与渔业资源状况［J］/何力，张斌，刘绍平//生态学杂志，2007（11）

736. 武汉市跨江交通发展战略研究［D］/房俊辉．—苏州科技学院（硕士论文），2008

737. 构建秦巴经济走廊可行性研究［J］/赵文亮，刘永江//贵州商业高等专科学校学报，2008（2）

738. 南郑茶叶营销现状和对策［J］/雷勇，胡强，刘懿//蚕桑茶叶通讯，2008（3）

739. 安康市水电资源开发的现状及对策［J］/胡晓玲//陕西农业科学，2008（3）

740. 汉江安康东坝滩涂区的开发与利用［J］/李大放//陕西水利，2008（5）

741. 汉江（武汉段）旅游资源评价与开发建议研究［D］/周希林．—华中师范大学（硕士论文），2009

742. 城市滨水区旅游带的开发研究——以襄樊市沿江地区为例［J］/刘志平，张素华//襄樊学院学报，2009（2）

743. 汉江中下游地区经济与环境协调发展研究——以襄樊市为例［J］/李俊杰，成艾华//生态经济，2009（2）

744. 汉江源头农业生态旅游发展探析［J］/杨欣，李凤兰//陕西理工学院学报（社会科学版），2009（3）

745. 汉江源头地区发展休闲农业的思路与意义——基于台湾休闲农业发展模式的启示［J］/李凤兰，杨欣//陕西理工学院学报（社会科学版），2009（4）

746. 汉中市茶产业发展思考［J］/胡春学//中国茶叶，2009（9）

747. 汉江水文化旅游资源及其开发的SWOT分析［J］/张中旺//安徽农业科学，2009（12）

748. 科学开发汉江中下游 探索区域发展新模式［J］/谢春休，童光源//人民长江，2009（13）

749. 可持续的安康城市空间发展研究［D］/刘坤. —西安建筑科技大学（硕士论文），2010

750. 科学"规划"促进湖北旅游快速发展［J］/杜汉华，杜睿杰//襄樊职业技术学院学报，2010（2）

751. 汉江文化风光旅游发展的战略思考［J］/任兴亮//襄樊学院学报，2010（6）

752. 汉江流域襄樊段综合开发研究［J］/彭祥胜，李地宝//襄樊学院学报，2010（6）

753. 区域发展研究：汉江综合开发［J］/冯毓奎，宋茂华//襄樊学院学报，2010（6）

754. 未来五年湖北省水运投资预计超400亿［J］/水运工程，2010（8）

755. 陕南汉江走廊旅游开发带动区域发展的实证研究［J］/张毓，孙根年，卢璐//资源开发与市场，2010（9）

756. "汉江源酒"坚定不移走品牌制胜之路［J］/郭西军//中国酒，2010（11）

757. 湖北境内汉江流域县域经济发展水平的评价分析［J］/余程眨//当代经济，2010（17）

758. 武汉市东西湖区泛水旅游资源的调查与评价［J］/徐松华，王琪，薛兵旺，黄美忠//现代商贸工业，2010（21）

759. 陕南汉江走廊旅游开发初始条件分析［J］/黄芸玛，孙根年，陈蓉//生态经济（学术版），2011（2）

760. 基于点—轴理论的陕南汉江走廊旅游开发模式研究［D］/李慧. —西安科技大学（硕士论文），2012

761. 南郑茶产业发展的调查与思考［J］/王琦，刘懿//茶业通报，2012（1）

762. 南郑县发展生态茶业的实践和思考［J］/王琦，胡强//蚕桑茶叶通讯，2012（2）

763. 汉江襄阳段水环境污染经济损失初探［J］/张焕楚，胡安焱，黄景锐，全爽//水利科技与经济，2012（8）

764. 汉水上游地区体育旅游形式与发展对策研究［J］/邱毅//长春师范学院学报，2012（12）

765. 汉江流域汽车零部件再制造产业发展研究［J］/杨晓辉//现代商业，2012（32）

766. 清代以来汉水中游的商业中心及其变动［J］/黄忠鑫//近代史学刊，2013

767. 打造媲美"莱茵"的汉水文化旅游产业带［J］/杜汉华//荆楚学刊，2013（1）

768. 略论湖北汉水文化的旅游开发［J］/曹诗图，刘雪珍，张驳//湖北文理学院学报，2013（2）

769. 信贷支持汉江生态经济带建设研究［J］/蒋国财，汪勇，朱立周，夏筠//农业发展

与金融，2013（2）

770. 陕南汉江走廊区域旅游协作研究［J］/何红//国土资源科技管理，2013（2）

771. 汉江水文化旅游资源开发的SWOT分析与设计［J］/张中旺，郭洁，孙小舟//资源开发与市场，2013（2）

772. 汉水上游流域的旅游发展环境与产业策略［J］/何红//湖北文理学院学报，2013（2）

773. 汉江喜河水库经济运行方式研究［J］/武世峰，席秋义//陕西电力，2013（3）

774. 襄阳古城池的旅游价值及开发对策研究［J］/朱运海，梅丽，李青//襄阳职业技术学院学报，2013（6）

775. 问道武当仙山，探秘桃花真源（上）——关于十堰生态文化旅游发展的几点思考［J］/田运科，李垣璋，燕嬿//十堰职业技术学院学报，2013（6）

776. 基于生命周期理论的城市滨水区旅游开发模式研究——以武汉汉江为例［J］/鲁婉婷//中小企业管理与科技（下旬刊），2013（7）

777. 汉江襄阳段水文化旅游品牌形象策划与创意研究［J］/龙雨萍，张中旺//湖北农业科学，2013（8）

778. 汉江襄阳段生态旅游开发研究［J］/郭洁，张中旺，李蓬勃//资源开发与市场，2013（8）

779. 汉江水运在综合运输中的地位和作用浅析［J］/余艳平//中国水运（下半月），2013（9）

780. 十堰市核桃产业大发展面临的问题与对策［J］/马成战，陈永国，罗光//中国果业信息，2013（9）

781. 水利经济发展思路及对策［J］/郑以平，黄结新//现代经济信息，2013（12）

782. 丹江口市汉江生态经济带建设探讨［J］/马成云，周林//现代农业科技，2013（12）

783. 明清时期唐白河水运及其沿岸城镇兴衰研究［D］/刘晨阳.—郑州大学（硕士论文），2014

784. "红河谷"组群发展打造"两圈两带"新地标［J］/朱厚伦//政策，2014（2）

785. 湖北十堰汉江生态经济带建设研究［J］/张梁//林业经济，2014（3）

786. 汉江生态经济带建设中特色生态城镇带建设研究［J］/冯旺舟//荆楚学刊，2014（3）

787. "汉江生态经济带"的正确解读与开发［J］/杜汉华//荆楚学刊，2014（3）

788. 汉江生态经济带节能减排利益共享机制构建［J］/戴胜利//荆楚学刊，2014（3）
789. 汉江生态经济带建设中跨行政区森林生态旅游开发风险研究［J］/佘硕//荆楚学刊，2014（3）
790. 湖北汉江流域文化旅游的点、线、面［J］/廖伦建//荆楚学刊，2014（3）
791. "两带"齐飞助力湖北发展［J］/本刊记者//楚天主人，2014（4）
792. 遗产廊道视野下的汉江乡村旅游开发的适宜性影响因素分析［J］/崔俊涛//农村经济与科技，2014（5）
793. 安康库区现代生态渔业的历史与发展现状［J］/刘超，李寒松，成定北，李志安，王斌，程虎，任芙蓉，成国俊//畜牧兽医杂志，2014（6）
794. 江汉运河正式通航［J］/殷缶，梅深//水道港口，2014（6）
795. 柑橘优质生产关键技术［J］/梅富山，耿明仙，王元元，王平杰//中国园艺文摘，2014（7）
796. 汉江生态经济带物流业与区域经济发展关系研究［J］/李云芳，刘刚//物流工程与管理，2014（7）
797. 南郑县茶产业发展现状与对策［J］/胡强，龚学林//中国茶叶，2014（8）
798. 秦巴汉水生态美 茶之旅游产业兴——关于发展陕南茶旅游业之我见［J］/韩星海//中国茶叶，2014（8）
799. 将汉江生态经济带打造成区域发展新引擎［J］/秦尊文//政策，2014（9）
800. 发挥战略引擎作用 推动汉江生态经济带开放开发［J］/别必雄//政策，2014（9）
801. 汉水流域人力资源开发存在的问题与对策［J］/郭亚锋，李天芳//农村经济与科技，2014（9）
802. 在改革创新中推进汉江生态经济带建设［J］/吴传清，万庆//中国国情国力，2014（10）
803. 关于加快汉江生态经济带开放开发的建议［J］/王绍玲//楚天主人，2014（10）
804. 基于SWOT分析的汉江流域（陕西）旅游开发研究［J］/崔林//旅游纵览（下半月），2014（10）
805. 将汉江经济带的生态优势转化为经济优势［J］/张静//政策，2014（11）
806. 抢抓推动长江经济带发展的重大机遇［J］/本刊评论员//政策，2014（11）
807. 发展汉江生态经济带的几点建议［J］/叶青//学习月刊，2014（11）
808. 基于SWOT模型的汉中"汉江源"烟叶品牌发展战略探讨［J］/张强//现代农业科技，2014（14）

809. "五个加大"渔业秩序芝麻开花节节高［J］/冯祖稳//渔业致富指南，2014（16）

810. 加快汉江生态经济带开放开发的思考［J］/邹进泰，徐峰，彭玮//学习月刊，2014（17）

811. 汉水流域人力资源开发机制研究［J］/郭亚锋//现代商贸工业，2014（19）

812. 生态限定条件下的安康库区渔业集约养殖技术［J］/刘超，李寒松，成定北，李志安，刘晓婷，王斌，成国俊//安徽农学通报，2014（20）

813. 安康市学习湖北先进经验开展匙吻鲟养殖成效显著［J］/李志安//渔业致富指南，2014（23）

814. 浅析信息技术助力汉江流域经济发展［J］/帅春江，王少华//科技创新与应用，2014（26）

815. 在全面深化改革中推动发展竞进提质［J］/李乐成//中国经贸导刊，2014（34）

816. 汉江流域湖北段县域产业效率的实证分析［J］/李晓翠//商业时代，2014（36）

817. 湖北汉江生态经济带城市营商环境总体分析［D］/朱磊.—湖北省社会科学院（硕士论文），2015

818. 区域竞争力视角下的水利旅游空间结构及发展研究［D］/韩洁.—陕西师范大学（硕士论文），2015

819. 汉江生态经济带区域物流与区域经济发展关系研究［D］/李云芳.—湖北大学（硕士论文），2015

820. 湖北汉江生态经济带组团发展研究［D］/彭拥军.—湖北省社会科学院（硕士论文），2015

821. 汉江流域中心城市建设视域下的县域经济研究——以谷城县市域副中心城市建设为视角［J］/张亿瑞，高倩//武汉商学院学报，2015（1）

822. 湘鄂赣三省长江干支航运发展现状解析［J］/姚育胜//武汉交通职业学院学报，2015（1）

823. 汉江湿地旅游资源开发研究——以汉江汉中段为例［J］/周健//辽宁农业科学，2015（5）

824. 论汉江生态经济带的生态旅游营销策略［J］/李文璟//湖北工业职业技术学院学报，2015（5）

825. 十堰建设汉江流域生态文化旅游中心的资源优势分析［J］/田运科，李垣璋，郑妍妍//湖北工业职业技术学院学报，2015（6）

826. 生态文明视角下的旅游产业生态化发展——以秦巴汉水生态旅游圈为例［J］/王淑

新，胡仪元，唐萍萍//生态经济，2015（8）

827. 长江经济带与汉江生态经济带如何协调融合［J］/李雪松,张雨迪//学习月刊，2015，（9）

828. 学习月李捷对金融服务汉江流域中心城市建设的思考——以襄阳市为例［J］/李雪松，张雨迪//武汉金融，2015（9）

829. 湖北汉江生态经济带体育产业发展战略SWOT分析［J］/牛丽丽，张华江，徐圣霞//湖北文理学院学报，2015（10）

830. 推动湖北长江经济带与汉江生态经济带协同发展的路径探析［J］/贾金荣//对外经贸，2015（10）

831. 20世纪30年代初老河口桐油价格波动原因略述［J］/王肇磊//价格月刊，2015（11）

832. 区域旅游合作背景下襄阳旅游产品结构的优化调整［J］/康玲//湖北文理学院学报，2015（11）

833. 加快推进长江中游城市群一体化发展［J］/秦尊文//政策，2015（11）

834. 汉水流域三国文化旅游开发研究［J］/梁中效//湖北文理学院学报，2015（12）

835. "长江经济带"视域下湖北技术转移服务体系建设研究［J］/张婵，刘然，倪艳//科技创业月刊，2015（14）

836. 圆黄梨在汉水流域的引种表现及栽培技术［J］/罗玮，王克有，王兆刚//现代园艺，2015（17）

837. 砂梨高接换优技术在汉水流域的应用［J］/罗玮，王克有，杨永平//现代园艺，2015（19）

838. 汉水流域桃树促控管理技术［J］/罗玮//现代园艺，2015（21）

839. 加快汉江生态经济带发展总体思路［J］/黄征学//中国经贸导刊，2015（24）

840. 襄阳旅游集散中心在汉江流域现代服务业转型中的助推作用及构建策略［J］/冯景冉，项天怡//商，2015（26）

841. 基于改进引力模型的汉江生态经济带协同发展研究［D］/李亚．—湖北省社会科学院（硕士论文），2016

842. 襄宜南一体化发展战略规划研究［D］/王珂．—西南科技大学（硕士论文），2016

843. 北宋时期汉江上游洪涝灾害及其对农业经济发展影响研究［J］/刘嘉慧，查小春//江西农业学报，2016（1）

844. 建设国家新区 舞动汉江开发［J］/万桃元//世纪行，2016（1）

845. 汉江流域湖北段特色文化资源旅游开发研究［J］/朱运海//湖北文理学院学报，2016（2）

846. NEG视角下湖北汉江流域生态经济带开发研究——以襄阳为例［J］/王礼刚//湖北文理学院学报，2016（2）

847. 汉江上游东汉时期洪涝灾害及其对社会经济的影响［J］/姬霖，查小春//江西农业学报，2016（2）

848. 湖北沿汉江风光带游憩意象评价——以汉江襄阳段为例［J］/龙雨萍，张中旺//湖北文理学院学报，2016（2）

849. 汉江襄阳港发展规划研究［J］/陈旭，孙保虎，孙先//中国水运（下半月），2016（2）

850. 对南郑县茶叶品牌建设问题的思考［J］/龚建平，胡强//蚕桑茶叶通讯，2016（3）

851. 江汉运河航运发展存在的问题及对策［J］/詹斌，肖庆//水运管理，2016（3）

852. 十堰建设汉江生态经济带生态文化旅游中心城市的优势［J］/田运科，李垣璋，郑妍妍//湖北工业职业技术学院学报，2016（3）

853. 汉江流域经济区与主体功能区布局的协同发展研究［J］/田玲玲，曾菊新，董莹，刘和涛，罗静//华中师范大学学报（自然科学版），2016（3）

854. 陕西汉江产业园［J］/西部大开发，2016（4）

855. 汉江岸边的税收情怀［J］/远山//税收征纳，2016（4）

856. 协商建言大战略 推动区域大发展——襄阳市政协助推汉江生态经济带建设写入国家"十三五"规划纲要纪实［J］/陈绍华//世纪行，2016（6）

857. 打造绿色黄金水道 厚植经济发展优势——关于加快汉江航道建设促进汉江生态经济带开放开发的思考［J］/郝敬东，徐耀坤//交通与港航，2016（6）

858. 距今3800—8000年期间西汉水上游农业开发与环境变迁［J］/苏海洋//农业考古，2016（6）

859. 补短板 增优势 换道超越当先锋［J］/秦军//政策，2016（7）

860. 加强合作 打造汉江流域产业新格局［J］/王焦成，李敏//世纪行，2016（7）

861. 基于SWOT-PEST分析法的江汉运河航运发展研究［J］/柳青云，肖庆//中国水运，2016（8）

862. 汉江生态经济带的发展与合作［J］/肖金成，申兵//中国经贸导刊，2016（8）

863. 汉江流域中心城市竞争力的评价及时空演变［J］/田美玲，方世明//统计与决策，2016（9）

864. 生态领先 绿色发展 全力推进长江经济带建设［J］/李乐成//中国经贸导刊，2016（10）

865. 建设汉江流域中心城市财政对策研究［J］/襄阳市财政局课题组，范景玉，王天宝，马善记，陈新恒//山西财税，2016（12）

866. 建设汉江流域中心城市财政对策研究［J］/范景玉，王天宝，马善记//新理财（政府理财），2016（12）

867. 汉江流域乡村旅游与新农村建设的一体化发展研究——以襄阳市尧治河为例［J］/杜依琪，何珍//市场周刊（理论研究），2016（12）

868. 不忘初心 继续前进 追赶超越 创汉中新辉煌［J］/王建军//西部大开发，2016（12）

869. 城市型岛屿生态旅游规划探索——以襄阳市鱼梁洲总体规划为例［J］/李珩，李丹丹//规划师，2016（12）

870. 基于汉水流域对比实证分析之城市文化旅游深度体验研究——以汉中、南阳、襄阳为例［J］/何兰，龙雨萍//湖北农业科学，2016（14）

871. 忘我汉水南，醉心田园间［J］/徐慧明，山娜，贺欢//长江蔬菜，2016（17）

872. 汉江流域襄阳段农村水环境现状及管理政策研究［J］/谢菲，文兰玲//安徽农业科学，2016（19）

873. 统筹发展 强化驱动 布局谋篇 全面提升县域经济综合实力的思考与实践［J］/郑德安//国家治理，2016（38）

874. 湖北汉江生态经济带区域协调发展与绿色增长效应研究［D］/张政．—武汉大学（硕士论文），2017

875. 湖北省汉江生态经济带协调发展研究［D］/李国君．—华中师范大学（硕士论文），2017

876. 汉江流域文化线路上古村镇的保护与旅游开发研究［J］/龙雨萍//农村经济与科技，2017（1）

877. 襄阳风情文化营销的探索［J］/胡建雄，程传勇//市场周刊（理论研究），2017（3）

878. 汉江生态经济带产业协同发展研究［J］/王宇波，张铮，景思江//湖北工业大学学报，2017（3）

879. 陕西省茶产业发展浅议［J］/李晶//合作经济与科技，2017（4）

880. 关于从国家战略层面构建汉江生态经济带的建议［J］/黎祖交//绿色中国，2017（5）

881. 湖北省汉江经济带城市空间经济联系强度初探［J］/王冰玉//农村经济与科技，2017（5）

882. 汉江流域文化旅游资源开发潜力评价［J］/龙雨萍，张中旺//湖北文理学院学报，2017（6）

883. 汉江流域产业发展差异化战略研究［J］/张铮，王宇波，熊丽娟//湖北社会科学，2017（8）

884. 发展全域旅游之"汉江模式"［J］/胡煜，程丽辉//西部大开发，2017（9）

885. 秦巴汉水生态文化旅游发展之我见——以陕南三地市为例［J］/王建//西部学刊，2017（11）

886. 汉江流域中心城市背景下襄阳生态文化旅游市场开发及营销研究［J］/沈永格，何珍//市场周刊（理论研究），2017（11）

887. 江汉运河航道运输需求及效益分析［J］/张矢宇，王闯，詹斌，方周然//中国水运（下半月），2017（12）

888. 发展特色苗木花卉促进森林城市建设［J］/谢凤鸣，田毅//农村经济与科技，2017（19）

889. 基于文化空间理论的湖北汉水文化旅游优化研究［J］/张小明，龙雨萍//农村经济与科技，2017（19）

890. 建设汉江流域中心城市财政对策研究［J］/湖北省襄阳市财政局课题组，马善记，陈新恒//中国财政，2017（20）

891. 汉江生态经济带产业协同发展研究［D］/张铮．—湖北工业大学（硕士论文），2018

892. 全域旅游视角下的乡村旅游提升路径与规划引导研究［D］/王敏．—西北大学（硕士论文），2018

893. 湖北省航运与区域经济发展关系研究［D］/王一凡．—湖北省社会科学院（硕士论文），2018

894. 陕西汉江流域生态环境与经济耦合发展研究［D］/王倩．—西安理工大学（硕士论文），2018

895. 汉江中下游绿色产业发展思考［J］/梁小青//长江技术经济，2018（1）

896. 气候变化下汉江流域虚拟水贸易分析［J］/王乐，郭生练，刘德地，洪兴骏，李梦雨，侯雨坤//水文，2018（1）

897. 文化空间视角下襄阳市文化旅游资源空间布局整合研究［J］/陈慧珍，龙雨萍//农

村经济与科技，2018（1）

898. 江汉运河综合开发现状及对策［J］/邵爱军，韩红艳，周圣龙//水运管理，2018（2）

899. 贯彻新思想 促进水利发展实现新跨越［J］/焦泰文//政策，2018（2）

900. 新形势下武汉水运发展策略［J］/陶加源，胡空//水运管理，2018（3）

901. 汉江生态经济带发展方略［J］/肖金成，申兵，黄征学//中国经济报告，2018（3）

902. 长江经济带水资源保护与产业协同发展模式探讨——以汉江为例［J］/王超，李建//三峡生态环境监测，2018（3）

903. 论汉江生态经济带的影视旅游营销策略［J］/李文璟//汉江师范学院学报，2018（4）

904. 汉江生态经济带主要城市绿色发展水平测度与提升路径［J］/王礼刚，吴传清//湖北经济学院学报，2018（4）

905. 汉江生态经济带协调发展路径研究［J］/梁小青，李春侠，杨梅英//荆楚学刊，2018（5）

906. 基于文化空间理论的襄阳市文化旅游资源空间整合与优化研究［J］/佘环丽，龙雨萍，董秋云//农村经济与科技，2018（5）

907. 丹江口水利枢纽综合效益巨大［J］/褚应丹//中国三峡，2018（6）

908. 瀛湖水质变差原因多方 科学养鱼力促鱼水共赢［J］/李志安//渔业致富指南，2018（6）

909. 汉江生态经济带研究回顾与展望［J］/梁小青，杨梅英，李春侠//长江大学学报（社会科学版），2018（6）

910. 湖北汉江流域文化旅游意象营销体系构建［J］/张小明，龙雨萍//市场周刊，2018（6）

911. 汉江碾盘山至兴隆段航道整治工程的区域经济贡献［J］/韦文景，詹斌，周圣龙，鲁寒宇//水运管理，2018（8）

912. 襄阳市构建汉江流域旅游中心城市的可行性与对策研究［J］/丁玲玲，李虔，张殁，聂晓//湖北文理学院学报，2018（8）

913. 湖北汉江生态经济带绿色增长效率的影响机制与实证研究——基于经济-社会-环境-创新子系统的视角［J］/张政，孙博文//生态经济，2018（9）

914. 文化创意背景下鄂西北汉江生态文化旅游纪念品的设计研究［J］/张华丽，赵宁//传播力研究，2018（9）

915. 安康汉水民俗文化生态旅游度假村规划设计思考［J］/段炼孺，宋柏良，刘静//中华建设，2018（9）

916. 汉江陕西段生态旅游多元化发展探究［J］/胡蜜，张孟楠，易娜//湖南农业科学，2018（10）

917. 南水北调中线工程水源地区域经济转型发展研究［J］/张万锋//经济研究导刊，2018（11）

918. 汉江流域襄阳段特色休闲旅游开发研究［J］/胡贵平，张小明，龙雨萍//农村经济与科技，2018（13）

919. 汉江流域中心城市生态文化旅游竞争力研究——以襄阳市为例［J］/陈懿，田美玲，冀秀娟//农村经济与科技，2018（17）

920. 国务院关于汉江生态经济带发展规划的批复［J］城市规划通讯，2018（21）

921. 流域尺度下土地利用变化与社会经济协调发展的影响评价研究［D］/蒲焱平．—华中师范大学（硕士论文），2019

922. 汉江航运与湖北省经济发展适应性研究［D］/鲁寒宇．—武汉理工大学（硕士论文），2019

923. 建设汉江流域中心城市财政对策研究［C］/襄阳市财政局课题组，范景玉，马善记，陈新恒.//中国财政学会2019年年会暨第22次全国财政理论研讨会交流论文集（第三册），2019

924. 区域韧性视角下湖北省发展的对策研究［C］/陈思宇，李月雯，吴宇彤，郭祖源，彭翀//2019年中国地理学会经济地理专业委员会学术年会摘要集，2019

925. .老河口"一城两心"引领高质量发展［J］/潘银侠，刘兵，陈国鹏，谢佳铭，陈涛，李闻//湖北画报（上旬），2019（1）

926. 依托生态文明建设 因地制宜发展县域经济——以湖北省竹溪县经济发展探究为例［J］/马莹莹//广西质量监督导报，2019（1）

927. 做足水文章 培育汉江生态经济带绿色发展新动能［J］/申东辉//湖北政协，2019（1）

928. 绿色交通惠泽城乡人民［J］/夏树应//中国生态文明，2019（S1）

929. 打造堵河生态文化旅游带的路径思考［J］/杨明艳//汉江师范学院学报，2019（1）

930. "乡村振兴战略"背景下汉江流域襄阳段乡村旅游供给侧改革路径研究［J］/陈慧珍，龙雨萍//农村经济与科技，2019（1）

931. 基于产品差异化理论的县域内部旅游产业开发研究——以旬阳县汉江安康湖旬阳段

至大黑山旅游区为例［J］/史珊//旅游纵览（下半月），2019（2）

932. 襄阳加快建设全国性综合交通枢纽［J］/政策，2019（2）

933. 区域视角的汉江生态经济带文献述评［J］/梁小青，杨梅英，李春侠//汉江师范学院学报，2019（2）

934. 河南 南船北马 总集百货［J］/湖北画报（湖北旅游），2019（3）

935. 竞流汉水趋江水——1980年代武汉经济体制综合改革试点［J］/涂文学//武汉文史资料，2019（3）

936. 2018年度"省级乡村振兴样板区"——河北省荆门市屈家岭管理区［J］/湖北林业科技，2019（3）

937. 汉江黄金峡以上流域社会经济-生态-水文的变化规律分析［J］/魏秀，刘登峰，刘慧，李紫妍，黄强，林木//华北水利水电大学学报（自然科学版），2019（3）

938. 湖北襄阳："中国有机谷"旅游区上线［J］/农村经济与科技，2019（3）

939. 打造特色民宿 助推集体增收［J］/陈学超，吴永//党员干部之友，2019（4）

940. 万钢蒋作君曹鸿鸣吕彩霞赴潜江开展"资源枯竭型地区经济转型升级发展"调研［J］/董巍伟//中国发展，2019（4）

941. 汉江水源地生态补偿资金分配的优化路径探究——以汉中市农户的调查为例［J］/唐萍萍，唐士梅，胡仪元//陕西理工大学学报（社会科学版），2019（4）

942. 千年古镇 诗意蜀河［J］/孙建武，文永明，向崇辉//法治与社会，2019（5）

943. 十堰名片"丹江水"更名之思考［J］/田运科，李垣璋//湖北工业职业技术学院学报，2019（5）

944. 汉江生态经济带发展战略构想与建议［J］/肖金成，申兵，黄征学//西部大开发，2019（05）

945. 浅谈美丽新襄阳水利发展顶层设计［J］/邹朝望//中国水利，2019（5）

946. 汉江（湖北段）航道整治工程航运经济效益分析［J］/鲁寒宇，詹斌，罗轶，韦文景，樊思月，杨鑫//水运管理，2019（5）

947. 汉江生态经济带制造业高质量发展的对策研究［J］/许振凌，石军伟//湖北成人教育学院学报，2019（6）

948. 建设人工运河，打造西部南北水运出海大通道［J］/王平义，李健，王梅力，韩林峰//中国水运（下半月），2019（7）

949. 格立莫联合收获机助力湖北马铃薯订单农业成功收获［J］/农业机械，2019（8）

950. 改革开放唤醒三秦大地［J］/西部大开发，2019（9）

951. 武汉港——华中地区吞吐量最大的河港［J］/河北水利，2019（10）

952. 湖北庙滩蛋鸡产业转型重生［J］/汪训前，阮班明，方兴成，夏路//农产品市场，2019（12）

953. 汉中市城市水系建设及对经济社会发展影响研究［J］/田伟，刘姣//陕西水利，2019（12）

954. 做好新时代堤防经济发展与水生态文明建设的若干思考［J］/刘争真//大众投资指南，2019（15）

955. 天门市砂梨产业现状及恢复性发展对策［J］/肖杰，朱文召，熊金剑，周年英，李丽娜，王灿洁，杨艳敏，康科星//农业与技术，2019（17）

956. 发展汉江流域黄金水道的探讨［J］/潘媛思//农村经济与科技，2019（19）

957. 汉江生态经济带规划落地，国家重大战略机遇来临 湖北抢抓先机这样干［J］/渔业致富指南，2019（19）

958. 十堰：打造"汉江生态经济带"新高地［J］/刘建华，孙路//小康，2019（30）

959. 坚持生态立市 发展绿色经济——专访十堰市市长陈新武［J］/刘建华//小康，2019（30）

960. 石泉：以文旅名片换取一江清流［J］/李峪//新西部，2019（31）

961. 关于汉江生态经济带发展LNG动力船水运的几点思考［J］/李燕，刘兰，周汉辉//价值工程，2019（34）

962. 持续发展安康汉江生态经济的思考［J］/顾芷涵//现代商业，2019（35）

963. 依水治民：老龙堤所见的襄阳水利与社会［J］/苏占旗//珞珈史苑，2020

964. 汉江航道整治工程对航运物流成本影响研究［D］/樊思月．—武汉理工大学（硕士论文），2020

965. 汉口——东方茶叶港［J］/刘晓航//广西职业技术学院学报，2020（1）

966. 襄阳"龙头旅游景观城市"建设研究［J］/余海鹏，杜汉华//湖北文理学院学报，2020（1）

967. 强激励与弱激励：县域社会中的经济增长与组织运作［J］/田雄//中国社会科学评价，2020（1）

968. 基于"一城两文化"视角的襄阳城市名片旅游化利用问题研究［J］/黄文静，朱运海//襄阳职业技术学院学报，2020（1）

969. 汉江水源地农户环保行为及其诉求研究——基于汉中段的调研分析［J］/唐萍萍，胡仪元//生态经济，2020（2）

970. 襄阳建设汉江流域科技创新中心研究［J］/俞洋洋，张津菩//襄阳职业技术学院学报，2020（3）

971. 汉江生态经济带背景下十堰市物流业高质量发展的路径及对策研究［J］/廉美博，周傲，董晨，顾伟，张梦雅//物流工程与管理，2020（3）

972. 汉江上游土地资源承载力评价［J］/周森林//农业与技术，2020（3）

973. 信息、交通基础设施与城乡收入差距的关系研究——基于汉江生态经济带地级市空间面板数据［J］/张静，刘威//长江技术经济，2020（3）

974. 立足交通强国建设 展现湖北水运新作为［J］/王阳红//中国水运，2020（3）

975. 城固经济发展实现追赶超越的路径思考［J］/张瑞//新西部，2020（3）

976. 汉江经济带绿色发展问题对策研究［J］/徐一刚，陈沿宏，马强//轻工科技，2020（4）

977. 基于模糊综合评价法的汉江航道建设与航运发展适应性分析［J］/詹斌，孙智勇，张琳，樊思月//水运管理，2020（4）

978. 我国区域合作的实践与模式研究［J］/肖金成，马燕坤，洪晗//经济研究参考，2020（4）

979. 集聚区域发展动能 打造汉江创新高地［J］/襄阳高新区//中国科技产业，2020（5）

980. 基于人文纪录片《汉水安康》的安康市区域旅游标识语研究［J］/赵临龙//安康学院学报，2020（5）

981. 加快培育陕西经济高质量发展新动能［J］/裴成荣//现代企业，2020（5）

982. 清代晋商脚下的万里茶路［J］/贾瑞，石磊//文史月刊，2020（6）

983. 汉水银梭茶叶对当地农业的影响［J］/宋琳岚//湖北农机化，2020（7）

984. 汉江生态经济带旅游资源空间分布及影响机制研究［J］/胡蜜，张孟楠，易娜//安徽农学通报，2020（7）

985. 基于区域协同的襄阳生物医药产业发展研究［J］/雷雨，任红梅，张恬，虞小叶，张宏翔//高科技与产业化，2020（7）

986. 湖北省 让城市县域乡村一起向前冲［J］/鄂璠//小康，2020（7）

987. 一片叶子富一方百姓——襄阳市茶产业融合发展助农增收［J］/农村经济与科技，2020（9）

988. 汉江局水利经济发展问题及对策分析［J］/谭德忠，陈红艳//中国集体经济，2020（11）

989. 唐白河航道复航的必要性［J］/胡峰军，张利分//水运管理，2020（11）

990. 汉江生态经济带绿色发展水平测度研究［J］/方永恒，赵雨萌//环境科学与技术，2020（12）

991. 汉江生态经济带背景下十堰市物流业高质量发展的路径及对策研究［J］/殷元星，高飞宇，范安疆，胡小雨//全国流通经济，2020（13）

992. 安康市山水园林生态旅游城市打造的研究［J］/赵临龙//湖北农业科学，2020（15）

993. 汉江生态经济带区域协调与绿色增长效率研究［J］/周涛，张梦雅//农村经济与科技，2020（19）

994. 汉江生态经济带经济发展质量测度［J］/杨瑛娟，郭磊磊//高妍湖北农业科学，2020（20）

995. 大坝的安全与合理开发之问［J］/王煜//新民周刊，2020（27）

996. 汉江生态经济带高质量物流体系构建研究［J］/娄会超，邓伟雄，杜泽龙，周森梅//现代商贸工业，2020（28）

997. 汉江生态经济带绿色发展水平测度及提升研究［D］/赵雨萌．—西安建筑科技大学（硕士论文），2021

998. 湖北省十堰市沧浪海风景区民宿发展研究［D］/江丽．—广西师范大学（硕士论文），2021

999. 基于DEA的汉江流域城市物流发展效率对比研究［J］/陈晶晶//浙江万里学院学报，2021（2）

1000. 南水北调中线水源涵养区旅游生态文明建设研究——基于汉江安康段的调查［J］/李萌，韩喜红//长江技术经济，2021（2）

1001. 武汉城市形成发展及人地关系演变［J］/李长安，张玉芬//地质学报，2021（3）

1002. 后疫情时代湖北旅游业"一心二带三区"模式构建设想［J］/周晓梅//江苏经贸职业技术学院学报，2021（3）

1003. 谱写邓州高质量发展壮丽画卷［J］/邓俊峰//决策探索（上），2021（3）

1004. 汉江生态经济带绿色发展与产业结构耦合协调研究［J］/武婷婷，王怡，张雪，董朕//辽宁农业科学，2021（4）

1005. 汉江中下游水质时空特征与土地利用类型响应识别研究［J］/刘成建，夏军，宋进喜，张远，程兵芬，马驰，王强//环境科学研究，2021（4）

1006. 乡村振兴视角下汉江生态经济带农村创业与生态可持续协同发展研究［J］/徐鑫，武少玲，程龙菊，蒋佩//营销界，2021（5）

1007. 湖北水利改革发展的成效、问题及对策［J］/姚玲，马丽梅，林沛榕//黄冈师范学院学报，2021（6）

1008. 城固县汉江"三生融合"发展路径思考［J］/王小永，程丽荣，苗磊//陕西水利，2021（7）

1009. 信贷支持汉江生态经济带"绿满襄阳"再提升行动路径［J］/赵国庆，卫翔，范俊涛//农业发展与金融，2021（8）

1010. 汉江生态经济带交通网络可达性及其与旅游经济耦合研究［J］/蒋小荣，董鑫，汪胜兰，张歿//湖北文理学院学报，2021（8）

1011. 汉江航运文化对古镇品牌建设的影响［J］/吴媛，黄泽一，丁泊斐，王伟东//合作经济与科技，2021（9）

1012. 汉江生态经济带乡村旅游目的地发展影响因素实证研究——以湖北省为例［J］江涛钦，龙雨萍////农村经济与科技，2021（9）

1013. 老河口市水果产业发展现状及其对策［J］/罗玮，安康//中国果业信息，2021（12）

1014. 襄阳联手华侨城，开启"城市合伙人"模式［J］/袁帅//小康，2021（19）

6 汉水军事

1015. 刘、曹汉中之战［J］/薛凤飞//陕西理工学院学报（社会科学版），1989（3）

1016. 襄东战役与张自忠殉国［J］/周振刚//近代史研究，1990（4）

1017. 枣宜会战中蒋介石水淹日军计划的破产［J］/张生//军事历史，1992（3）

1018. 郧县抗战军事回顾的启示［J］/冷遇春//郧阳师范高等专科学校学报，1992（4）

1019. 郧邑军匪缀闻录［J］/冷遇春//郧阳师范高等专科学校学报，1993（1）

1020. 陕南鄂西北地区的革命斗争［J］/罗道维//江汉论坛，1993（12）

1021. 周灭商前后的战争［J］/杨东晨，杨建国//学术月刊，1995（1）

1022. 关于周昭王伐楚原因和结果的探讨［J］/孙斌来//松辽学刊（人文社会科学版），1995（1）

1023. 鄂西前线行［J］/张廉云//北京观察，1995（7）

1024. 楚国灭巴考［J］/田敏//贵州民族研究，1997（1）

1025. "武王伐纣实得巴蜀之师"辨正［J］/田敏//民族研究，1997（4）

1026. 襄樊战役与宜城解放［J］/杨学青//湖北档案，1998（3）

1027. 开辟汉南解放谷城：记襄樊战役第一阶段［J］/邓有福//党史天地，1998（8）

1028. 滔滔汉江鱼水情：忆中原突围后一段不寻常的经历［J］/李全忠//党史天地，1999（5）

1029. 在汉水两岸的一段难忘经历［J］/张廷发//党史天地，1999（11）

1030. 关于周昭王南征江汉地区有关问题的探讨［J］/刘礼堂//江汉考古，2000（3）

1031. 嘉庆年间白莲教在汉水流域的反清斗争［J］/周忠庆//汉中师范学院学报，2001（1）

1032. 汉水流域与诸葛亮的政治军事战略［J］/马强//成都大学学报（社会科学版），2001（2）

1033. 唐代前期的山南东道：兼论唐前期汉水中游的战略地位［J］/周尚兵//郧阳师范高等专科学校学报，2001（2）

1034. 赤壁之战古战场新考：真正赤壁之战古战场在汉川［J］/冯汉江，陈中林//荆州师范学院学报，2001（6）

1035. 论蜀汉时期的战略城池［J］/薛瑞泽//军事经济学院学报，2002（4）

1036. 诸葛亮与祁山历史遗迹考述［J］/贾利民//天水师范学院学报，2004（4）

1037. 汉江上的第一座抗日军用浮桥［J］/刘先祥，舒俊，伍兰香//湖北档案，2005（12）

1038. 刘伯承与襄樊战役［J］/郭萍//湖北档案，2008（5）

1039. 论秦楚商於之争［C］/梁中效//陕西省司马迁研究会、陕西师范大学文学院、商洛学院司马迁与史记论集（第九辑）陕西省司马迁研究会、陕西师范大学文学院、商洛学院：陕西省社会科学界联合会，2010

1040. 三国荆襄地区军事地理论略［D］/曾建忠.—湖南科技大学（硕士论文），2010

1041. 钟祥赤壁说辩［J］/吕昕//兰台世界，2010（2）

1042. 巴国入秦［J］/李家驹//文史杂志，2010（6）

1043. 血染汉江红——抗美援朝著名战役介绍之三［J］/朱晓明//党史博采（纪实），2010（10）

1044. 高氏荆南军事地理研究［D］/张晓笛.—华中师范大学（硕士论文），2012

1045. 南宋二张援襄路线暨清泥河考［J］/熊燕军//湖北文理学院学报，2013（10）

1046. 论抗日战争四次襄阳会战［D］/胡若晨.—武汉理工大学（硕士论文），2014

1047. "蜀伐楚取兹方"考辨［J］/蒙家原//文史杂志，2014（1）

1048. 略论古代汉中军事地理环境［J］/张峰//黑龙江史志，2014（15）

1049. 地理学与考古学视野下的昭王南征［J］/尹弘兵//历史研究，2015（1）

1050. 历代汉水流域战争史略［J］/赵盛国//郧阳师范高等专科学校学报，2015（2）

1051. 五渡汉水 两过长江——江汉独立旅一团的战斗历程［C］/张育英//铁流（34）北京新四军暨华中抗日根据地研究会，2017

1052. 汉末三国的夏口与江夏战局［J］/宋杰//史学月刊，2017（3）

1053. 晚清地方军事化中的节义塑造——以汉江上游为例［J］/赵永翔//陕西理工大学学报（社会科学版），2018（3）

1054. 三国交兵中的襄阳与荆州战局［J］/宋杰//军事历史研究，2019（1）

7 汉水艺术

1055. 安康出土一件虎钮錞于［J］/徐信印//江汉考古，1985（4）

1056. 安康长岭出土的南朝演奏歌舞俑［J］/徐信印//文博，1986（5）

1057. 陕西旬阳出土的汉代陶溷厕［J］/张沛//农业考古，1988（2）

1058. 汉水又育怪才出：评汉剧现代戏《马大怪传奇》［J］/黄贤明//当代戏剧，1989（6）

1059. 商周时代南北甬钟之关系及南北文化交流之检讨［J］/高西省//东南文化，1991（6）

1060. 陕西汉阴出土的一批宋代编钟［J］/徐信印//文博，1992（1）

1061. 琴台 琴声 琴韵［J］/马南//武汉文史资料，2002（11）

1062. 《汉江韵》与豫派筝演奏特征［J］/阎爱华//黄钟，武汉音乐学院学报，2004（S1）

1063. 汉水民歌的渊源与品类［J］/姚维荣，张会鉴//安康师专学报，2006（2）

1064. 汉水民歌的审美特征［J］/姚维荣，张会鉴//安康师专学报，2006（3）

1065. 汉水流域汉民族民歌村民歌文化生态溯源［C］/潘世东，龚玉华//司马迁与《史记》学术研讨会会议手册，2007

1066. 论汉水流域丧歌的多文化向度价值［J］/潘世东，龚玉华//贵州文史丛刊，2007（1）

1067. 郧县《凤凰灯》撷粹［J］/鲁传太//世纪行，2007（3）

1068. 绚丽多彩的汉江画面石［J］/徐明星//花木盆景（盆景赏石版），2008（5）

1069. 汉江寻源的短片创作谈［J］/程利娜，宋维虎//电影评介，2008（7）

1070. 汉水上游区域近现代中国书画艺术资源的梳理［J］/吉武昌//陕西理工学院学报（社会科学版），2009（1）

1071. 汉水上游端公戏与中国傩文化［J］/姚秋霞//电影评介，2009（4）

1072. 从《汉江韵》谈河南小调筝曲［J］付明//乐器，2009（5）

1073. 论汉江地区原始艺术和风俗民情对楚国漆工艺发展的影响［J］/张晶//美术大观，2009（11）

1074. 陕南民间音乐区域文化特质考察［D］/王晓平．—南京艺术学院（硕士论文），2010

1075. 紫阳民歌音乐研究［D］/杨银波．—陕西师范大学（硕士论文），2011

1076. 汉水上游孝歌的文化价值探析［J］/刘昌安，温勤能//陕西理工学院学报（社会科学版），2011（1）

1077. 汉江派班社探究及其传承意义［J］梁卫华，束文寿//四川戏剧，2011（2）

1078. 在文化强省建设中推进汉剧振兴和繁荣［J］/刘建明//当代戏剧，2011（5）

1079. 汉江情歌［J］/张宣强，陈碧珊//音乐天地，2011（6）

1080. 浅析商代汉江流域青铜艺术［J］/朱心鸿//美术教育研究，2012（2）

1081. 沧浪听歌郧阳曲［J］/黄忠富//世纪行，2012（4）

1082. 汉江号子［J］/音乐天地，2012（7）

1083. 浅谈汉水流域地区的道教音乐文化［J］/郭益欣//剑南文学（经典教苑），2012（8）

1084. 汉江渔歌［J］/冯传宗，刘继鹏，王阿民//音乐天地，2012（11）

1085. 岘山汉水绕古城 人文胜迹遍襄阳——襄阳自然人文景观可行性论证［J］/李觉辉//美与时代（上），2012（11）

1086. 从商代盘龙城与同期长江支流青铜礼器的对比看器型的审美诱变与表现［D］/赵倩倩．—华中师范大学（硕士论文），2013

1087. 汉水上游羌族图案纹饰艺术研究［J］/蒲波//艺术科技，2013（1）

1088. 汉中市城区商业门店名称的类型及修辞艺术［J］/李丹//安康学院学报，2013（1）

1089. 浅谈汉江硪歌曲调的多样性与研究价值［J］/李永胜//戏剧之家（上半月），2013（3）

1090. 论汉水流域民歌与《诗经》的文化传承关系［J］/邓亢，武凌芸//沈阳农业大学学报（社会科学版），2013（3）

1091. 汉水流域陕南羌族服饰艺术的传承与发扬［J］/刘飞//艺术科技，2013（5）

1092. 安康汉江两岸景观的文化艺术营构［J］/杨湘涛//艺术科技，2013（6）

1093. 汉水文化在室内设计中的应用研究［D］/张学娟．—南京林业大学（硕士论文），2014

1094. 河南筝曲《汉江韵》的演奏技巧［J］/朱晨雯//郑州铁路职业技术学院学报，2014（1）

1095. "汉调桄桄"的儒家情怀与地域文化特征［J］/姚秋霞//陕西理工学院学报（社会科学版），2014（2）

1096. 安康汉江船工号子风格浅析［J］/苗晓琴//安康学院学报，2014（3）

1097. 西汉水流域秦早期美术文化研究述论［J］/刘吉平//吉林艺术学院学报，2014（4）

1098. 从历史深处唤醒中国传统力量——评《汉江》历史文化系列片［J］/潘世东/郧阳师范高等专科学校学报，2014（5）

1099. 失乐园湖北郧阳二棚子戏《我的汉水家园》观后［J］/谢柏梁//中国戏剧，2014（7）

1100. 汉江奇葩——马良踩茶舞［J］/李永胜//戏剧之家，2014（8）

1101. 汉沔彪炳 华夏乐章 舒缓激越 碰撞交融——纪录片《汉江》评析［J］/王涵，罗应//郧阳师范高等专科学校学报，2015（1）

1102. 台北故宫博物院藏《汉江以北四省边舆图》小议［J］/冯岁平//陕西理工学院学报（社会科学版），2015（2）

1103. 明代盛著《沧浪独钓图》辨伪［J］/闫建科//荣宝斋，2015（3）

1104. 历史叙事与文学叙事中的韩信——兼论汉水流域戏曲中的韩信戏［J］/王建科//陕西理工学院学报（社会科学版），2015（4）

1105. 论汉水流域的水浒戏及其传播特点［J］/王建科//陕西师范大学学报（哲学社会科学版），2015（5）

1106. 汉江妹子汉江汉［J］/夏雄//民族音乐，2015（6）

1107. 情动于衷，情融于境——浅谈我在《我的汉水家园》中对人物的三次情感处理［J］/崔英杰//戏剧之家，2015（6）

1108. 简述河南筝曲演奏中手指的运动特点——以《汉江韵》为例［J］/孙艳//北方音

乐，2015（7）

1109. 从汉江涛声到黄河咆哮——《黄河大合唱》诞生记［J］/涂宏伟//文史春秋，2015（9）

1110. 管窥河南民间音乐元素在任清芝古筝艺术中的运用［J］/刘燕//大众文艺，2015（18）

1111. 汉水谣［J］/娄鑫//戏剧之家，2015（23）

1112. 南阳筝乐自然生态特征浅论［D］/周海媚．—贵州大学（硕士论文），2016

1113. 北大藏秦水陆里程简册所见的汉江水道与津渡［C］/晏昌贵//中国魏晋南北朝史学会、湖北省历史学会、《中国史研究动态》编辑部秦汉魏晋南北朝史国际学术研讨会论文集中国魏晋南北朝史学会、湖北省历史学会、《中国史研究动态》编辑部：襄阳及三国历史文化研究所，2016

1114. 汉水流域传统音乐文化形成的历史地理背景［J］/张晓虹//黄钟（武汉音乐学院学报），2016（1）

1115. 汉水流域戏曲中的三国戏［J］/王建科//陕西理工学院学报（社会科学版），2016（4）

1116. 十堰船夫号子艺术特征浅析［J］/康平//民族音乐，2016（4）

1117. 汉江流域传统工艺美术的主要类型及其影响因素［J］/刘精科//艺术科技，2016（11）

1118. 河南筝曲《汉江韵》的艺术特点与演奏［J］/袁姗姗//戏剧之家，2016（17）

1119. 河南筝曲《汉江韵》的演奏技巧分析［D］/马斯慧．—吉林艺术学院（硕士论文），2017

1120. 论古筝重奏作品的艺术表现［D］/李萍萍．—江西师范大学（硕士论文），2017

1121. 遥堤舞者［C］/李广彦//大江文艺（2017第2期 总第167期）：中国水利作家协会，2017

1122. 水域音乐文化研究初见［J］/乔建中//黄钟（武汉音乐学院学报），2017（1）

1123. 汉水流域民间音乐考察中的学术机缘［J］/毛睿//音乐传播，2017（2）

1124. 论"汉调桄桄"对"包公戏"的传承与发展［J］/姚秋霞//陕西理工大学学报（社会科学版），2017（2）

1125. 格物丹心湖［C］/赵学儒//大江文艺（2018第4期 总第175期）：中国水利作家协会，2018

1126. 情动于衷 情融于境——我在二棚子大戏《我的汉水家园》中演尹思媛这一人物的

体会［J］/孟开平//戏剧之家，2018

1127. 从筝曲《汉江韵》窥探河南筝派的艺术风格和演奏特征［D］/李思瑶．—山西大学（硕士论文），2018

1128. 《汉水安康》纪录片对打造安康旅游文化品牌的启示［J］/赵临龙//安康学院学报，2018（1）

1129. 汉水流域董永遇仙故事的戏曲改编及其特征［J］/蒋蔚，王建科//陕西理工大学学报（社会科学版），2018（4）

1130. 试论汉水流域儿童歌谣的分类［J］/潘龚凌子//汉江师范学院学报，2018（4）

1131. 西汉水上游传统家具制作工艺及其艺术特色——以陇南礼县固城乡为例［J］/宋涛，蒲向明//甘肃高师学报，2018（6）

1132. 《汉水汉中》纪录片的主题凝练——兼论汉中的地域特点与文化精神［J］/李宜蓬//边疆经济与文化，2018（7）

1133. 汉水流域丧葬仪式音乐考察研究——以竹山县民间丧葬仪式音乐为例［J］/常开起，朱瑞//音乐创作，2018（11）

1134. 《汉广》：汉水恋歌［J］/刘毓庆//名作欣赏，2018（13）

1135. 紫阳北五省会馆壁画艺术特征及价值初探［J］/赵刚华//新西部，2018（16）

1136. 南宋艺术观的审美文化背景探究［D］/裴孔亮．—浙江理工大学（硕士论文），2019

1137. 大美汉江［C］/周俊丞//大江文艺（2019年第3期 总第180期），2019

1138. 魅力汉江［C］/牛夺战//大江文艺（2019年第3期 总第180期），2019

1139. 春回汉江［C］/贾源//大江文艺（2019年第3期 总第180期），2019

1140. 汉江美景［J］/中国生态文明，2019（1）

1141. 《汉江韵》三重奏中演奏技法的传承与创新［J］/孙倩//黄河之声，2019（2）

1142. 江南花雨，弥漫一路的芳华——著名作曲家周友良创作歌曲选《江南花雨》出版［J］/歌曲，2019（3）

1143. 汉江魅影——《李念"美丽汉江·我的家园"》摄影展在襄阳开幕［J］/栾方//湖北画报（上旬），2019（3）

1144. 丝绸之路［J］/俞莹//花木盆景（盆景赏石），2019（3）

1145. 苏州园林怡园沧浪亭散记稿七帧［J］/赵晶//收藏与投资，2019（4）

1146. 汉江夏商周时期的流域文明［J］/傅广典//汉江师范学院学报，2019（4）

1147. 悟禅［J］/吴洪信//宝藏，2019（4）

1148. 刘邦汉国都城及其相关问题研究［J］/梁中效//咸阳师范学院学报，2019（5）

1149. 濯有樱兮春妩媚［J］/张媛媛，傅钊//山东画报，2019（5）

1150. 云龙腾金辉［J］/雷敬敷//宝藏，2019（6）

1151.《沧浪濯足图》［J］/周臣//应用写作，2019（6）

1152. 圆圆曲之五［J］/陈鸿翎//云南档案，2019（6）

1153."赏石艺术周"——《宝藏》杂志通联站福利来了!［J］/宝藏，2019（7）

1154. 文化和自然遗产日 赏石艺术优秀创意获奖作品［J］/宝藏，2019（7）

1155.《沧浪晓月》［J］/杨明义//世界知识画报（艺术视界），2019（8）

1156. 大美汉江 舞动荆楚——2019科普摄影汉江采风行掠影［J］/湖北画报（上旬），2019（9）

1157. 家住汉江边［J］/李钧//中国三峡，2019（9）

1158. 楚东津道及相关问题考辨［J］/叶植//社会科学动态，2019（9）

1159. 发现汉中之美 感受独特魅力——两岸媒体"品两汉三国、访汉人老家"摄影采风活动侧记［J］/王建雄//台声，2019（10）

1160. 唱起号子走汉江［J］/朱文洲，王焱//音乐天地（音乐创作版），2019（10）

1161. 武当山举行中西音乐交流会［J］/罗毅，吴洁，刘成臣//武当，2019（11）

1162. 襄阳皮影戏的艺术价值与文化传承［J］/赵晓松//北方音乐，2019（22）

1163. 2019湖北摄影记者眼中的精彩瞬间［J］/湖北画报（上旬），2020（1）

1164. 神鹿回首［J］/楚郧雄//花木盆景（盆景赏石），2020（1）

1165. 模式与变体的"互视"——汉江上游地区丧锣鼓牌子的转换生成与简化还原探析［J］/凌崎//中央音乐学院学报，2020（1）

1166. 商州《劝世歌》的当代文化哲学价值寻绎［J］/潘世东//汉江师范学院学报，2020（1）

1167. 春耕［J］/汤天马//宝藏，2020（1）

1168. 泼墨云烟里 挥毫天地间［J］/陕南瘦竹//名家名作，2020（2）

1169. 锦沁，沁人心脾［J］/严丽娟//中华奇石，2020（2）

1170. 论紫砂赏瓶"舟泊汉江望黄鹤楼"的陶刻艺术［J］/彭梦霞//江苏陶瓷，2020（2）

1171. 张鄂诚赏石作品欣赏［J］/张鄂诚//花木盆景（盆景赏石），2020（4）

1172. 盼你归［J］/周温玉//当代音乐，2020（4）

1173. 汉江上游地区丧锣鼓研究［J］/凌崎//中国音乐，2020（5）

1174. 汉江，为你梳妆［J］/尹洁//音乐天地（音乐创作版），2020（5）

1175. 汉水词［J］/张晓未，傅天琪//当代音乐，2020（5）

1176. 汉江釉光青［J］/彦澄//中华奇石，2020（6）

1177. 壮乡欢迎您［J］/张舜梅//宝藏，2020（7）

1178. 禅师［J］/周志进//中华奇石，2020（7）

1179. 汉江船歌［J］/同悦，王阿民//音乐天地（音乐创作版），2020（7）

1180. 以方城为城，以汉水为池——浅析紫砂作品"问鼎中原"的艺术多元化特征［J］/高锡兰//陶瓷科学与艺术，2020（8）

1181. 汉江奇"石"欣赏［J］/杨锦全//中华奇石，2020（8）

1182. 山水有清音［J］/张鑫//中华奇石，2020（8）

1183. 自在飞花轻似梦［J］/张舜梅//宝藏，2020（9）

1184. 三幅陆治作品评鉴［J］/李鹏飞//中华书画家，2020（9）

1185. "汉广云街"奇石文化艺术节［J］/郧阳//宝藏，2020（9）

1186. 古筝重奏艺术发展探析［J］/邓巧//北方音乐，2020（9）

1187. 瀑布石赏玩刍议［J］/杨锦全//宝藏，2020（10）

1188. 汉江石，步入全新的发展阶段［J］/刘清明//中华奇石，2020（11）

1189. 心的方向［J］/张舜梅//宝藏，2020（12）

1190. 郑立波油画［J］/郑立波//文艺研究，2020（12）

1191. 取经路上［J］/刘芳//中华奇石，2020（12）

1192. 《汉水之春》系列青绿山水画创作与探索［D］/徐乾智. —西北大学（硕士论文），2021

1193. 筝曲《汉江韵》的艺术特色［D］/张伯卉. —沈阳师范大学（硕士论文），2021

1194. 李钧作品欣赏［J］/李钧//金融博览，2021（1）

1195. 汉水流域戏曲地理分布与地域性特征［J］/王建科//陕西理工大学学报（社会科学版），2021（2）

1196. 画家笔下的吴中园林［J］/刘强//检察风云，2021（5）

1197. 藏石赏石乃富有 自乐共乐大胸怀［J］/雷敬敷//中华奇石，2021（5）

1198. 偶遇"10万"古琴［J］/许静//中华奇石，2021（5）

1199. 10万"古琴"成交，奏响时代审美强音［J］/葳蕤//中华奇石，2021（5）

1200. 汉江水墨石 精神的通道［J］/葳蕤//中华奇石，2021（5）

1201. 河南筝曲《汉江韵》双手演奏技巧及其音乐风格［J］/王明瑶//当代音乐，

2021（5）

1202. 石品赏析［J］/花木盆景（盆景赏石），2021（6）

1203. 沧浪水深青溟阔——现代中国画学的开拓者伍蠡甫［J］/马镇//前进论坛，2021（7）

1204. 西乡石雕技艺［J］/代希文//百花，2021（8）

1205. 新媒体环境下老河口木版年画推广与创新研究［J］/张婧珮，司佳，赵萌迪//今古文创，2021（25）

8 南水北调专题
Ⅰ 汉水水利工程

1206. 南水北调丹江口汉江大桥主桥合拢顺序设计研究［C］/章铁军//中国力学学会结构工程专业委员会、华中科技大学土木工程与力学学院（武汉）、中国力学学会《工程力学》编委会、清华大学土木工程系、清华大学结构工程与振动重点实验室第17届全国结构工程学术会议论文集（第Ⅱ册）中国力学学会结构工程专业委员会、华中科技大学土木工程与力学学院（武汉）、中国力学学会《工程力学》编委会、清华大学土木工程系、清华大学结构工程与振动重点实验室：中国力学学会工程力学编辑部，2008

1207. 南水北调丹江口汉江大桥的设计［J］/章铁军，尤岭，闫海青//南水北调与水利科技，2008（1）

1208. 南水北调中线工程中的引江济汉补偿工程［J］/易贤命//长江流域资源与环境，2008（2）

1209. 南水北调后汉江中上游水电站联合优化调度研究［J］/王军//水利水电快报，2008（8）

1210. 南水北调中线工程对汉江中下游的影响及治理对策［J］/孔祥林，蒲菽洪，罗文辉//水利水电快报，2008（9）

1211. 南水北调丹江口汉江大桥设计与新技术的运用［J］/吴茵，尤岭//科技创新导报，2008（16）

1212. 南水北调中线一期引江济汉工程规模论证成果简述［C］/林德才//中国水利水电勘

测设计协会调水工程应用技术研究与实践中国水利水电勘测设计协会：中国水利水电勘测设计协会，2009

1213. 南水北调中线工程与汉江中游襄樊市可持续发展研究［J］/张中旺//襄樊学院学报，2009（2）

1214. 南水北调中线一期三大主体工程［J］/长江科学院院报，2009（4）

1215. 南水北调进退维谷［J］/王强//商务周刊，2009（14）

1216. 南水北调中线工程对湖北老河口市影响及其财政对策［J］/龚文斌，邹丰朗//地方财政研究，2011（4）

1217. 当代移民背景下的乡村聚落变迁研究［D］/苏小莲．—华中科技大学（硕士论文），2012

1218. 湖北十堰地区传统聚落与民居研究［D］/胡洵．—重庆大学（硕士论文），2012

1219. 南水北调工程对汉水流域民俗体育的影响与成因探析［C］/王林//中国大学生田径协会2012国际体育科学与学校体育学术会议论文集中国大学生田径协会：中国大学生体育协会田径分会，2012

1220. 南水北调中线分布式水文模型构建［D］/田雨．—天津大学（硕士论文），2012

1221. 南水北调汉江流域湖北段水安全评价［C］/张中旺//中国地理学会、河南省科学技术协会中国地理学会2012年学术年会学术论文摘要集中国地理学会、河南省科学技术协会：中国地理学会，2012

1222. 南水北调工程影响下的地区可持续发展研究以汉江中游地区襄阳市为例——以汉江中游地区襄阳市为例［J］/成艾华//理论月刊，2012（1）

1223. 加大南水北调中线工程汉江中下游生态补偿力度［J］/陈天会//楚天主人，2012（4）

1224. 中线南水北调对湖北汉江中下游经济社会影响的SD分析［J］/肖悦，陈威，刘建//工程建设与设计，2012（4）

1225. 中线调水对襄阳市水资源持续利用的影响［J］/江华军，白金明，张中旺//襄樊学院学报，2012（5）

1226. 关于开展南水北调中线二期工程研究的建议［J］/赵霞//水利经济，2012（6）

1227. 湖北省承接南水北调汉江航道整治工程［J］/许兰超，高斌//特种结构，2012（6）

1228. 对构建南水北调中线一期工程运行管理体制的思考和建议［J］/钟玉秀，付健，刘洪先，王亦宁，李伟//水利发展研究，2012（7）

1229. 调水工程生态补偿的分阶段推进战略［J］/王品文，陈晓飞，张斌，朱厚菲//环境科学与技术，2012（7）

1230. 中线调水后汉江中下游水运发展的对策探讨［J］/刘国炳//荆楚理工学院学报，2012（7）

1231. 南水北调中线一期工程生态补水潜力研究［J］/靖立玲，张丽丽，殷峻暹，蔡文君//人民黄河，2012（8）

1232. 基于ASTER GDEM的南水北调中线水源区水文特征提取及实现［J］/周旗，蒋国富//南阳师范学院学报，2012（9）

1233. 南水北调中线丹江口大坝加高工程泥沙水质观测资料验收会在丹召开［J］/人民长江，2012（10）

1234. 精心实施"丹治"工程 确保一库清水送北京［J］/李长保//中国水土保持，2012（12）

1235. 南水北调中线工程水源区城镇排水专项规划研究［D］/方丽丽. —西安建筑科技大学（硕士论文），2013

1236. 南水北调中线工程对丹江口库区生物多样性的影响分析［D］/包洪福. —东北林业大学（硕士论文），2013

1237. 开发长江上游空中云水资源增加南水北调中线的水量［J］/陈乾，田清鉴//干旱气象，2013（1）南水北调工程和三峡水库对汉江武汉段水文影响分析［J］/陈河平，伍松//新疆有色金属，2013（1）

1238. 汉水文化开发与"南水北调"相关问题［J］/王生铁//荆楚学刊，2013（1）

1239. 南水北调中线工程对襄阳市的影响与对策分析［J］/王光义//水电与新能源，2013（2）

1240. 南水北调中线工程对汉水流域民俗体育文化的影响［J］/张华江，王林，李牧//体育学刊，2013（2）

1241. 调水及梯级开发对汉江襄阳段水环境容量影响［J］/孙辰，邬红娟//环境保护科学，2013（2）

1242. 南水北调中线工程对襄阳市水资源持续利用影响与对策［J］/白金明，张中旺//水文，2013（4）

1243. 关于南水北调后汉江中下游流域生态环境保护的建议［J］/世纪行，2013（5）

1244. 学南水北调"治污"需新思路［J］/吴进//中国党政干部论坛，2013（8）

1245. 确保一库清水永续北送［J］/政策，2013（9）

1246. 引调水工程对汉江中下游航运影响初步研究［J］/马方凯，蔡淑兵，李小芬，尹维清，王英奎//黑龙江水利科技，2013（11）

1247. 南水北调水源地水环境健康风险评价［J］/岳思羽//广东化工，2013（18）

1248. 南水北调水源地管理权之争［J］//中国经济周刊，2013（39）

1249. 中线调水对水源区生态影响和修复探讨［C］/封光寅//中国水利学会科技创新与水利改革——中国水利学会2014学术年会论文集（上册）中国水利学会：中国水利学会，2014

1250. 南水北调中线工程对丹江口库区及汉江中下游区域农业和生态环境的影响与对策分析［C］/樊丹//中国农学会（China Association of Agricultural Science Societies）、中国农业生态环境保护协会2014中国现代农业发展论坛论文集中国农学会（China Association of Agricultural Science Societies）、中国农业生态环境保护协会：中国农学会，2014

1251. 气候波动和人类活动对南水北调中线工程典型流域径流影响的定量评估［J］/李凌程，张利平，夏军，闪丽洁，刘恋//气候变化研究进展，2014（2）

1252. 南水北调中线工程实施后汉江襄阳段乡村旅游发展策略研究［J］/崔俊涛//农村经济与科技，2014（4）

1253. 南水北调工程对汉江流域荆门段土壤资源利用的影响浅析［J］/肖习明，胡体国，周建华，刘丰国，陈萍//中国农技推广，2014（5）

1254. "铁拳"护佑绿水青山——陕西"打非治违"保南水北调水质纪实［J］/汤少林//陕西水利，2014（5）

1255. 江河污染何时休？［J］/高山//水利天地，2014（5）

1256. 浅析南水北调工程对东荆河流域的影响［J］/白德新，肖文芳，陈立杰，陈明//科技与企业，2014（5）

1257. 南水北调中西线工程对水源区水资源影响及对策［J］/范杰//人民长江，2014（7）

1258. 引汉济渭工程水资源论证［J］/曹正浩，张娜，钱萍//人民长江，2014（9）

1259. 南水北调中线工程采风（三首）［J］/马镇//前进论坛，2014（9）

1260. 大事大策划 引领舆论场——湖北日报南水北调报道论析［J］/赵洪松，胡祥修//新闻战线，2015（9）

1261. 南水北调引江济汉工程建成通水［J］/梁相斌，梁建强//建筑设计管理，2014（10）

1262. 南水北调中线工程汉江中下游襄阳段生态补偿标准探析［J］/黄丽娟，张中旺//湖北文理学院学报，2014（11）

1263. 《湖北南水北调工程考古报告集》（第五卷）简介［J］/容雪//考古，2014（12）

Ⅱ 生态保护

1264. 南水北调中线工程汉江流域水源保护区生态补偿标准与机制研究［D］/江中文.—西安建筑科技大学（硕士论文），2008

1265. 南水北调中线工程陕南水源区水环境研究［J］/王钦安，马耀峰//水资源与水工程学报，2008（1）

1266. 南水北调中线工程水源地的生态安全与对策研究［J］/张中旺//生态经济（学术版），2008（2）

1267. 南水北调中线工程对汉江中下游水环境影响分析［J］/胡志芳，张利平//水利与建筑工程学报，2008（3）

1268. 关于建立南水北调中线工程水源区水土保持生态补偿机制的思考［J］/张秦岭//中国水土保持，2008（6）

1269. 南水北调中线陕西水源区生态补偿量研究［D］/肖燕.—西安理工大学（硕士论文），2009

1270. 南水北调中线工程陕西水源区水土流失的经济损失研究［D］/赵恩辉.—西安理工大学（硕士论文），2009

1271. 南水北调中线陕西段水源区水质保护与生态补偿研究［D］/胡芳.—西安理工大学（硕士论文），2009

1272. 南水北调中线工程对汉江中下游水质的影响［J］/肖婵，谢平，唐涛，肖昌虎//安全与环境学报，2009（1）

1273. 南水北调中线水源区安康段水质模糊综合评价［J］/姚莎，党志良，吴波，赵琰//地下水，2009（1）

1274. 南水北调中线水源地汉江上游流域主要生态环境问题及对策［J］/李思悦，刘文治，顾胜，韩鸿印，张全发//长江流域资源与环境，2009（3）

1275. 南水北调中线水源区汉江流域水环境容量研究［J］/李晓玲，吴波//水土保持通报，2009（6）

1276. 南水北调水源区略阳片水质安全问题与对策［J］/韩永福//中国水土保持，2009（7）

1277. 南水北调汉江流域生态保护利用的调查——以宁陕段为例［J］/杨田，聂华，骆荣君//林业经济，2008（8）

1278. 对"南水北调"工程河汉江源生态历史发展的探究［J］/马英杰//科技风，2009（23）

1279. 南水北调中线水源区多尺度生态环境综合评价［D］/李璐．—华中农业大学（硕士论文），2010

1280. 南水北调中线工程对汉江中下游水环境影响研究［D］/吴瑕．—武汉大学（硕士论文），2010

1281. 南水北调中线水源区（陕西段）水土保持生态补偿研究［D］/王玮．—西安理工大学（硕士论文），2010

1282. 南水北调中线工程对汉江中下游水环境的影响［C］/谢平//湖北省水利学会实行最严格水资源管理制度高层论坛优秀论文集湖北省水利学会：湖北省水利学会，2010

1283. 南水北调中线工程对汉江中下游（荆门段）水环境影响及补偿政策研究［C］/许开翔//湖北省水利学会实行最严格水资源管理制度高层论坛优秀论文集湖北省水利学会：湖北省水利学会，2010

1284. 南水北调中线工程对汉江荆门段水环境影响及对策研究［C］/张德学//湖北省水利学会实行最严格水资源管理制度高层论坛优秀论文集湖北省水利学会：湖北省水利学会，2010

1285. 南水北调中线工程调水后汉江中下游生态补偿资金筹措分析［C］/周念来，关洪林//湖北省水利学会实行最严格水资源管理制度高层论坛优秀论文集湖北省水利学会：湖北省水利学会，2010

1286. 南水北调对湖北经济发展影响及两江水资源的综合利用研究［J］/张中旺//襄樊学院学报，2010（1）

1287. 南水北调中线工程对汉江中下游流域生态环境影响的综合评价［J］/高永年，高俊峰//地理科学进展，2010（1）

1288. 南水北调中线陕西水源区非点源总氮负荷估算［J］/李怀恩，王莉，史淑娟//西北大学学报（自然科学版），2010（3）

1289. 南水北调中线工程汉江水源地生态保护及其对策调研［J］/胡仪元，杨涛//调研世

界，2010（11）

1290. 南水北调中线工程对汉江中下游水环境的影响与可持续发展研究［J］/陈姗姗，刘俊新，王国义，李芹//地下水，2011（6）

1291. 考虑水文过程的年径流非一致性分析［D］/江聪. —武汉大学（硕士论文），2017

1292. 我国季风区若干河流万年尺度稀遇洪水事件水文恢复研究［D］/郭永强. —陕西师范大学（硕士论文），2017

1293. 应对径流变异的汉江上游梯级水库调度研究［D］/郭嘉城. —西安理工大学（硕士论文），2017

1294. 丹江口水库多目标调度与管理［J］/孙启伟，董付强，朱小宁//人民长江，2017（1）

1295. 汉江下游沙洋至汉口河段槽蓄量计算分析［J］/陈望春，郑静，张涛，陈瑜彬//水利水电快报，2017（1）

1296. 基于多种水文学方法的汉江子午河生态流量研究［J］/李紫妍，刘登峰，黄强，张飒//华北水利水电大学学报（自然科学版），2017（1）

1297. 汉江中下游近60年最小流量变化及影响因素分析［J］/张欧阳，熊明//人民长江，2017（2）

1298. 汉江下游河段水文特性研究［J］/王常红，程小兵，李旺生//中国水运（下半月），2017（2）

1299. 基于GWR模型的汉江流域土地利用类型与水质关系评估［J］/梁平，郭益铭，刘文文//安全与环境工程，2017（2）

1300. 汉江郧阳段河流阶地发育特征及新构造运动意义［J］/胡庆，董文钦，余松，雷东宁，乔岳强，蔡永建，王秋良//大地测量与地球动力学，2017（2）

1301. 汉江上游流域生态系统水源供给服务变化［J］/吴丹，邹长新，徐德琳，徐梦佳//水土保持通报，2017（6）

1302. 汉江兴隆水利枢纽泄水闸底板裂缝成因分析及防范措施探讨［J］/管芙蓉，王力军//水利建设与管理，2017（7）

1303. 汉江干支流径流丰枯遭遇对跨流域调水的影响［J］/马盼盼，白涛，武连洲，黄强//水利水电技术，2017（8）

1304. 江汉平原地下水位动态变化特征分析［J］/黄浩，黄雷，鲁朝林，郭会荣//人民长江，2017（18）

1305. 基于水资源可持续利用的汉江中下游区域发展新模式探索［J］/聂晓，张弢，丁玲玲，李柱//农村经济与科技，2017（21）

Ⅲ 移民及其他

1306. 濮族的来源和迁徙：兼论楚并濮地［J］/何光岳//贵州社会科学，1984（3）

1307. 云梦泽与商周之际的民族迁徙［J］/刘敦愿//江汉考古，1985（2）

1308. 楚族南迁及其江汉沮漳基地的早期经营/何浩//江汉论坛，1989（6）

1309. 秦汉江南人口流向初探［J］/周霖//江西师范大学学报（哲学社会科学版），1997（3）

1310. 清代移民与陕西汉水流域民间风俗的嬗变［J］/张晓虹//中国历史地理论丛，2002（3）

1311. 汉水中上游移民生活方式现代转型的研究报告［J］/刘昌安//汉中师范学院学报，2003（5）

1312. 论清代移民垦殖对鄂西北地区环境的影响：以十堰市为例［J］/王肇磊，贺新枝//郧阳师范高等专科学校学报，2006（2）

1313. 明初南阳盆地人口迁移研究（1368—1424）［D］/唐智佳. —广西师范大学（硕士论文），2007

1314. 房陵流放地生成原因窥探/饶咬成//郧阳师范高等专科学校学报，2007（2）

1315. 从考古学看先秦时期濮人的迁徙［J］/黄尚明//华中师范大学学报（人文社会科学版），2008（1）

1316. 南水北调与湖北经济可持续发展［J］/张中旺//安徽农业科学，2008（2）

1317. 一江清水送北京［J］/梅洁//今日国土，2008（3）

1318. 南水北调中线工程与民盟的十年情结［J］/何桃元//世纪行，2008（4）

1319. 一江清水送北京——陕西省人大常委会依法保护南水北调中线水源地纪实［J］/曹鸿鹰//中国人大，2008（10）

1320. 带队考察南水北调中线水源工程 出席丹江口工程开工50周年纪念大会［J］/陈雷//中国水利，2008（17）

1321. 热点素材2 南水北调 汉江缺水［J］/数学教学通讯，2010（8）

1322. 中国现代最大人工运河设计获批［J］/城市规划通讯，2010（5）

9 汉水建筑工程

1323. 单层钢板桩围堰在老河口汉江桥特殊条件下的应用［J］/周功建//福建建材，2008（2）

1324. 紫阳汉江左线大桥深水基础桩基施工技术［J］/严德育//公路与汽运，2008（3）

1325. 单层钢板桩深水围堰在汉江特大桥中的应用［J］/徐随安//黑龙江科技信息，2008（3）

1326. 武荆高速公路汉江特大桥盖梁抱箍法施工分析［J］//邢广君，张包产，王红梅，武涛/黄河水利职业技术学院学报，2008（3）

1327. 安康七里沟汉江大桥桩基承载力试验［J］/唐顶峰//公路与汽运，2008（4）

1328. 光化汉江大桥加固设计研究［J］/张宏伟，黄郁林//中国水运（下半月），2008（4）

1329. 丹江口水利枢纽工程建设中的张体学［J］/袁汉学，胡晶//湖北档案，2008（4）

1330. 特高压交流线路工程完成导地线展放［J］//电力建设，2008（9）

1331. 岳口汉江特大桥静载试验研究［J］/叶永茂//建筑，2008（14）

1332. 崔家营航电枢纽二期工程开始施工［J］//建筑，2008（21）

1333. ANSYS在紫阳汉江特大桥主墩深水钢吊箱设计中的应用［C］/魏政理//全国城市公路学会、成都市公路学会、《交通科技》杂志社全国城市公路学会第十八届学术年会论文集全国城市公路学会、成都市公路学会、《交通科技》杂志社：交通科技杂志社，2009

1334. 汉江大跨越输电塔动态安全评估方法研究［D］/刘遥.—重庆大学（硕士论文），2009

1335. 引江济汉工程对四湖上区撇洪效果研究［C］/彭习渊//中国水利水电勘测设计协会调水工程应用技术研究与实践中国水利水电勘测设计协会：中国水利水电勘测设计协会，2009

1336. 石泉、喜河梯级水电站联合调度研究［D］/刘曙阳.—西安理工大学（硕士论文），2009

1337. 丹江口水力发电厂生产岗位员工绩效考核体系的优化研究［D］/姜晓灵.—电子科技大学（硕士论文），2009

1338. 汉江崔家营水库修建后坝下游河床冲刷预测［J］/朱铁蓉，杨芳丽，白洋，吴亚敏//中国农村水利水电，2009（1）

1339. 汉江大跨越塔风荷载模拟［J］/李艳峰，王仲刚，谭庆，彭聪//四川建筑，2009（1）

1340. 桃汉江特大桥超百米大直径钻孔灌注桩施工技术［J］/陈飞仙//探矿工程（岩土钻掘工程），2009（1）

1341. 汉江崔家营水利枢纽施工环境分析及控制措施［J］/吴伟，万晓丹//黄河水利职业技术学院学报，2009（1）

1342. 汉江孤山水电站库首罗行滩滑坡稳定性分析及处理对策［J］/王启国，杜胜华，潘坤，马力刚，占艳平//岩土力学，2009（2）

1343. 物探法在汉江蜀河水电站围堰渗漏部位探测中的应用［J］/肖康，朱跃华，杨五喜，黄雯//西北水电，2009（2）

1344. ANSYS在紫阳汉江特大桥主墩深水钢吊箱设计中的应用［J］/魏政理，李进，任回兴//交通科技，2009（2）

1345. 安康七里沟汉江大桥环氧钢绞线斜拉索安装工艺［J］/唐顶峰，陈双庆//预应力技术，2009（2）

1346. 蔡家湾汉江特大桥钻孔桩施工及岩溶处理技术［J］/李陆平，尤继勤，王吉连//桥梁建设，2009（5）

1347. 小江调水方案跨越汉江建筑物结构形式的研究［J］/侯咏梅，李志乾，朱天平//华北水利水电学院学报，2009（6）

1348. 红沉湖"加速度"——中铁十一局一公司沉湖汉江特大桥施工纪实［J］/高仕//建筑，2009（8）

1349. 汉江旬阳水电站施工导流方案研究［J］/陈伟锋，彭战旗，薛宝臣，白宇//水力发电，2009（8）

1350. 汉江下游堤防除险加固工程必要性分析［J］/向德明，舒国新，何永煜//水利建设与管理，2009（9）

1351. 长江水利发展战略［J］/蔡其华//人民长江，2009（9）

1352. 浅谈汉江旬阳水电站工程项目的合同管理和索赔［J］/张鹏文//民营科技，2009（10）

1353. 襄渝Ⅱ线紫阳汉江大桥3#墩承台钢吊箱施工技术［J］/凌建军//科技资讯，2009（12）

1354. 对杜家台分蓄洪区围垸开发利用的探讨［J］/林江武//科协论坛（下半月），2009（12）

1355. 汉江襄阳站悬沙特性及测验方法探析［J］/段文超，洪为善，柳发忠，苏业助，贺志岗//人民长江，2009（15）

1356. 紫阳汉江特大桥深水桩基础混凝土灌注施工［J］/丁海明，吴涛//山西建筑，2009（36）

1357. 大跨径连续刚构桥合龙方案研究［D］/赵静．—长安大学（硕士论文），2010

1358. 施工进度对连续刚构桥的影响研究［D］/杨博．—长安大学（硕士论文），2010

1359. 秦巴山区高速公路桥涵水文计算研究［D］/吴茂华．—长安大学（硕士论文），2010

1360. 武汉地铁三号线汉江越江隧道工程隧址断面冲深预测和防洪评价研究［C］/岳红艳//中国水力发电工程学会水文泥沙专业委员会水文泥沙研究新进展——中国水力发电工程学会水文泥沙专业委员会第八届学术讨论会论文集中国水力发电工程学会水文泥沙专业委员会：中国水力发电工程学会，2010

1361. 浅谈襄渝线K4+478汉江特大桥明桥面大修施工组织［C］/方正超//高速重载与普通铁路桥隧运营管理与检测修理技术论文集（下册）：中国铁道学会，2010

1362. 丹江口水利枢纽工程建设概况［C］/程国梁//中国水电100年（1910—2010）：中国水力发电工程学会，2010

1363. 高墩大跨径连续刚构桥施工监控后评价［D］/张大伟．—长安大学（硕士论文），2010

1364. 引江补汉神农溪引水工程总体布局与战略意义［C］/韩翔//湖北省水利学会实行最严格水资源管理制度高层论坛优秀论文集湖北省水利学会：湖北省水利学会，2010

1365. 锯槽法在汉江遥堤防渗墙工程中的应用［J］/卜云峰，王龙//黑龙江水利科技，2010（1）

1366. 蔡家湾汉江特大桥深水基础钢套箱围堰施工技术［J］/李陆平，尤继勤，王吉连//桥梁建设，2010（1）

1367. 汉江崔家营航电枢纽工程预防混凝土碱集料反应的综合技术［J］/刘芬芬//四川水力发电，2010（2）

1368. 沪蓉高速铁路跨越汉江特大桥桩孔施工技术［J］/杨宗仁，史学伟//探矿工程（岩土钻掘工程），2010（2）

1369. 汉江蜀河水电站厂顶溢流式厂房温控防裂方法研究［J］/李占银，金风清，何文菊，赵伟//科技资讯，2010（2）

1370. 汉宜铁路蔡家湾汉江特大桥施工技术［J］/邬彪红//桥梁建设，2010（3）

1371. 光化汉江大桥病害成因分析及加固方案研究［J］/阳先全，张义朋，张门哲//交通科技，2010（3）

1372. 紫阳汉江特大桥深水基础施工［J］/刘俊起，韦玉林//公路交通科技（应用技术版），2010（3）

1373. 汉江王甫洲电站厂房安全监测资料成果分析［J］/高磊，刘丹源//广东水利水电，2010（3）

1374. 汉江蜀河水电站截流水工模型试验研究［J］/林劲松，张宽地，吕宏兴//水资源与水工程学报，2010（4）

1375. 汉江蜀河水电站金属结构设计［J］/方勇，谭大基，顾梅//西北水电，2010（4）

1376. 汉江蜀河水电站垂直升船机系统的设计［J］/卞全//西北水电，2010（4）

1377. 浅谈汉江中下游堤防管理信息化［J］/马军//水利发展研究，2010（4）

1378. 旬阳水电站混凝土配合比及性能试验［J］/高珍，曾力，吐尔洪//混凝土，2010（5）

1379. 汉宜铁路蔡家湾汉江特大桥跨既有汉丹铁路施工防护关键技术［J］/李陆平，王吉连//铁道标准设计，2010（6）

1380. 汉江蜀河水电站泄洪闸三支臂弧形工作闸门设计［J］/谭大基，方勇，孙丹霞//西北水电，2010（6）

1381. 老河口汉江铁路特大桥成桥静动力性能试验研究［J］/黄海雷，方淑君，陈科键，尹钱//铁道科学与工程学报，2010（6）

1382. 武汉汉江过江隧道河床演变及最大冲深预测［J］/岳红艳，谷利华，张杰//人民长江，2010（6）

1383. 汉江崔家营航电枢纽控制系统设计［J］/雷金平，刘洪斌，戴晓恩//工业控制计算机，2010（7）

1384. 汉江王甫洲主河床土石坝监测及分析［J］/朱娴，郭红云//甘肃水利水电技术，2010（7）

1385. 汉江王甫洲泄水闸结合部监测及分析［J］/朱娴，郭红云//甘肃水利水电技术，2010（8）

1386. 引江济汉水环境补偿工程取水口河工模型试验研究［J］/张慧，黎礼刚，谷利华//

长江科学院院报，2010（8）

1387. 紫阳汉江特大桥主桥深水基础施工清单预算编制及有关问题探讨［J］/陈金文//公路，2010（8）

1388. 浅谈大型桥梁工程项目部前期规划［J］/李皓，李庶伟//科技信息，2010（9）

1389. 汉宜铁路蔡家湾汉江特大桥168号主墩双壁钢围堰施工技术［J］/周文//铁道标准设计，2010（10）

1390. 汉江崔家营航电枢纽坝基隐伏岩溶问题研究［J］/王启国，林仕祥，吴树良，黄海蛟，丁淑平//岩土工程学报，2010（11）

1391. 汉江兴隆水利枢纽导流明渠开挖施工技术［J］/鲁友运，余毅//人民长江，2010（19）

1392. 安川高速公路紫阳汉江特大桥主墩承台钢吊箱施工关键技术［J］/张建朝，肖宗州//科技创新导报，2010（22）

1393. 襄樊汉江三桥工程项目推行标准化管理的出路探讨［J］/陆春昌，胡小飞//科技信息，2010（24）

1394. 温度对汉江特大桥线形和内力影响的试验研究［J］/姜鹏//山西建筑，2010（31）

1395. 汉江崔家营水利枢纽坝顶交通桥设计［J］/敖德鼎，何军红，廖洪波//中国西部科技，2010（35）

1396. 汉江管桥的静力分析［J］/赵静//工程与试验，2011（1）

1397. 彭市汉江特大桥大体积高强编织袋筑岛围堰施工技术［J］/张秀玉，王淼章//铁道建筑技术，2011（1）

1398. 襄樊汉江三桥主桥设计与技术特点［J］/张铭，詹建辉，袁任重，陈杏枝，张家元//世界桥梁，2011（1）

1399. 汉江公路二桥［J］/铁道建筑技术，2011（1）

1400. 陕西汉江蜀河水电站厂顶溢流式厂房工程施工测量技术与应用［J］/张燕，王俊超//科技传播，2011（2）

1401. 汉江三桥主塔基础钢板桩围堰的设计与施工［J］/蒋峰，柯诚//山东交通科技，2011（2）

1402. 新建汉江大桥桥型比选［J］/张晓锋//科技风，2011（3）

1403. 汉江上游梯级水电站水库优化运行研究［J］/孙晓懿，黄强，康田，高凡，郝鹏//西安理工大学学报，2011（3）

1404. 汉中一江两岸开发建设的思路探讨［J］/杨晓永，雷保寿，杨利霞//中国水利，

2011（4）

1405. 彭市汉江特大桥栈桥设计与施工［J］/杨仁治//山西建筑，2011（4）

1406. 汉江蜀河水电站建设项目水资源论证的研究［J］/赵保华，李丽，韦富英//水利科技与经济，2011（4）

1407. 浅谈汉中市汉江杨庵防洪工程的施工管理［J］/周凤斌//陕西水利，2011（5）

1408. 基础防渗工程施工方法——以汉江崔家营航电枢纽主体土建工程为例［J］/周凌，王泽新//技术与市场，2011（9）

1409. 襄樊汉江五桥双壁钢围堰分层分块施工技术［J］/赵兴寨，张斌斌，刘蓓//铁道建筑，2011（12）

1410. 汉江兴隆水利枢纽一期土石围堰二维渗流分析［J］/张拥军，牛运华，杨波//人民长江，2011（16）

1411. 襄樊汉江三桥主墩承台大体积混凝土施工技术［J］/吴刚，蒲赞全，钟启凯，刘开扬//施工技术，2011（17）

1412. 湖北郧县汉江二桥柔性系杆设计［J］/谢三鸿，秦清波，周涛//人民长江，2011（20）

1413. 跟踪监督守护一江清水［J］/佘俊，张洪//中国人大，2011（23）

1414. 襄樊内环汉江三桥主梁技术特点［C］/袁任重//中国公路学会全国斜拉桥关键技术论文集（2012）中国公路学会：《中国公路》杂志社，2012

1415. 襄樊汉江五桥有限元分析中拱肋处理的对比研究［C］/刘金虎//中国力学学会结构工程专业委员会、沈阳建筑大学、中国力学学会《工程力学》编委会、水沙科学与水利水电工程国家重点实验室（清华大学）、土木工程安全与耐久教育部重点实验室（清华大学）、清华大学土木工程系、辽宁省建筑结构重点实验室（沈阳建筑大学）第21届全国结构工程学术会议论文集第Ⅱ册中国力学学会结构工程专业委员会、沈阳建筑大学、中国力学学会《工程力学》编委会、水沙科学与水利水电工程国家重点实验室（清华大学）、土木工程安全与耐久教育部重点实验室（清华大学）、清华大学土木工程系、辽宁省建筑结构重点实验室（沈阳建筑大学）：中国力学学会工程力学编辑部，2012

1416. 襄樊汉江三桥索塔综合施工技术［C］/吴刚//中国土木工程学会2012年全国桥梁技术交流会论文集中国土木工程学会：中国土木工程学会，2012

1417. 武荆汉江特大桥主桥结构静力分析［J］/魏霞，干学军//中外公路，2012（1）

1418. 沉湖汉江特大桥主桥连续刚构施工技术［J］/赵天元//桥梁建设，2012（1）

1419. 汉江大桥主梁设计与受力分析［J］/袁任重，干学军，张明金//交通科技，2012（1）

1420. 汉江下游马口滩段航道整治［J］/王常红，程小兵，李少希//水运工程，2012（2）

1421. 汉宜铁路蔡家湾汉江特大桥主桥施工技术［J］/周文//中外公路，2012（4）

1422. 汉江大桥锁口式钢套箱围堰施工技术［J］/刘松亮，苏建华，张学东//公路交通科技（应用技术版），2012（5）

1423. 襄阳汉江三桥主桥设计关键技术［J］/袁任重，张铭，廖原，张明金//交通科技，2012（5）

1424. 对施工设备进行成色鉴定的方法——以崔家营工程为例［J］/刘身钟//技术与市场，2012（6）

1425. 汉江蜀河水电站厂内溢流布置型式关键技术问题设计与研究［J］/孙海涛，刘兴华，曾刚//西北水电，2012（6）

1426. 陕西汉江蜀河水电站工程建设管理得失谈［J］/周建华//西北水电，2012（6）

1427. 特高压汉江大跨越工程滩地立塔的二维数值计算［J］/朱洪英，胡昌盛//电力建设，2012（12）

1428. 汉江崔家营航电枢纽塑性混凝土防渗墙施工技术［J］/周召纯//中国水运（下半月），2012（12）

1429. 襄樊汉江三桥现浇连续梁膺架设计与施工［J］/吴刚，刘开扬//施工技术，2012（17）

1430. 襄樊汉江三桥桩基施工技术［J］/吴刚，张晋华，骆良//施工技术，2012（23）

1431. 汉江带水开挖穿越技术探讨［J］/秦志远//中国高新技术企业，2012（23）

1432. 襄阳汉江三桥结构静动力特性研究［D］/刘金虎．—武汉理工大学（硕士论文），2013

1433. 武汉当代城市空间拓展研究［D］/李霞．—武汉大学（硕士论文），2013

1434. 明清时期汉水中游治所城市的空间形态研究［D］/徐俊辉．—华中科技大学（硕士论文），2013

1435. 关于推进企业文化建设工作的思考［C］/谭凤华//全国水利系统思想政治工作及水文化研究2012年度优秀论文集：《中国水文化》杂志社，2013

1436. 汉中市特色园林城市的规划与实践研究［D］/陈丁钰．—西北农林科技大学（硕士论文），2013

1437. 丹江口库区郧县汉江二桥嵌岩桩基岩承载力特性试验研究［J］/边智华，余美万，周建军//长江科学院院报，2013（1）

1438. 汉江航道通过能力现状及提高措施探讨［J］/李强//中国水运（下半月），2013（1）

1439. 论明清时期河道变迁对武汉城市发展的影响［J］/王肇磊//江汉学术，2013（1）

1440. 兴隆水利枢纽工程下闸蓄水［J］/四川水力发电，2013（2）

1441. 紫阳汉江2#特大桥栈桥设计与施工技术［J］/杨丽//山东交通科技，2013（2）

1442. 紫阳汉江特大桥连续刚构施工技术［J］/朱宜龙//内蒙古公路与运输，2013（3）

1443. 兴隆水利枢纽二期截流期翻坝保通方案研究［J］/桂亚兰//中国水运（下半月），2013（3）

1444. 安康汉江大桥南引桥抗震验算［J］/张杰//贵州大学学报（自然科学版），2013（5）

1445. 郧县汉江二桥钢管拱缆索吊装施工工艺［J］/茹利君//铁道建筑技术，2013（5）

1446. 汉江二桥45号墩深水桩基施工技术［J］/李圣荣//铁道建筑技术，2013（5）

1447. 郧十汉江大桥主桥设计［J］/袁任重，张明金，干学军//桥梁建设，2013（6）

1448. 南郑县冷水河防洪工程水面线推算的一些经验［J］/王于刚//陕西水利，2013（6）

1449. 京汉水上游生态城市交通信号灯和交警岗点设置研究——以汉台区中心城区为例［J］/田京//科技和产业，2013（7）

1450. 汉江遥堤加固工程设计要点回顾［J］/王大明，胡雄飞，由星莹，徐峰//人民长江，2013（9）

1451. 汉江遥堤加固工程建设管理实践与探索［J］/鲁爱军，王波，杨立俊//黑龙江水利科技，2013（9）

1452. 汉江三桥跨南大堤桥菱形挂篮设计与施工［J］/柳楚卫，钟晓鸣，何凯罡//公路交通科技（应用技术版），2013（10）

1453. 襄阳汉江三桥工程预应力专业施工集成管理研究［J］/刘耀兴，张学莹，陈迎召//公路交通科技（应用技术版），2013（10）

1454. 襄阳汉江三桥少支点支架箱梁模板设计及施工技术［J］/刘开扬，易军洲，骆良//公路交通科技（应用技术版），2013（10）

1455. 襄阳汉江三桥主塔下横梁支架设计与施工［J］/欧莘玮，钟启凯，张纯//公路交通科技（应用技术版），2013（10）

1456. 襄阳汉江三桥南滩桥移动模架配重平衡顶推前移分节拆除技术［J］/杨明，刘开扬，李翔//公路交通科技（应用技术版），2013（10）

1457. 汉江五桥主桥超宽断面箱梁悬浇挂篮设计与施工关键技术［J］/高安荣，许鹏，闫石，刘秀丽//公路交通科技（应用技术版），2013（10）

1458. 汉江五桥主桥拱肋施工关键技术［J］/高安荣，孟宪利，孙雄，王金伦//公路交通科技（应用技术版），2013（10）

1459. 襄阳汉江三桥、五桥设计施工技术［J］/本刊编辑部//公路交通科技（应用技术版），2013（10）

1460. 汉江五桥主桥大体积0#块施工关键技术［J］/许鹏，孙雄，王进，杨博伟//公路交通科技（应用技术版），2013（10）

1461. 汉江五桥主桥中跨合龙段顶推施工关键技术［J］/张建军，文良东，闫石，孙雄//公路交通科技（应用技术版），2013（10）

1462. 襄阳汉江三桥移动模架施工技术［J］/吴刚，张晋华，段久旭//公路交通科技（应用技术版），2013（10）

1463. 浅谈汉江五桥主桥双壁钢围堰拼装定位测量方法［J］/王亮亮，付建曲，黄涛，杨阳//公路交通科技（应用技术版），2013（10）

1464. 基于主成分分析法的汉江上游山区县可持续发展能力的研究［J］/岳思羽，胡仪元，李强//环境科学与管理，2013（11）

1465. 明清时期汉水中游治所城市城廓形态比较研究［J］/徐俊辉，李晓峰//华中建筑，2013（12）

1466. 汉江沿岸难点地块造林技术及推广建议［J］/汪斌，温晓黎，宋要强，王卫东//现代农业科技，2013（14）

1467. 湖北郧县汉江二桥工程规划与设计［J］/谢三鸿，唐高上，汪小茂//人民长江，2013（22）

1468. 水对于汉口城市形态的影响及其作用机制研究［D］/郑媛.—华中科技大学（硕士论文），2014

1469. 基于GIS的汉江流域水文过程研究［D］/赵鹏杰.—华中师范大学（硕士论文），2014

1470. 丹江口水库下游河道对汉江调水响应机制及航道整治对策研究［D］/张俊宏.—武汉大学（硕士论文），2014

1471. GIS技术支持下汉水中游地区史前聚落研究［D］/张建.—郑州大学（硕士论

文），2014

1472. 丹江口水库入库非点源污染负荷计算与讨论［C］/尹炜//中国环境科学学会2014中国环境科学学会学术年会（第四章）中国环境科学学会：中国环境科学学会，2014

1473. 引江济汉工程江渠交汇口通航船舶操纵模拟实验研究［D］/郝媛媛．—天津大学（硕士论文），2014

1474. 襄阳汉江三桥移动模架施工箱梁线形控制［J］/余学田//交通科技，2014（1）

1475. 某山区高速汉江特大桥方案比选研究［J］/张晓华//公路与汽运，2014（1）

1476. 武郧十汉江大桥静动力特性分析［J］/张明金，袁任重，王恒//四川建筑科学研究，2014（1）

1477. 湖北汉江新集水电站水轮机参数初选［J］/刘九，秦昌斌，牛彬//水电与新能源，2014（1）

1478. 襄阳汉江三桥超宽箱梁C55早强超缓凝高保坍混凝土的研制与应用［J］/胡立志，刘通，郭明明//施工技术，2014（1）

1479. 基于汉江综合整治的堤防填筑质量控制［J］/黄利忠//陕西水利，2014（2）

1480. 丹江口水库泥沙调度方式探讨［J］/欧应钧，封光寅，赵学峰//人民长江，2014（2）

1481. 黄金峡水利枢纽总布置研究［J］/毛拥政//陕西水利，2014（2）

1482. 汉江中下游流域工业污染源解析［J］/曾祉祥，张洪，单保庆，杨红刚//长江流域资源与环境，2014（2）

1483. 汉江王甫洲泄水闸渗流资料分析［J］/程欣//甘肃水利水电技术，2014（2）

1484. 汉江旬阳至白河段万年尺度洪水流量恢复比较研究［J］/郭永强，黄春长，庞奖励，查小春，周亚利，张玉柱，王龙升//自然灾害学报，2014（3）

1485. 强化武汉在湖北省宏观区域格局中的战略作用［J］/郭庆汉//武汉交通职业学院学报，2014（4）

1486. 襄阳汉江三桥成桥状态有限元计算研究［J］/郑冰，谢官模//交通科技，2014（4）

1487. 石泉水电站优化调度模式的探索［J］/洪华//陕西电力，2014（4）

1488. 汉江石泉县城长安坝及春潮广场防洪工程地基处理方案探讨［J］/叶必伟，罗雪文//陕西水利，2014（4）

1489. 汉中市汉江城市桥闸小流量泄流简明计算［J］/杨晓永，杨利霞//陕西水利，2014

（6）

1490. 丹江口汉江大桥下横梁支架施工结构分析［J］/刘占兵，左生荣，魏英明，周乐木//交通科技，2014（6）

1491. 汉江流域SRTM DEM的水系提取及验证方法［J］/杨杰，马书英，张海军，戚鹏程//辽宁工程技术大学学报（自然科学版），2014（7）

1492. 汉江流域多水源多目标多工程联合调度模型研究［J］/闫弈博，毛文耀，文丹，黄会勇//人民长江，2014（7）

1493. HEC-RAS模型在汉江上游郧县尚家河段全新世古洪水流量重建中的应用［J］/薛小燕，查小春，黄春长，庞奖励，刘建芳//长江流域资源与环境，2014（10）

1494. 陕西省丹汉江流域重点水土保持工程适宜性评价［J］/张秦岭，李占斌，王星//西北农林科技大学学报（自然科学版），2014（10）

1495. 鱼梁洲汉水文化主题公园的建设构想和策划方案［J］/马聪哲//农村经济与科技，2014（10）

1496. 基于HEC-RAS模型的汉江上游庹家洲河段古洪水流量重建研究［J］/刘科，查小春，黄春长，庞奖励，白开霞//干旱区资源与环境，2014（10）

1497. 引江济汉工程正式通水［J］/张进，黄中朝，陈勇，熊源，赵融，任天祎//新闻前哨，2014（11）

1498. 钟祥汉江公路二桥桥型方案拟定及比选［J］/岳磊//中国水运（下半月），2014（11）

1499. 汉江蜀河水电站超大型弧形闸门安装技术［J］/杨淑芬，邹振忠，王海涛//安装，2014（11）

1500. 东荆河河口整治工程的二维水流数学模型研究［J］/张晚祺，何小花，李生辉，胡娟娟，鲁爱军//中国农村水利水电，2014（12）

1501. 汉江碾盘山至陈家集段航道整治试验研究［J］/瞿月平，霍玲，王常红//中国水运（下半月），2014（12）

1502. 引江济汉工程提前通水 缓解荆楚大地旱情［J］/长江//人民长江，2014（16）

1503. 引江济汉砂基渠段施工期地质问题及处理措施［J］/董忠萍，薛焕娣//人民长江，2014（16）

1504. 湖北汉江碾盘山水电站洪水标准分析［J］/陈雷，黄秀英，宾洪祥，李文峰，姚晓敏//人民长江，2014（16）

1505. 基于Flex和ArcGIS的陕西电网区域精细化预报系统研究［J］/王光营，李建科，李

成家，陈路，任芳//安徽农业科学，2014（17）

1506. 汉江襄阳段水文化主题公园建设探讨［J］/龙诗雨//中外企业家，2014（19）

1507. 浅析东荆河流域堤防防洪工作实践［J］/陈光明，陈丽芳，罗时军//科技风，2014（19）

1508. 汉江兴隆水利枢纽电站在线状态监测系统应用研究［J］/王方圆//机电信息，2014（24）

1509. 襄阳市城区交通拥堵问题分析及对策［J］/陈文婷，宋小婷，黄恭敏//企业技术开发，2014（28）

1510. 汉江堤防工程安全评估方法的研究及数据库的设计［D］/张骏.—华中科技大学（硕士论文），2015

1511. 航电枢纽鱼道运行效果监测——以崔家营航电枢纽鱼道为例［C］/熊红霞//中国环境科学学会、哈尔滨师范大学2015年水资源生态保护与水污染控制研讨会论文集中国环境科学学会、哈尔滨师范大学：中国环境科学学会，2015

1512. 航道整治工程兴建前后汉江兴隆弯曲宽浅河段航道条件分析［J］/吴娱，吴亚敏//中国水运（下半月），2015

1513. 汉江孤山水电站木瓜沟滑坡稳定性分析及处理措施［C］/王启国//中国地质学会工程地质专业委员会2015年全国工程地质学术年会论文集中国地质学会工程地质专业委员会：《工程地质学报》编辑部，2015

1514. 基于成桥荷载试验的襄阳汉江五桥有限元模型修正［D］/王海涛.—武汉理工大学（硕士论文），2015

1515. 引汉济渭工程后续水源初步探讨［C］/李绍文//中国水利学会中国水利学会2015学术年会论文集（下册）中国水利学会：中国水利学会，2015

1516. 南水北调中线工程调水对丹江口水利枢纽综合效益影响分析［C］/欧阳硕//中国水利学会中国水利学会2015学术年会论文集（下册）中国水利学会：中国水利学会，2015

1517. 汉江特大桥结构选型及上部结构设计优化［J］/李勇，朱崇利，查晓雄，史鸣，曹逻津，张承//建筑结构学报，2015（1）

1518. 树立新理念 探索新途径 全面提升小流域综合治理水平［J］//中国水土保持，2015（1）

1519. 2014年湖北省实施引江济汉抗伏旱［J］/孙又欣，李凯//中国防汛抗旱，2015（1）

1520. 丹江口汉江公路大桥主塔承台水化热温控分析［J］/左生荣,刘占兵,何志红,谭博夫//交通科技,2015（2）

1521. 汉江兴隆水利枢纽船闸设计［J］/郭红亮,蒋筱民//水利水电工程设计,2015（2）

1522. 长江流域人工运河的形成及变迁［J］/周家华//中国水运,2015（3）

1523. 汉江遥堤防渗加固工程二标ESMTW防渗机等厚薄墙施工［J］/卜云峰,智墡//水利水电施工,2015（3）

1524. 三官汉江公路大桥上部结构设计［J］/廖原,詹建辉//中外公路,2015（4）

1525. 浅谈汉江汉台区段堤防工程质量进度控制［J］/周玲蓉//陕西水利,2015（4）

1526. 陕西省现代化水网框架初步研究［J］/惠仲德,刘哲//陕西水利,2015（5）

1527. 引汉济渭工程后续水源初步构想及可能调水量［J］/李梦楚,李绍文//陕西水利,2015（6）

1528. 水利工程造价与控制分析——以湖北江汉平原地区为例［J］/郭杰//工程经济,2015（7）

1529. 汉江兴隆水利枢纽泄水闸安全监测［J］/陈鲁莉//中国农村水利水电,2015（8）

1530. 泄水闸弧门启闭机控制系统运行安全分析与改造——以汉江兴隆水利枢纽为例［J］/王超,彭翔鹏,吴铮//人民长江,2015（9）

1531. 汉江兴隆水电站厂房粉细砂地基处理设计［J］/牟春来,芦伟宏,刘嫦娥,张志国//水电与新能源,2015（11）

1532. 南水北调中线正式通水 近1亿人间接受益［J］/林晖,陈菲//甘肃水利水电技术,2015（11）

1533. 汉江兴隆水利枢纽泄水闸新型海漫设计［J］/郭红亮,吴云飞,谢红兵,胡敏//人民长江,2015（11）

1534. 引汉济渭工程总体布局［J］/刘斌//中国水利,2015（14）

1535. 汉水入渭惠千秋——引汉济渭工程前期工作回顾［J］/蒋建军//中国水利,2015（14）

1536. 汉江兴隆水利枢纽泄水闸地基处理设计［J］/郭红亮,石运深,焦雨佳,李苗,胡敏//人民长江,2015（15）

1537. 汉江兴隆船闸建设主要技术问题设计研究［J］/郭红亮,童迪,蒋筱民//人民长江,2015（16）

1538. 汉江流域近堤浅滩深埋式承台支护体系设计与受力性能研究［J］/周鹏华//施工技

术，2015（16）

1539. 汉江兴隆水利枢纽工程施工导流设计与实践［J］/詹金环，李蘅，张倩//人民长江，2015（17）

1540. 盛世治江谋发展 科技兴江惠民生［J］/刘雅鸣//中国水利，2015（24）

1541. 陕南汉江流域河谷型小城市空间形态特征研究［D］/杨汝慧.—长安大学（硕士论文），2016

1542. 历史性城镇景观保护视野下的汉中市历史城区高度控制研究［D］/张娜.—西安建筑科技大学（硕士论文），2016

1543. "内修人文"视域下十堰滨江景观带建设研究［J］/赵盛国//荆楚学刊，2016（2）

1544. 武汉市四环线汉江桥主梁边跨直线段施工支架设计［J］/王英博//交通科技，2016（2）

1545. 丹江口汉江大桥T梁张拉顺序对梁体变形的影响分析［J］/李湘华，张新华，汪伟，张亚昆，何振华//河南建材，2016（3）

1546. 丹江口汉江公路大桥主桥设计方案比选［J］/胡斯彦，周安娜//世界桥梁，2016（3）

1547. 湖北省汉江航运枢纽通航统一调度系统设计［J］/王小峰，张保华，肖浩汉，匡银银，蒋惠园//交通科技，2016（4）

1548. 武汉西四环汉江特大桥合龙段施工控制关键技术［J］/陶志力//中国高新技术企业，2016（4）

1549. 格宾石笼技术在汉江防洪工程中的应用［J］/赵启强，王鹏//四川水力发电，2016（5）

1550. 汉江襄阳段鱼梁洲旅游码头设计水位条件分析［J］/张培朋，胡曦光//中国水运（下半月），2016（5）

1551. 蒙西至华中地区铁路煤运通道汉江特大桥方案设计［J］/严定国//铁道标准设计，2016（7）

1552. 石泉汉江特大桥深水桩基及水中承台施工要点分析［J］/刘学军//建设科技，2016（8）

1553. 紫阳港汉江大桥钢结构水上施工平台施工技术探究［J］/赵文军//企业技术开发，2016（9）

1554. 浅谈汉江堤防工程技术应用［J］/马军//山西农经，2016（10）

1555. 蒙华铁路汉江特大桥总体设计［J］/许三平//铁道工程学报，2016（12）

1556. 江风吹又生 汉江硚口段废弃水域空间的弹性再生［J］/张莹，郭思雨，张仕烜，刘晓晓，林小鹭，赵纪军//风景园林，2016（12）

1557. 襄阳汉江三桥斜拉索振动控制研究［J］/李昊天//现代商贸工业，2016（33）

1558. 汉中市汉江两岸天际线调整优化策略研究［D］/袁航．—西安建筑科技大学（硕士论文），2017

1559. 汉中城市历史空间形态特征研究［D］/王琳．—西安建筑科技大学（硕士论文），2017

1560. 汉江通航安全主动防控系统框架设计［C］/田慧斌//中国智能交通协会第十二届中国智能交通年会大会论文集中国智能交通协会：中国智能交通协会，2017

1561. 鲍家洲汉江特大桥施工控制分析［D］/吕鹏飞．—浙江大学（硕士论文），2017

1562. 汉中历史渠系空间修复策略研究［D］/李晨洁．—西安建筑科技大学（硕士论文），2017

1563. 历史文化名城特色滨水景观规划设计与实践研究［D］/惠子．—长安大学（硕士论文），2017

1564. 汉江流域控制性水库调度运行及影响研究［D］/段唯鑫．—武汉大学（硕士论文），2017

1565. 襄阳城市历史空间格局及其传承研究［D］/王良．—西安建筑科技大学（硕士论文），2017

1566. 关于在汉江流域试点推广船用LNG的思考［C］/徐士林//中国土木工程学会燃气分会2017中国燃气运营与安全研讨会论文集中国土木工程学会燃气分会：《煤气与热力》杂志社有限公司，2017

1567. 汉江特大桥超宽超重牵索挂篮设计与施工关键技术［C］/周翔海//中国工程院土木、水利与建筑工程学部、上海市土木工程学会、同济大学土木工程学院2017（第六届）国际桥梁与隧道技术大会论文集中国工程院土木、水利与建筑工程学部、上海市土木工程学会、同济大学土木工程学院：上海闻鼎信息科技有限公司，2017

1568. 汉江碾盘山水电站BIM技术应用实践［J］/黄桂林，李德，宾洪祥，王海波，陈雷//人民长江，2017（1）

1569. 襄阳市东西轴线二跨汉江特大桥主桥设计［J］/刘燕飞，朱安静，匡晓明，刘从新，王卓//桥梁建设，2017（1）

1570. 汉江雅口航运枢纽泄流能力试验研究［J］/李君涛，闫涛，王艳华//中国港湾建设，2017（1）

1571. 汉江特大桥超宽超重牵索挂篮设计与施工关键技术［J］/周翔海，杜娟//华东公路，2017（2）

1572. 汉江襄阳以下梯级枢纽联合优化调度研究［J］/王晓旭，徐俊锋，高清洋，刘俊涛//水道港口，2017（2）

1573. 长江航道测量中心船舶基地汉江码头加紧封闸确保一方平安［J］//水运工程，2017（2）

1574. 安康市石泉县水系规划思路研究［J］/张琳鹏//陕西水利，2017（3）

1575. 丹江口水利枢纽供水调度方式［J］/张利升，张睿，孟明星//南水北调与水利科技，2017（3）

1576. 武汉四环线汉江大桥抗风性能研究［J］/郑群华//交通科技，2017（3）

1577. 武汉三官汉江公路大桥技术创新［J］/张铭，詹建辉，李文献//预应力技术，2017（3）

1578. 加快引江补汉引水工程建设［J］/张辉，江卉//湖北政协，2017（3）

1579. 汉江雅口航运枢纽平面布置特点分析及优化布置研究［J］/李君涛//水道港口，2017（3）

1580. 岳口汉江特大桥主塔成功封顶［J］/施工技术，2017（3）

1581. 鲍家洲汉江特大桥三角挂篮变形分析［J］/吕鹏飞，邓宜峰//低温建筑技术，2017（4）

1582. 汉江综治整治堤防工程施工质量监督控制［J］/赵小军//陕西水利，2017（4）

1583. 汉江特大桥主墩水下大体积混凝土封底设计与施工［J］/张杰//铁道建筑术，2017（5）

1584. 基于HEC-RAS模型的汉江上游旬阳西段超长尺度古水文演化重建［J］/张玉柱，黄春长，庞奖励，查小春，周亚利，石彬楠，李晓刚//长江流域资源与环境，2017（5）

1585. 汉江蜀河水电站闸墩锚索预应力监测及分析［J］/益波，王一凡，吕琦，王倩//西北水电，2017（6）

1586. 南北同枯场景下南水北调中线丹江口水库供水调度方式［J］/张睿，孟明星，蔡淑兵，饶光辉//湖泊科学，2017（6）

1587. 武汉西四环汉江特大桥总体设计［J］/舒江，师少辉，朱玉//桥梁建设，2017（6）

1588. 新型铰接连锁排生态技术在汉江航道整治工程中应用研究［J］/吴晓杰//工业安全与环保，2017（6）

1589. 丹江口工程兴建始末［J］/常怀堂//武汉文史资料，2017（9）

1590. 流域水网影响下的古代汉水中下游地区城镇空间格局演变研究［J］/魏雷，王玏//湖北农业科学，2017（10）

1591. 襄阳市水生态文明建设的方向与重点［J］/朱开际//中国水利，2017（11）

1592. 汉江取水泵站沉井式防洪闸设计与施工［J］/余伟，骆旋，李小兵//水利规划与设计，2017（12）

1593. 反力法在蒙华铁路汉江特大桥超大吨位挂篮预压中应用研究［J］/陈家勇//铁道建筑技术，2017（12）

1594. 国家防总正式批复汉江洪水与水量调度方案［J］/长江//人民长江，2017（14）

1595. 引丹碧水润鄂北——鄂北地区水资源配置工程建设纪实［J］/韦凤年，董明锐，李广彦//中国水利，2017（22）

1596. 面向生态文明的汉江流域水资源调控初探［J］/聂晓，张弢，丁玲玲，李柱//农村经济与科技，2017（23）

1597. 面向生态的跨流域水资源优化调度及效益均衡研究［D］/任康．—西安理工大学（硕士论文），2018

1598. 湖北省汉江流域水利现代化规划［C］/雷新华//水利水电工程勘测设计新技术应用：中国水利水电勘测设计协会，2018

1599. 引嘉入汉调水工程调蓄方案研究［D］/王晨晖．—西安理工大学（硕士论文），2018

1600. 引江济汉工程流量调度研究与系统实现［D］/张赞．—华中科技大学（硕士论文），2018

1601. 引水工程江渠交汇水域通航条件研究［J］/郝媛媛，李君涛，孔宪卫//水道港口，2018（1）

1602. 长江流域水资源调控与水库群调度［J］/陈进//水利学报，2018（1）

1603. 引江补汉工程的初步设想［J］/徐少军，李瑞清，常景坤//长江技术经济，2018（2）

1604. 长江流域水库群联合调度管理及思考［J］/陈敏//中国防汛抗旱，2018（4）

1605. 浅析南水北调工程中的工程伦理问题［J］/靖志浩，韩若冰，秦瑞//内蒙古水利，2018（5）

1606. 长螺旋钻孔压灌桩在汉江雅口航运枢纽工程中的应用［J］/杨洪祥，孙保虎，胡峰军，张信伟//中国水运（下半月），2018（5）

1607. 江汉运河——引江济汉工程［J］/刘克传//水电与新能源，2018（6）

1608. 郧阳汉江四桥设计方案研究［J］/李凡雄，褚莹莹，任亚//交通科技，2018（6）

1609. "一河两堤，夹水出江"洪道整治新思路［J］/关爱斌//江西农业，2018（10）

1610. 汉江雅口航运枢纽泄水闸工程地基处理［J］/张信伟，孙保虎，胡峰军，杨洪祥//水运工程，2018（11）

1611. 长江上游水库群联合调度对武汉地区的防洪作用［J］/邹强，胡向阳，张利升，李安强//人民长江，2018（13）

1612. 引江济汉工程水量调度方案初步研究［J］/曹正浩，闫弈博，毛文耀，黄会勇//人民长江，2018（13）

1613. 南水北调中线一期工程水量调度方案研究［J］/马立亚，吴泽宇，雷静，李书飞，邱雪莹//人民长江，2018（13）

1614. 引江补汉工程引江规模初步分析［J］/黄会勇，张娜，万蕙，李波，曾思栋//人民长江，2018（18）

1615. 汉江流域某水电站一期主体与导截流工程反向灌浆渗水治理技术［J］/苏飞标，曹六八//城市建设理论研究（电子版），2018（26）

1616. 大跨度独塔混合梁斜拉桥地震响应分析及减震措施研究［D］/齐凯凯．—武汉理工大学（硕士论文），2019

1617. 独塔铁路斜拉桥钢混结合段受力研究［D］/欧阳广．—武汉理工大学（硕士论文），2019

1618. 基于改进多目标鲸鱼算法的水库群供水-发电-生态优化调度研究［D］/银星黎．—华中科技大学（硕士论文），2019

1619. 气候变化影响下汉江上游梯级水库群联合供水优化调度研究［D］/刘志明．—长江科学院（硕士论文），2019

1620. 气候变化对南水北调中线可调水量及供水风险影响研究［D］/孟猛．—郑州大学（硕士论文），2019

1621. 烟波汉江［D］/周春雨．—西北大学（硕士论文），2019

1622. 荆江流域水工程历史变迁研究［D］/彭文璟．—长江大学（硕士论文），2019

1623. 我国破解水安全问题要连通江淮河汉调水通航——论南水北调优化水资源利用要"三库并联"不要"三线并行"［C］/易贤命//2019中国水资源高效利用与节水技

术论坛论文集., 2019

1624. 汉江襄阳鱼梁洲河段近期河道演变特点及影响因素分析［C］/黄建成，金中武，周银军//国际碾压混凝土坝技术新进展与水库大坝高质量建设管理——中国大坝工程学会2019学术年会论文集，2019

1625. 武汉市城市形态与水系形态的耦合关系研究［D］/唐瑜慧．—华中科技大学（硕士论文），2019

1626. 江汉平原水生态安全保障思路［C］/彭习渊//2019（第七届）中国水生态大会论文集，2019

1627. 区域生态需水模型研究［D］/杨达嫚．—华中师范大学（硕士论文），2019

1628. 变化环境下设计洪水地区组成及防洪调度研究［D］/贾惠童．—西安理工大学（硕士论文），锥探灌浆在汉江堤防加固重点工程中的应用［C］/马向前//第十六届中国科学家论坛优秀论文集．，2019

1629. 清代江汉平原水环境演变 与水利社会关系初探［J］/陈新立//长江文史论丛，2019

1630. 大跨度斜拉-悬索管桥全桥换索结构分析［D］/梁亚兰．—武汉理工大学（硕士论文），2019

1631. 南水北调中线调水对汉江中下游水文情势的影响［J］/朱烨，李杰，潘红忠//人民长江，2019（1）

1632. 南水北调 陕西贡献——写在南水北调中线工程通水四周年之际［J］/张永军//西部大开发，2019（1）

1633. 汉江雅口航运枢纽工程总体布置［J］/孙保虎，张信伟，胡峰军，杨洪祥//水运工程，2019（1）

1634. 汉江水域特大型桥梁双壁钢围堰施工结构安全设计［J］/付宗运//施工技术，2019（1）

1635. 提高兴隆船闸和汉江综合通过能力的对策分析［J］/胡克斌，朱乔航，叶铮//水利技术监督，2019（1）

1636. 襄阳市水系治理规划思考［J］/宋吉友//水利技术监督，2019（2）

1637. 浅谈江汉平原高速公路软基处理中的若干问题［J］/魏泽军，付雄//四川水泥，2019（2）

1638. 汉江流域引调水工程及水库统一调度模型研究［J］/马立亚，沈晓钧，雷静，吴泽宇，李书飞//南水北调与水利科技，2019（2）

1639. 丹江口水库汛期水位动态控制关键技术研究与实践［J］/张俊，闵要武，段唯鑫//

长江技术经济，2019（2）

1640. 2017年丹江口水库精细化调度实践与探讨［J］/穆青青，何晓东，丁洪亮，董付强//人民长江，2019（3）

1641. 浅议河南省长江水系与淮河水系航运沟通［J］/刘磊，柳军//中国水运（下半月），2019（3）

1642. 湖北汉江雅口航运枢纽工程砂砾石地基工程特性研究与处理［J］/李海鸥，刘珠林//湖南水利水电，2019（3）

1643. 丹江口水利枢纽——江河伟业不世之功［J］/中国防汛抗旱，2019（3）

1644. 汉江航道整治工程的社会效益评价［J］/詹斌，杨鑫，周圣龙，罗轶//水运管理，2019（3）

1645. 汉江下游典型长顺直河段航道整治效果分析［J］/王业祥，龚国祥，欧阳飞，徐静//水运工程，2019（4）

1646. 先天缺陷对大跨径预应力混凝土连续桥梁刚度的影响分析［J］/张贺斌，陈锐//西部交通科技，2019（4）

1647. 武汉启动规模最大的港口码头优化调整［J］/熊琦//中国水利，2019（4）

1648. 汉十高铁崔家营汉江特大桥主拱合龙［J］/城市道桥与防洪，2019（4）

1649. 汉江旬阳水电站泄洪消能方案研究［J］/胡明//水利技术监督，2019（4）

1650. 纵览长江通汉江 两江汇流一图中——汉江电子航道图投入使用［J］/中国水运.航道科技，2019（5）

1651. 引汉济渭工程对汉江中下游的影响分析［J］/牟勇，张明，王凡，刘永孝//陕西水利，2019（5）

1652. 武汉市主城区放射性快速路布局研究［J］/黄俊，曹林涛//市政技术，2019（5）

1653. 梯级水库叠加影响下汉江中下游流域水文情势变化研究［J］/王学雷，宋辛辛//华中师范大学学报（自然科学版），2019（5）

1654. 汉江上游安康段不同重现期下洪水灾害风险评价［J］/张国芳，查小春，王光朋//兰州大学学报（自然科学版），2019（5）

1655. 江汉平原长江汉江堤防管涌防治及危险堤段的加固［J］/王海洋//低碳世界，2019（5）

1656. 汉十铁路崔家营汉江特大桥设计研究［J］/李喜平//铁道建筑，2019（5）

1657. 襄阳市东西轴线二跨汉江大桥钢——混组合桥面铺装受力分析［J］/刘燕飞，佘良勇//桥梁建设，2019（5）

1658. 汉十高铁崔家营汉江特大桥主拱合龙［J］/施工技术，2019（5）

1659. 大跨度刚构拱桥铺设无砟轨道适应性研究［J］/刘永存//铁道工程学报，2019（6）

1660. 汉江中下游流域绿色堤防经济发展探究［J］/杜娟，熊储军，谈拯//科技风，2019（6）

1661. 汉江中下游多枢纽航道系统堵航风险仿真［J］/樊奇东，邓健//船舶工程，2019（6）

1662. 基于AWRI指数的汉江上游流域水资源量评估［J］/陈灏，董前进//人民长江，2019（6）

1663. 基于概率Budyko方程的流域未来可用水资源比例预估［J］/陈泽峰，王卫光，李长妮，丁一民，傅健宇//中国农村水利水电，2019（6）

1664. 水资源可持续利用的管理制度构建——以汉江流域为例［J］/杨涛//现代企业，2019（6）

1665. 襄阳汉江沉管隧道基础设计［J］/任耀谱//中国水运，2019（6）

1666. 汉中市汉江干流"一河一策"实践探讨［J］/曹永翔，李玉进，肖大勇//中国水利，2019（6）

1667. 以丹江口水库为核心的汉江上游水库群联合调度初步实践与探讨［J］/董付强，丁洪亮，穆青青，王伟，杨纪明//中国防汛抗旱，2019（6）

1668. 汉江兴隆至汉川段航道等级提升尺度研究［J］/欧阳飞，王业祥//中国水运，2019（7）

1669. 基于CFS的汉江上游梯级水库系统月入库径流预测［J］/刘甜，梁忠民，邱辉，金路熠，王军，黄一昕//水电能源科学，2019（8）

1670. 南水北调中线工程运行的环境问题及风险分析［J］/黄绳，农禽智，梁建奎，邵东国，钟华//人民长江，2019（8）

1671. 武汉地铁首条过汉江隧道若干关键技术问题［J］/孙雪兵//铁道工程学报，2019（8）

1672. 碾盘山水利枢纽工程截流成功［J］/陈勇//中国水利，2019（8）

1673. 丹江口水利枢纽综合调度研究［J］/张睿，张利升，饶光辉//人民长江，2019（9）

1674. 基于水足迹理论和灰靶模型的汉江干流水资源可持续利用评价［J］/李双，杜建括，邢海虹，王淑新，李峰//节水灌溉，2019（9）

1675. 潜江铁路支线岳口汉江特大桥抗风性能研究［J］/张晓江//工程建设与设计，2019（9）

1676. 汉台区河长制管理工作实践与思考［J］/李倩茜//陕西水利，2019（10）

1677. 汉江梯级水库调度系统改造设计及应用［J］/张金华，曾凡林，舒凯，王伟//人民长江，2019（10）

1678. 统计预测模型在汉江孤山水电站水库诱发地震中的应用［J］/余松，吴建超，蔡永建//水利水电技术，2019（10）

1679. BIM技术在汉江雅口航运枢纽工程浮式检修闸门设计中的应用［J］/黄亚栋，邬显强，王定略，张信伟//水运工程，2019（11）

1680. 汉江雅口枢纽坝下河道冲淤及水面线变化数值模拟［J］/郭海晋，邴建平，余明辉，汪飞//人民长江，2019（11）

1681. 梯级水利枢纽生态调度对库区航道影响案例分析［J］/王业祥，徐静，欧阳飞//水运工程，2019（11）

1682. 丹江口水利枢纽工程蓄水对其上游各水文（位）站的综合影响分析与评估［J］/徐利永，张海波，徐新雪//陕西水利，2019（11）

1683. 对南水北调中线干线工程生态补水的初步思考［J］/刘远书，冯晓波，杨柠//水利发展研究，2019（11）

1684. 基于CVI指数的汉江上游流域水资源系统临界状态分析［J］/陈灏，董前进//中国农村水利水电，2019（12）

1685. 襄阳汉江沉管隧道干坞选址比选研究［J］/任耀谱，赵志武//工程建设与设计，2019（12）

1686. 汉江上游安康段用水总量分析［J］/张亚晴//江西农业，2019（16）

1687. 关于进一步完善南水北调（中线）生态补偿机制的几点建议［J］/黎祖交//绿色中国，2019（21）

1688. 汉江孤山枢纽大江截流设计与施工［J］/赵琦//居舍，2019（23）

1689. 一种无轴力钢箱接头监测系统的设计与实现［J］/向阳，李刚//工程建设与设计，2019（23）

1690. 南水北调生态补偿机制亟待建立［J］/陈小玮//新西部，2019（31）

1691. 安康：一封北京来信背后的生态账本［J］/张凌云//新西部，2019（31）

1692. 南水北调的陕西贡献［J］/陈小玮//新西部，2019（31）

1693. 基于时变耦合模型的引嘉入汉工程调蓄方案研究［J］/魏娜，卢锟明，解建仓，

林梦珂，王晨晖//西安理工大学学报，2019，35（04）

1694. 浅谈汉江安康至白河航道回水变动区滩险整治［J］/刘小兵//价值工程，2019，（36）

1695. 汉江特大桥主墩异形承台双壁钢围堰设计简介［J］/柳林，盛雅楠，龚鹏鑫//施工技术，2020

1696. 汉江兴隆船闸营运通过能力提升策略研究［D］/刘洁.—武汉理工大学（硕士论文），2020

1697. 特大型桥梁类PPP项目设计超前策划工作侧重点分析［J］/王楷翔，钟祺，李红//施工技术，2020

1698. BIM技术在汉江雅口航运枢纽工程设计中的应用［J］/周俊波，黄亚栋，谭慧，孙保虎//中华建设，2020（1）

1699. 汉江兴隆船闸输水系统水力学原型观测研究［J］/王力军，刘火箭，吴英卓，江耀祖//人民长江，2020（2）

1700. 沉管隧道项目物资管理实践探索［J］/肖为//中国设备工程，2020（2）

1701. 崔家营汉江特大桥主梁合龙控制分析［J］/张志才//世界桥梁，2020（2）

1702. 跨汉江特殊航道桥型方案论证［J］/张山山，徐欣//公路交通科技（应用技术版），2020（3）

1703. 沉管隧道国产化GINA止水带试验研究及选型设计［J］/胡健中，王勇，徐国平，许昱，庾光忠，龚毅//现代隧道技术，2020（04）

1704. 国产止水带首次运用于汉江沉管隧道［J］/江西建材，2020（4）

1705. 汉江内河码头工程中PHC桩应用研究［J］/艾红霞，黄亚栋，罗家安//港工技术，2020（04）

1706. 厚砂卵层旋挖钻孔桩施工关键技术［J］/石心龙，周小进//价值工程，2020（5）

1707. 汉江特大桥主墩墩旁支架稳定性分析［J］/石心龙，王子龙//价值工程，2020（6）

1708. 西安至十堰线汉江特大桥桥位桥式选择分析［J］/王克辉//铁道建筑，2020（7）

1709. 钢桁加劲PC箱梁在高铁斜拉桥中的应用研究［J］/康炜//铁道工程学报，2020（10）

1710. 汉江特大桥拱肋自密实补偿收缩混凝土顶升技术［J］/汪泉庆，杨俊平，唐剑//施工技术，2020（15）

1711. 河谷汉江公路大桥下部结构优化设计［J］/钟祺，王楷翔，李红//施工技术，

2020（15）

1712. 汉江特大桥大跨径连续梁挂篮设计与施工［J］/拓珂，黎鹏//施工技术，2020（15）

1713. 武汉三官汉江公路大桥南接线软土路堤稳定性分析［J］/饶江勇//山西建筑，2020（21）

1714. 大跨度桥梁结构设计问题分析［J］/张帅//交通世界，2020（21）

1715. 南水北调中线水源区降水径流时空演变归因分析［D］/祁秉宇．—西北农林科技大学（硕士论文），2021

1716. 石泉-安康区间支流洪水分类预报及设计洪水研究［D］/万思旺．—西安理工大学（硕士论文），2021

1717. 汉江陕西段水量调度模式与系统研究［D］/张勃．—西安理工大学（硕士论文），2021

1718. 基于幸福河湖建设的汉江中下游生态需水研究［A］/王咏铃，邹朝望，刘伯娟，吴迪民//中国水利经济研究会.适应新时代水利改革发展要求 推进幸福河湖建设论文集［C］：中国水利经济研究会，2021

1719. 秦岭水源涵养时空演变及其对气候的响应［D］/曹叶琳（硕士论文）．—西北大学，2021

1720. 以创新协调为指导 优化水利移民设计［A］/李航，孟朝晖，胡骏//中国水利经济研究会.适应新时代水利改革发展要求 推进幸福河湖建设论文集［C］：中国水利经济研究会，2021

1721. 基于水文气象预报信息的丹江口水库汛期起调水位分型研究［D］/张梦莹．—大连理工大学（硕士论文），2021

1722. 大型跨流域调水工程泵站-水库-电站群多目标优化调配研究［D］/孔波．—西安理工大学（硕士论文），2021

1723. 引汉济渭调水系统水质变化模拟与预测研究［D］/李高青．—西安理工大学（硕士论文），2021

1724. 砂石料开采对湿地生态环境影响及恢复方式研究［J］/肖昱，申烨红，冯磊//水利规划与设计，2021（1）

1725. 铁路部分斜拉桥141t支座吊装关键技术［J］/陈家勇//铁道建筑技术，2021（1）

1726. 受大型水库调节影响下的设计洪水计算分析［J］/沈桂环//陕西水利，2021（1）

1727. 复杂关联路口交通组织与管控优化［J］/廖邦友，郑才林//天津科技，2021（1）

1728. 泄水闸新型柔性海漫水毁修复方案比选分析［J］/王超，吴铮，冯阳// 大坝与安全，2021（1）

1729. 江汉运河通航安全模糊综合评价［J］/杨洪波，樊思月，杨慧慧，倪荣，杨裕霞//水运管理，2020（1）

1730. 城市尽端区域对外交通疏解通道研究——以青岛维多利亚湾小区为例［J］/李勋高，薛玉，董凯智，刘淑永//城市公共交通，2021（1）

1731. 汉江干流生态流量保障措施研究［J］/李斐，邓志民，邓瑞，彭才喜//人民长江，2021（2）

1732. 汉中市推行河长制湖长制的实践与认识［J］/李晓晓，李倩茜//中国水利，2021，（2）

1733. 千里汉江第一隧：全方位智能化运用将沉管放进了"育儿箱"［J］/建设机械技术与管理，2021（2）

1734. 汉江流域汽车专业群建设情况调研报告——以湖北段为例［J］/孙莉//汽车维护与修理，2021（2）

1735. 我国三座大桥获得2021年国际桥梁大会奖项［J］/现代交通技术，2021（2）

1736. 丹江口水库来水情势分析与径流预测［J］/万育生，王栋，黄朝君//南水北调与水利科技（中英文），2021（3）

1737. 汉十高铁崔家营汉江特大桥主桥上部结构施工技术［J］/周功建//世界桥梁，2021（4）

1738. 基于DEA模型的汉江水上交通事故应急资源配置效率评价［J］/王林，张琳//水运管理，2021（4）

1739. 引江济汉工程在湖北省长湖流域防汛中的运用［J］/宋书亭，范琼//中国防汛抗旱，2021（4）

1740. 基于主梁受力特点的部分斜拉桥合理成桥状态确定方法研究［J］/张家元，吴学伟，张铭//世界桥梁，2021（4）

1741. 牛首汉江特大桥改建工程对卧龙堤安全影响分析［J］/潘永胆//黄河水利职业技术学院学报，2021（4）

1742. 690MPa级高性能桥梁钢工程应用［J］/易伦雄，袁毅，彭最//桥梁建设，2021（5）

1743. 汉江大桥水上平台钻孔桩施工质量与管控技术［J］/刘新兵//内蒙古公路与运输，2021（6）

1744. 荆门市水利补短板实践与思考［J］/宋书亭，范琼//水资源开发与管理，2021（6）

1745. 砂卵石地基二重管高压喷射注浆施工技术及应用［J］/熊志平，程旭，李志强//水利建设与管理，2021（6）

1746. 混凝土连锁生态护坡施工技术在孝感府澴河段第3标段工程中的应用［J］/程旭，黄泽均，郑涛//水利建设与管理，2021（7）

1747. 汉江石泉县后柳镇段防洪生态治理探究［J］/安海利//陕西水利，2021（7）

1748. 引汉济渭二期工程全面开工建设［J］/水利建设与管理，2021（7）

1749. 积极备汛［J］/李广彦//中国水利，2021（8）

1750. 流域水工程联合调度平台［J］/水利水电快报，2021（8）

1751. 长江科学院"智慧爆破创新团队"爆破开启襄阳鱼梁洲沉管出坞通道［J］/黎卫超//长江科学院院报，2021（9）

1752. 2014~2020年丹江口水库综合利用效益分析［J］/程孟孟//水利水电快报，2021（9）

1753. 汉江南北沟通的纽带［J］/陈进//中国三峡，2021（10）

1754. 汉江堤防护镇闸深基坑抢险方案的实践［J］/刘万浩，李婷，翁朝晖//水电与新能源，2021（10）

1755. 丹江口水库首次实现170m满蓄目标［J］/中国防汛抗旱，2021（10）

1756. 汉江碾盘山电站水力一体拦导漂排设计研究［J］/蔡莹，李书友，黄明海//长江科学院院报，2021（10）

1757. 基于集约绿色发展的襄阳港总体规划［J］/陈旭，刘智慧，曹莹，卢泽晖，罗小红，滕以泽//水运工程，2021（11）

1758. 基于层次分析法的长时间尺度水资源综合评估［J］/陈灏，张义敏，张晓琳，熊佳，董前进//人民珠江，2021（11）

1759. 陕西省汉江流域水资源及其开发利用状况分析［J］/雷波，张蓉，张琳琳//陕西水利，2021（11）

1760. 丹江口水库蓄水以来汉江中下游河床冲淤变化研究［J］/白亮，许全喜，董炳江//人民长江，2021（12）

1761. 基于实测资料的桥墩壅水计算经验公式比较研究［J］/毛北平，钟艳红，肖潇//人民长江，2021（12）

1762. 勉县汉江右岸防洪工程地质优化浅析［J］/武荣//河南科技，2021（15）

1763. 大跨度PK断面斜拉桥静力分析［J］/李云逸//河南科技，2021（17）

1764. 汉江流域水资源监管体制探讨［J］/刘满英，高瑞羚//法制与社会，2021（22）

10 汉水城镇

1765. 古竟陵城故址新探［J］/石泉//江汉考古，1980（1）

1766. 南阳地区的历史沿革［J］/张民服//地域研究与开发，1990（S1）

1767. 在改革中奋进的郧西［J］/邹守达，李新祥//中国经贸导刊，1991（24）

1768. 秦岭巴山美汉中［J］/李楠//瞭望，1991（28）

1769. 先秦文献中的"云梦"新考［J］/陈国生//湖南城市学院学报，1993（2）

1770. 襄樊市真武山西汉墓葬［J］/张昌平//江汉考古，1993（4）

1771. 汉江之滨化纤城：太平店镇［J］//长江建设，1995（3）

1772. 十堰：百里车城放异彩［J］//长江建设，1995（4）

1773. 丹江口水库区域古代城址的沿革和地望考述［J］/晏昌贵//江汉考古，1996（1）

1774. 汉水人家［J］/郭晓斌//陕西水利，1997（3）

1775. 咆哮的汉江［J］/秦楚//陕西水利，1997（5）

1776. 鄂西北的"小延安"：抗战初期的均县草店镇［J］/孟宪杰，雷玉山等//党史天地，1997（9）

1777. 城固县南北二城考释［J］/向隆中//汉中师范学院学报，1998（1）

1778. 东风阵阵绿车城：十堰市改革发展扫描［J］/王德福，周兴亚//政策，1998（Z1）

1779. 秦巴汉水兴白浪：迈向新世纪的堰白浪高新技术开发区［J］/晓明//今日湖北，1999（10）

1780. 走向世界的伍家沟故事村［J］/傅广典//今日湖北，2000（1）

1781. 襄樊市"樊"城得名新探：兼论廪君系巴人的起源地［J］/白俊奎，张学文//西南民族学院学报（哲学社会科学版），2001（6）

1782. 鄂西天河古镇 留墨名扬东瀛：侵华日军士兵撰书介绍天河古镇风情［J］/郑忠坦，陈新闻//小城镇建设，2002（1）

1783. 古城南阳展新姿 改革开放打造新南阳［J］/窦跃生//文明与宣传，2002（4）

1784. 南阳名称的由来［J］/汤永良//中州今古，2002（5）

1785. 论汉江文化与武汉发展［J］/刘纪兴//汉水文化暨武当文化国际学术讨论会论文

集，2004

1786. 论汉水与汉口城市发展之关系［J］/许智，王国斌//汉水文化暨武当文化国际学术讨论会论文集，2004

1787. 汉中城的兴起与繁荣及其原因［J］/郑艳//四川大学学报（哲学社会科学版），2004（S1）

1788. 情倾丹江口［J］/田雄//绿色中国，2004（13）

1789. 谷城历史街区的风貌特征［J］/万敏，孙靓//中国建设信息，2004（23）

1790. 战国楚汉中的位置［J］/张海超//齐齐哈尔师范高等专科学校学报，2005（1）

1791. "汉阳"并非讹传［J］/张应族//咬文嚼字，2005（4）

1792. 汉水流域城市空间分布的分形研究及优化举措［J］/邓祖涛，陆玉麒//长江流域资源与环境，2005（6）

1793. 汉水流域核心，边缘结构的演变/邓祖涛，陆玉麒，尹贻梅//地域研究与开发，2006（3）

1794. "中国水都"：丹江口［J］/冯功文//中国城市经济，2006（12）

1795. 汉水流域中心城市空间结构演变探讨［J］/邓祖涛，陆玉麒//地域研究与开发，2007（1）

1796. 邓城：樊城演进历程考［J］/王先福//襄樊学院学报，2007（1）

1797. 襄樊：新时代的古城 文化与发展齐飞［J］/王喆//世纪行，2007（8）

1798. 谷城老街：古老的埠口如梦的繁华［J］/姜少勇//城乡建设，2007（11）

1799. 陕西省白河县地质灾害区划与防治建议［D］/闫博.—长安大学（硕士论文），2008

1800. 汉水流域的城镇历史街区空间形态及其保护策略研究［D］/陈晶.—华中科技大学（硕士论文），2008

1801. 湖北省老河口市：全方位 多举措 创建百里生态文明走廊［J］/李斌//城乡建设，2008（2）

1802. 汉江龙亭镇与蔡伦造纸术［J］/税晓洁//中国三峡建设，2008（4）

1803. 明珠璀璨耀荆楚——丹江口水利枢纽防洪与兴利举世瞩目［J］/吴丹明//防灾博览，2008（6）

1804. 十堰 绿色成为新坐标［J］/甘道义//国土绿化，2008（6）

1805. 白河县名杂谈［J］/蔡建中//陕西档案，2009（4）

1806. 汉江明珠——丹江口水利枢纽［J］/中国防汛抗旱，2009（4）

1807. 重大项目建设对丹江口城市建设的影响［J］/洪波//中华建设，2009（8）

1808. 溯长江迄汉水 九省通衢今巨变——武汉港60年客运的变迁与发展［J］/余汉全//中国港口，2009（9）

1809. 山水形胜 楚韵襄樊［J］/中国名城，2009（11）

1810. 汉中汉水名城居住区规划设计［J］/王宁，田海宁//山西建筑，2009（12）

1811. 丹江口水利枢纽 三千里汉江上的璀璨明珠［J］/刘铁军，吴涛//中国水利，2009（18）

1812. 仙桃城市规划及其建设发展研究［D］/王纯青．—武汉理工大学（硕士论文），2010

1813. 汉江灵珠 孔明故居［C］/吕一飞//中国魏晋南北朝史学会、襄樊市人民政府中国三国历史文化国际学术讨论会论文集中国魏晋南北朝史学会、襄樊市人民政府：襄阳及三国历史文化研究所，2010

1814. 勉县县城建设风貌研究［D］/马建国．—西安建筑科技大学（硕士论文），2010

1815. 试论襄樊的城市景观及其保护策略［J］/罗祖文//襄樊学院学报，2010（4）

1816. 汉水明珠安康市［J］/国土绿化，2010（10）

1817. 襄樊城市天际线的现状与保护探析［J］/孟聪龄，程伟//襄樊学院学报，2010（11）

1818. 汉中市"一江两岸"滨河景观带重要景观设计研究［D］/李根．—西安建筑科技大学（硕士论文），2011

1819. 《水经·沔水注》襄樊—武汉河段校注与复原——附：《夏水注》校注与复原（上篇）［J］/张修桂//历史地理，2011

1820. 明清安康城市历史地理研究［D］/叶丽芳．—陕西师范大学（硕士论文），2011

1821. 明清时期郧阳古城格局初探［J］/李璟，汤路//中华建设，2011（4）

1822. 五省通衢汉口：一个名贯中外的地名［J］/中国地名，2011（4）

1823. 郧西人民欢迎您 第二届中国（郧西）·天河七夕文化节旅游节 2011年8月6日郧西开幕［J］/西部大开发，2011（6）

1824. 陕南汉水走廊商贸线路上的集镇聚落形态研究［D］/胡斌．—华中科技大学（硕士论文），2012

1825. 中小城市滨水空间景观设计研究［D］/张雯新．—西北农林科技大学（硕士论文），2012

1826. 城市群核心城市与外围城镇整合发展研究［D］/王明杰．—华中师范大学（硕士

论文），2012

1827. 郧县至十堰高速公路汉江大桥总体设计［C］/干学军//中国公路学会全国斜拉桥关键技术论文集（2012）中国公路学会：《中国公路》杂志社，2012

1828. 安康市滨江区域空间色彩优化设计策略研究［D］/邓熙. —重庆大学（硕士论文），2012

1829. 滨水城市空间分析与研究［D］/王洋. —西安工程大学（硕士论文），2012

1830. 陕西省丹汉江流域生态清洁小流域建设技术与实践［J］/王星//中国水土保持，2012（2）

1831. 旬河柴坪水电工程综合开发效益分析［J］/卢胜强，党群，刘文军//陕西水利，2012（2）

1832. 美丽汉江 水色白河［J］/黄良明//陕西水利，2012（2）

1833. 科学定位建郧县 加快发展促跨越［J］/胡玖明//学习月刊，2012（4）

1834. 浅谈武汉市区堤防的抛石护岸工程［J］/潘雷，张汉云//武汉勘察设计，2012（4）

1835. 莱茵河开发经验对汉江综合开发的启示［J］/刘松，张中旺，任艳，赵岗//农村经济与科技，2012（4）

1836. 预应力薄壁空心板施工及质量控制——以湖北汉江崔家营航电枢纽工程坝顶交通桥施工为例［J］/姜红芹//技术与市场，2012（5）

1837. 陕西省丹汉江流域水土保持工程投资情况分析［J］/王星，李占斌，李鹏//水土保持研究，2012（5）

1838. 国家历史文化名城研究中心历史街区调研 湖北谷城老街历史街区［J］/桂薇琳，刘天竹，葛亮//城市规划，2012（6）

1839. 汉口：一个从沔水夏口演变而来 最终成为五省通衢的江汉要津［J］/张彦//中国地名，2012（6）

1840. 孤山水电站回水研究［J］/孟明星，赵远翔//水电与新能源，2012（6）

1841. 汉江流域梯级水电站检修管理的探讨［J］/林强//西北水电，2012（6）

1842. 陕西汉中市城市防洪现状及对策［J］/孟磊//中国防汛抗旱，2012（6）

1843. 襄阳市汉江老龙堤基础防漏处理方案探讨［J］/李泽勋//农村经济与科技，2012（7）

1844. 三峡工程建成后对武汉市防洪的影响［J］/靖泽文//城市道桥与防洪，2012（8）

1845. 多地貌融合区域的村庄居民点量化分析与整合——以湖北省汉江流域中下游地区

为例［C］/何佳//中国城市规划学会多元与包容——2012中国城市规划年会论文集（11小城镇与村庄规划）中国城市规划学会：中国城市规划学会，2012（8）

1846. 关于引汉济渭工程可行性的探讨［J］/刘华鑫//河南水利与南水北调，2012（8）

1847. 宜城汉江大桥的病害诊断及加固方案研究［J］/高洪波，阳先全，李涛//公路，2012（9）

1848. 坚持文化立市 建设文化襄阳 努力打造国内外有重要影响的文化名城［J］/范锐平//政策，2012（9）

1849. 国家历史文化名城研究中心历史街区调研 湖北老河口光化镇［J］/刘天竹，葛亮//城市规划，2012（10）

1850. 绿色明珠耀汉江——湖北谷城争创建"全国绿化模范县"［J］/花木盆景（花卉园艺），2012（10）

1851. 新能源通道建设对湖北中部支点构建的影响分析［J］/蒋惠园，汪浪，谢奔一，沈航//铁道运输与经济，2012（10）

1852. 襄阳自然、人文资源考察研究［J］/李觉辉//绿色科技，2012（11）

1853. 郧西——鄂陕豫边界的璀璨明珠［J］/西部大开发，2012（12）

1854. 汉江孤山水电站汛期调度方式研究［J］/孟明星，饶光辉，安有贵//人民长江，2012（13）

1855. 三峡水库大宁河调水方案研究［J］/李亚平，黄站峰//人民长江，2012（13）

1856. 郧山汉水孕育文明之花——郧县经济开发区创建"全国文明村镇"纪实［J］/罗伟，孔涛//学习月刊，2012（14）

1857. 股份公司开发水电工程建设管理实践与思考——以汉江潘口水电站等工程开发建设为例［J］/胡军，张建生，李振连，王欢//人民长江，2012（16）

1858. 鄂西北当代移民村落适宜营建技术策略研究［D］/陈海波.—华中科技大学（硕士论文），2013

1859. 陕南石泉老城区空间形态演变与更新研究［D］/张曼.—西安建筑科技大学（硕士论文），2013

1860. 武汉城市空间生产的过程、绩效与机制分析［D］/余瑞林.—华中师范大学（硕士论文），2013

1861. 明清时期钟祥城池形态与街巷空间研究［D］/向风璐.—华中科技大学（硕士论文），2013

1862. 郧西——鄂陕豫边界的璀璨明珠［J］/西部大开发，2013（1）

1863. 湖北老河口历史城镇与建筑研究［J］/刘炜，刘伯山，刘鑫//华中建筑，2013（2）

1864. 中国传统旌表制度视野下的农村十星文明建设——汉水流域竹山县十星文化之个案分析［J］/潘世东，董武，郭顺峰//郧阳师范高等专科学校学报，2013（5）

1865. 婚礼之城 约会之乡 休闲之都 郧西——鄂陕豫边界的璀璨明珠［J］/西部大开发，2013（5）

1866. 基于文化自觉的历史文化名镇保护研究——以汉水流域石牌镇为考察个案［J］/邓祖涛//求索，2013（5）

1867. 郧阳赤壁［J］/黄忠富//世纪行，2013（6）

1868. 增强民主协商实效 服务襄阳科学发展［J］/王莉//世纪行，2013（7）

1869. 璀璨的汉江明珠——襄阳［J］/世纪行，2013（7）

1870. 承名山秀水自然禀赋 建一江两岸生态家园［J］/中华建设，2013（12）

1871. 陕南蜀河古镇及其传统建筑研究［D］/钟运峰．—西南交通大学（硕士论文），2014

1872. 清代汉江流域交通变革与城镇兴衰［J］/张笃勤//城市史研究，2014（1）

1873. 游嬉汉江［J］/杨文安//中国职工教育，2014（1）

1874. 丹江峡谷美如画［J］/东方//中国地名，2014（2）

1875. 汉江明珠美石泉——陕西石泉县推进城镇化提升幸福感走笔［J］/陈桂龙，张义胤//中国建设信息，2014（3）

1876. 远去的襄阳老街［J］/贺瑞明//中国摄影家，2014（4）

1877. 汉水城市品牌传播研究——以荆门市打造中国农谷品牌为例［J］/桂渝芳，杜汉华//辽宁行政学院学报，2014（4）

1878. 襄阳市新型城镇化建设探析［J］/李晶，李芬//农村经济与科技，2014（5）

1879. 人文汉中［J］/陕西档案，2014（5）

1880. 因移民而兴的汉水古村——邱家前湾村［J］/张奕，童佩//华中建筑，2014（5）

1881. 因商而兴的汉水古镇——襄阳太平店古镇［J］/张奕，舒畅//华中建筑，2014（5）

1882. 翠绿秦巴护汉江 林茂果硕富安康——陕西安康十年绿化造林纪实［J］/杨大洲//国土绿化，2014（7）

1883. 规划，让历史古城换新颜——襄阳市城乡规划局工作纪实［J］/王燕萍，刘春玲，董国民//中华建设，2014（8）

1884. 宁强以"三千里汉江第一城"美韵靓名中外［J］/毛薪火//中国地名，2014（11）

1885. 风生水起话安康［J］/王润芳//水利天地，2014（12）

1886. 安康中心城区"一江两岸"城市空间特征规划研究［D］/周耀宜．—西安建筑科技大学（硕士论文），2015

1887. 陕南汉中古镇文化景观基因流变与传承保护［D］/段珊珊．—西北大学（硕士论文），2015

1888. 陕南石泉古城区老街及民居古院落空间形态研究［D］/谷程赟．—西安建筑科技大学（硕士论文），2015

1889. 域内黄金峡被誉为汉江第一峡 境内"秦岭四宝"被誉为全国第一奇观 县内华阳古镇被誉为秦岭第一古镇 洋县 镶嵌着中国古代四大发明之一造纸术发明者蔡伦足迹的地方［J］/苏洋//中国地名，2015

1890. 汉水源头第一城［C］/秦延安//中国水文化（2015年第2期）：《中国水文化》杂志社，2015

1891. 两汉时期南阳郡与南郡分界辨析［J］/孟明汉//阴山学刊，2015

1892. 清代鄂西北山地血缘型聚落与民居空间形态研究［D］/张瑞纳．—华中科技大学（硕士论文），2015

1893. 秦巴山地乡土聚落及当代发展研究［D］/闫杰．—西安建筑科技大学（硕士论文），2015

1894. 明清时期汉水中游治所城市城廓形态比较研究［C］/徐俊辉//中国民族建筑研究会、中国城镇规划设计研究院中国民族建筑研究会第十八届学术年会论文特辑（2015）中国民族建筑研究会、中国城镇规划设计研究院：中国民族建筑研究会，2015

1895. 汉水文化在汉中城市园林景观中的应用研究［D］/吴晔．—西北农林科技大学（硕士论文），2015

1896. 安康地区会馆建筑的保护利用研究［D］/黄琼．—西北大学（硕士论文），2015

1897. 资源独特 气候温暖湿润 渠网如织 汉江横贯全境 山峦起伏 森林覆盖大部 勉县著名地质学家李四光誉此地为亚洲的"乌拉尔"［J］/刘铁云//中国地名，2015（1）

1898. 对安康在汉江水源保护中的地位与发展思路创新的一点认识［J］/蒋建军//陕西水利，2015（1）

1899. 汉江明珠南水北调中线源头城市——丹江口市［J］/宏观经济管理，2015（1）

1900. 神农架自然保护区［J］/高峰//生命与灾害，2015（2）

1901. 黎明汉水的襄阳［J］/王必胜//中国三峡，2015（3）

1902. 襄阳建设汉江流域中心城市的战略研究［J］/雷斌//湖北社会科学，2015（3）

1903. 谈南阳汉水流域中心城市的建设［J］/杜汉华//南阳师范学院学报，2015（4）

1904. 襄阳建设汉江流域中心城市文化力问题研究［J］/张润昊，肖兆武//湖北文理学院学报，2015（4）

1905. 发挥统战人才优势 打造中国特色新型智库——以襄阳市为例［J］/陈志华，李家武//湖北省社会主义学院学报，2015（5）

1906. 入围全国区域级流通节点城市对南阳发展的机遇探讨［J］/付廷臣，江淑洁，饶增阳//南阳师范学院学报，2015（8）

1907. 本刊综合南水北调中线溯源［J］/河北水利//2015（8）

1908. 资源富集林木茂密 气候温润光照充足 雨量充沛水源旺盛旬阳观赏中华天然太极城的风姿［J］/黄峋//中国地名，2015（8）

1909. 基于地域特色下的汉江流域城市居住空间设计策略研究［J］/赵晶//时代农机，2015（8）

1910. 汉中城市园林建设中汉水文化的应用价值［J］/吴晔，弓弼//现代园艺，2015（11）

1911. 全面深化改革 推进十堰转型跨越发展［J］/张维国//中国发展观察，2015（12）

1912. 如何打造汉水流域养生中心城市——以荆门市为例［J］/宋茂华，杜汉华//学习月刊，2015（20）

1913. 明清时期治所城市空间形态的推演方法与实践研究—以老河口镇城和均州州城为例［D］/汪龙玥. —武汉理工大学（硕士论文），2016

1914. 襄阳"山—水—城"空间历史文化脉络研究［D］/李嘉玲. —西安建筑科技大学（硕士论文），2016

1915. 陕西石泉后柳古镇［J］/杨眉，张伏虎，曹象明//城市规划，2016（2）

1916. 沔县之名何时归［J］/张启文//中国地名，2016（6）

1917. 汉水流域襄阳古城开放空间发展研究［J］/王毅，刘明玥//四川水泥，2016（7）

1918. 石泉：汉水之滨老区明星县［J］/朱金文//中国老区建设，2016（9）

1919. 汉中之最［J］/西部大开发，2016（12）

1920. 宁强 汉水之源 羌族故里［J］/西部大开发，2016（12）

1921. 城市滨江景观带设计探析——以武汉市汉阳汉江江滩二期为例［J］/梁发，刘洁//

现代园艺，2016（16）

1922. 宋代襄阳和樊城的历史地理研究［D］/骆曼．—东北师范大学（硕士论文），2017

1923. 安康市地震小区划工程地质分区研究［D］/李盼盼．—西北大学（硕士论文），2017

1924. 汉中历史性城镇景观特色研究［D］/武琼．—西安建筑科技大学（硕士论文），2017

1925. 襄阳市城市工业化进程评估［J］/刘静，李波//湖北文理学院学报，2017（11）

1926. 全力打造绿色郧阳［J］/孙道军//政策，2017（12）

1927. 流域中心城市的特征与建设对策研究——以襄阳为例［J］/李柱，张弢//农村经济与科技，2017（15）

1928. 新时代旧城更新实施型规划编制探讨——以襄阳市汉江北岸改造规划为例［C］/谢来荣//中国城市规划学会、杭州市人民政府共享与品质——2018中国城市规划年会论文集（02城市更新）中国城市规划学会、杭州市人民政府：中国城市规划学会，2018

1929. 陕西安康瀛湖翠屏岛景观改造设计研究［D］/张婉琪．—西北农林科技大学（硕士论文），2018

1930. 安康汉江两岸的植物景观配置分析［J］/张迪，杨湘涛，田智荣，张梦莹，刘亚新，王凯丽//林业调查规划，2018（1）

1931. 明清以来光化县城——老河口镇城的空间形态变迁及其启示［J］/徐俊辉//设计艺术研究，2018（1）

1932. 湖北襄阳：激发农业发展内生动力［J］/农村经济与科技，2018（5）

1933. 绿水青山就是金山银山 潜江开启"城乡一体、走在前列"新征程［J］/中国发展，2018（5）

1934. 地域文化影响下的陕南地区传统乡村聚落选址特征研究［D］/马云肖．—西安建筑科技大学（硕士论文），2019

1935. 襄阳人口城镇化特征、趋势与规划对策研究［C］/李烨//活力城乡 美好人居——2019中国城市规划年会论文集（11总体规划），2019

1936. 历史地图和影像中的汉口华界城市空间要素演变研究［D］/周围．—华中科技大学（硕士论文），2019

1937. 城市公共空间与工业遗存的关联性研究［D］/李琪．—华中科技大学（硕士论

文），2019

1938. 秦岭山地历史文化名镇空间演变及街巷延展研究［D］/董晓.—长安大学（硕士论文），2019

1939. 襄阳陈老巷历史文化街区保护与传承的适宜性方法研究［D］/葛中斌.—西安建筑科技大学（硕士论文），2019

1940. 文化线路视角下的历史城镇活态化策略研究［D］/高燕妮.—重庆大学（硕士论文），2019

1941. 基于景观生态格局特征的蜀河历史文化名镇保护研究［D］/邸鑫.—长安大学（硕士论文），2019

1942. 船帮文化影响下蜀河古镇保护与更新规划设计研究［D］/高天忠.—西安建筑科技大学（硕士论文），2019

1943. 城市健康河流廊道景观连续性研究［D］/段璟雅.—西安建筑科技大学（硕士论文），2019

1944. 生态和谐视角下安康城市滨水公共空间设计策略研究［D］/吕鑫源.—长安大学（硕士论文），2019

1945. 五个时期谷城汉江湿地的景观变化及其生态服务价值评估［J］/吕晓蓉，王学雷，杨超，刘昔//湿地科学，2019（1）

1946. 追赶超越："一城两心"展宏图——湖北老河口市建设森林城市实施乡村振兴战略闻思录［J］/艾前进，常静//中国林业产业，2019（2）

1947. 明代中后期武汉三镇空间格局的发展与演变［J］/王肇磊//武汉学研究，2019（2）

1948. 襄阳 汉水中枢 车船不息［J］/刘杰，程飞，董奇//湖北画报（湖北旅游），2019（3）

1949. 浅议园林古典与现代景观空间的融合——莱芜汉江公园景观规划设计［J］/张文玲//工程与建设，2019（3）

1950. 湖北襄阳汉江国家湿地公园建设现状及保护措施［J］/李红海，夏梦雨，冯德金//湖北林业科技，2019（4）

1951. 神农架［J］/杜明//金秋，2019（5）

1952. 国道改建城固段汉江湿地保护区景观调查及建议［J］/王琼，刘秋苹，杨芬，吴玉华//现代农业研究，2019（8）

1953. 武汉 湖广地区的真正中心［J］/猫斯图//科学大观园，2019（11）

1954. 返乡创业 襄阳有为——襄阳市全方位打造返乡创业理想之城［J］/尚国庆，金雪竹，贾伟//中国就业，2019（12）

1955. 奋力书写高质量发展的茅箭答卷［J］/周庆荣//政策，2019（12）

1956. 基于文化自信的汉水流域景区景观提升与改造设计——以瀛湖风景区为例［J］/胡章悦，刘媛//现代园艺，2019（13）

1957. 湖北武当山道教建筑群的结构布局特征与成因研究［J］/江润滋，尹波//建材与装饰，2019（15）

1958. 从汉水流域传统建筑看中国传统思想的融合——武当山建筑群中"天人合一"思想的运用［J］/王婷婷，尹波//教师，2019（35）

1959. 明清襄樊城墙防御特征研究［D］/包佳良．—北京建筑大学（硕士论文），2020

1960. 陕南蜀河古镇人居环境营建经验研究［D］/苗世伟．—西安建筑科技大学（硕士论文），2020

1961. 安康市老城区城市特色风貌延续策略研究［D］/张国财．—西北大学（硕士论文），2020

1962. 荆州古城与区域水利系统关系演变研究［D］/庄杭．—北京林业大学（硕士论文），2020

1963. 武汉城市历史景观层积过程及关联性保护研究［D］/朱文鑫．—华中农业大学（硕士论文），2020

1964. 基于历史图档的近代汉阳城市形态演变研究［D］/赵苒婷．—华中科技大学（硕士论文），2020

1965. 汉水流域古城镇防御体系变迁及空间特征研究［D］/胡根根．—湖南大学（硕士论文），2020

1966. 基于水生态恢复理念的城市湿地公园设计［D］/赵琦．—北京林业大学（硕士论文），2020

1967. 陕南汉江流域支流码头集镇空间环境保护与更新设计研究［D］/李金洺．—西安建筑科技大学（硕士论文），2020

1968. 味蕾上的"沔阳三蒸"［J］/新青年（珍情），2020（1）

1969. 华夏第一城池襄阳古城特色价值及其保护（上）［J］/李先逵//古建园林技术，2020（1）

1970. 武汉水体、景观变迁与城市形态演变的研究［J］/陈小斐，熊晶晶//艺术教育，2020（2）

1971. 汉水上游古城镇防御体系变迁及空间特征研究——以川陕战区汉中古城为例［J］/张卫，胡根根/新建筑，2020（3）

1972. 汉江生态经济带生态度假村建设分析——以十堰市郧阳新街为例［J］/党莹//汉江师范学院学报，2020（3）

1973. 城市静态水体生态开放空间设计研究——以成都市沧浪湖为例［J］/杨艳梅，王家良，付韵潮，龚克娜，邱壮//四川建筑，2020（4）

1974. 武汉，珠宝一样璀璨［J］/方龙慧子，杨道林，许泽楷//大学生，2020（5）

1975. 襄阳古城保护利用与城市规划格局研究［J］/杜睿杰，杜汉华//荆楚学刊，2020（5）

1976. 自然环境视角下的综合性康体养生基地景观规划设计浅析［J］/金磊//环境工程，2020（10）

1977. 汉水上游地区古民居功能探析［J］/陈伟//湖北第二师范学院学报，2020（10）

1978. 浅谈大明湖景区的建筑形式［J］/肖煜梓，郭桐桐，沈鑫博//河北农机，2020（12）

1979. 陕南秦巴山区乡村聚落空间格局特征及优化研究［D］/郝小雨．—长安大学（硕士论文），2021

1980. 陕南蜀河古镇空间解析及其优化策略［D］/刘倩茹．—西安建筑科技大学（硕士论文），2021

1981. 自然山水影响下的紫阳县城空间形态研究［D］/郭鑫．—西安建筑科技大学（硕士论文），2021

1982. 地域文化传承视角下紫阳老城空间更新发展研究［D］/贺治达．—西安建筑科技大学（硕士论文），2021

1983. 城市用地紧凑变化及其对河岸带生境质量的影响［D］/张楠楠．—华中农业大学（硕士论文），2021

1984. 陕西省洋县朱鹮栖息地人鸟共生景观空间营造研究［D］/韩露露．—西安建筑科技大学（硕士论文），2021

1985. 文化线路视角下汉江水路遗产构成与价值研究［D］/韦秋培．—西安建筑科技大学（硕士论文），2021

1986. 陕西省洋县朱鹮栖息地河流生境修复景观规划设计方法研究［D］/佟昕．—西安建筑科技大学（硕士论文），2021

1987. 基于产业和空间要素的产城融合量化解析研究——以苏州市沧浪新城为例［A］/

周国艳，潘子一，尉颖琪//中国城市规划学会、成都市人民政府.面向高质量发展的空间治理——2020中国城市规划年会论文集（02城市更新）［C］中国城市规划学会、成都市人民政府：中国城市规划学会，2021

1988. 汉水上游地区古民居形制探析［J］/陈伟//湖北第二师范学院学报，2021（4）

1989. 建国后郧阳城市地貌和文化变迁［J］/田运科//湖北工业职业技术学院学报，2021（5）

1990. 武汉市汉正街区历史形态演变与水环境的耦合关系研究［J］/夏文莹，杜雁，王玏//风景园林，2021（6）

1991. 江穿南北 汉接东西 江汉汇流的城市空间［J］/李鲁平//中国三峡，2021（7）

1992. "城市双修"理念下的襄阳陈老巷历史文化街区更新策略研究［J］/王莉//湖北文理学院学报，2021（10）

1993. 苏州沧浪新城段大运河滨水空间活力提升策略探析［J］/叶小军，方晓璐，初筱，顾语琪//建筑与文化，2021（10）

1994. 丹江口市森林城市建设现状与评价研究［J］/谈建文，徐自警，阮红恩，程诚，黄健，李万德，胡斌，付翠林//绿色科技，2020（21）

11　汉水水文

1995. 汉江上游梯级水库多目标联合调度研究［D］/雷艳．—西安理工大学（硕士论文），2008

1996. 勉县汉惠渠灌区灌溉管理工作探讨［J］/杨少华//陕西水利，2008（S2）

1997. 汉江流域叶面积指数（LAI）空间尺度转换研究［J］/钟山，张万昌//遥感信息，2008（2）

1998. 喜河水电站工程建设管理总结［J］/孟玲//陕西水利，2008（2）

1999. 汉江流域日降水多种小波分解与重构及其时空分布［J］/赵登忠，张万昌//水土保持通报，2008（2）

2000. 汉江流域径流时空变化趋势分析［J］/陈华，闫宝伟，郭生练，张洪刚//南水北调与水利科技，2008（3）

2001. 气候变化对汉江上游径流的影响［J］/蔡新玲，孙娴，乔秋文，姜创业，毛明策//气候变化研究进展，2008（4）

2002. 汉江上游流域产水产沙时空规律研究［J］/张翔，张扬，陈晓丹，罗蔚//南水北调与水利科技，2008（4）

2003. 丹江口水库未来径流变化趋势预测研究［J］/郭靖，郭生练，陈华，闫宝伟，张俊//南水北调与水利科技，2008（4）

2004. 汉江兴隆至新泗港河段河道演变及浅滩碍航机理分析［J］/吴娱，陈立，桂波，刘欣桐//水运工程，2008（4）

2005. 基于DEM的单窗算法及山区地表长波净辐射的计算［J］/朱叶飞//地质学刊，2008（4）

2006. 中线调水对汉江下游枯水期的水安全影响研究［J］/窦明，谢平，姚堡垒，李桂秋//长江流域资源与环境，2008（5）

2007. 丹江口水库对汉江中下游水文情势的影响［J］/郭文献，夏自强，王乾//河海大学学报（自然科学版），2008（6）

2008. 基于MIKEBASIN平台的汉江流域径流预测模型初探［J］/肖志远，陈力//长江科学院院报，2008（6）

2009. 漂流汉江黄金峡：九十里的惊险与刺激［J］/税晓洁//中国三峡建设，2008（6）

2010. 林则徐与江汉平原洪涝灾害防治［J］/张笃勤//学习与实践，2008（6）

2011. 应用光滑支持向量机预测汉江流域降水变化［J］/陈华，郭靖，熊伟，郭生练，许崇育//长江科学院院报，2008（6）

2012. 淮汉流域陂塘水利的衰败［J］/徐海亮//河南水利与南水北调，2008（7）

2013. 汉江上游地区大尺度分布式水文模型与气象模型耦合应用试验［J］/杨文发//水利水电快报，2008（8）

2014. TRMM雨量在汉江上游大尺度水文模型中的应用［J］/毛红梅//水利水电快报，2008（8）

2015. 与MM5气象模式耦合的VIC分布式水文模型构建［J］/张俊，郭生练，陈华，林凯荣，李超群，陈桂亚，李春龙，訾丽//人民长江，2008（08）

2016. 汉江上游山区航道浅滩治理探讨［J］/李龙国//商业文化（学术版），2008（08）

2017. 丹江口水库库尾推移质运动及冲淤变化研究［J］/封光寅，李龙国，朗理民，郭焕林，董道琦，徐新雪//人民黄河，2008（10）

2018. 基于DEM的汉中流域水文过程分布式模拟［J］/林凯荣，郭生练，陈华，胡安焱，张俊//人民长江，2008（11）

2019. 汉江月径流量混沌特征分析［J］/胡安焱，闫宝伟，李响//水利科技与经济，2008

（11）

2020. 建设鄂豫运河从三峡坝下引江入汉济黄［J］/易贤命//中国水运（下半月），2008（12）

2021. 汉江白河水库泥沙淤积研究［J］/李建成，邓金运//科学技术与工程，2008（13）

2022. 应用统计学降尺度方法预测汉江流域降水变化［J］/陈华，郭靖，郭生练，陈桂亚，张俊//人民长江，2008（14）

2023. 汉江流域半分布式两参数月水量平衡模型［J］/张洪刚，郭生练，徐德龙，吕孙云，陈华//人民长江，2008（17）

2024. NAM模型与水资源配置模型耦合研究［J］/张洪刚，熊莹，邴建平，李明新//人民长江，2008（17）

2025. 汉江流域水资源配置模型研究［J］/熊莹，张洪刚，徐长江，李明新//人民长江，2008（17）

2026. 南水北调中线水源与受水区降水丰枯遭遇分析［J］/王政祥，张明波//人民长江，2008（17）

2027. 南水北调中线水源区与受水区旱涝特征统计［J］/王政祥//人民长江，2008（17）

2028. 汉江中游一次特大暴雨过程的诊断分析［C］/李龙国//湖北省气象学会.2008年湖北省气象学会学术年会学术论文详细文摘汇集.湖北省气象学会：湖北省科学技术协会，2008（19）

2029. 理顺关系 强化机制 争取支持 早获收益——关于汉江喜河水电站工程建设管理得失谈［C］/周建华//陕西省水力发电工程学会青年优秀学术论文集.：中国水力发电工程学会，2008（33）

2030. 气候变化情景下丹江口水库径流模拟预测［C］/张洪刚//湖北省气象学会.2008年湖北省气象学会学术年会学术论文详细文摘汇集.湖北省气象学会：湖北省科学技术协会，2008（41）

2031. 基于SWAT模型的汉江流域径流模拟［C］/夏智宏//湖北省气象学会.2008年湖北省气象学会学术年会学术论文详细文摘汇集.湖北省气象学会：湖北省科学技术协会，2008（95）

2032. 丹江口水库对汉江泥沙特性的影响研究［J］/刘轶，李琼芳，邹响林，邹振华，蔡涛，顾成杰//水电能源科学，2008（2606）

2033. 南水北调中线工程运行水文风险管理研究［D］/翟家齐.—郑州大学（硕士论文），2009

2034. 南水北调中线水源区陕西段水环境容量及其价值的研究［D］/吴波. —西安理工大学（硕士论文），2009

2035. 基于分布式水文模拟的汉江上游干旱评估研究［D］/张莉莉//长江科学院，2009

2036. 江汉盆地潜东南地区新沟嘴组下段古地貌和沉积体系分析［D］/贺锋. —中国地质大学（北京）（硕士论文），2009

2037. 南水北调中线工程对汉江中下游的水文情势影响分析［J］/肖婵，谢平，唐涛，陈丽//水文，2009（1）

2038. 汉江上游石泉和安康水文站径流规律分析［J］/张珏，王义民，黄强，孙晓懿//水电能源科学，2009（1）

2039. 汉江河道水流模型的研究与应用［J］/范勇//新疆大学学报（自然科学版），2009（1）

2040. 汉江河口段航道整治工程效果与影响的计算分析［J］/董耀华，李荣辉，何广水//泥沙研究，2009（1）

2041. 面向分布式水文模型的汉江流域空间离散化方法［J］/刘青娥，雷晓辉，王浩，蒋云钟//南水北调与水利科技，2009（2）

2042. 长江、汉江沉积物磁学特征比较研究［J］/张玉芬，李长安，韩晓飞，康春国，严玲琴，雷文大//第四纪研究，2009（2）

2043. 基于气象模式的汉江流域洪水预报系统［J］/郭生练，张俊，郭靖，陈桂亚，陈华//水利水电科技进展，2009（3）

2044. 论南水北调中线工程对汉江流域的影响［J］/宋宇，吴张//科技创业月刊，2009（3）

2045. 沉湖特大桥对河道防洪影响的数值模拟［J］/管为华//水利与建筑工程学报，2009（3）

2046. 汉江源头水天一色［J］/张义宏//陕西林业，2009（3）

2047. 从涪江到汉水［J］/黄兵//陕西水利，2009（4）

2048. 汉江中下游水文测验方式发展方向初探［J］/匡威，刘超，许祥生，曹明鸣//长江工程职业技术学院学报，2009（4）

2049. 汉江流域未来降水径流预测分析研究［J］/郭靖，郭生练，张俊，陈华，陈桂亚//水文，2009（5）

2050. 西汉水流域水文特性分析［J］/魏克旗//甘肃水利水电技术，2009（5）

2051. 湖北防汛抗旱60年的成就与启示［J］/孙又欣//中国防汛抗旱，2009（5）

2052. 丹江口水库水沙淤积特性分析［J］/胡安焱//水土保持研究，2009（5）

2053. 汉江流域气象预警中心网站设计与实现［J］/周义兵，田光普，宁志谦，郭江峰，王大君//陕西气象，2009（5）

2054. 汉江武侯镇站以上流域水文特性分析［J］/刘剑军//陕西水利，2009（6）

2055. 汉江流域水文序列变点分析［J］/胡安焱，刘秀花，姜凌//灌溉排水学报，2009（6）

2056. 汉江上游水资源时空演变及成因分析［J］/赵红莉，陈宁，蒋云钟，鲁帆，张双虎//南水北调与水利科技，2009（6）

2057. 基于GIS的汉江流域洪水预报系统设计与实现［J］/张俊，陈桂亚，杨斌，郭生练，陈华，马绍忠//长江科学院院报，2009（8）

2058. 博弈论模型在解决水资源管理中利益冲突的运用［J］/魏守科，雷阿林，Albrecht Gnauck//水利学报，2009（8）

2059. 基于SWAT模型的汉江流域径流模拟［J］/夏智宏，周月华，许红梅//气象，2009（9）

2060. 丹江口水库对汉江中下游径流特性的影响［J］/陆国宾，刘轶，邹响林，邹振华，蔡涛//长江流域资源与环境，2009（10）

2061. 气候变化对汉江上游蒸发量的影响［J］/胡安焱，郭生练，王菊翠//人民长江，2009（11）

2062. 引江济汉通航工程复原两沙运河纠正规划失误［J］/易贤命//中国水运（下半月），2009（11）

2063. WEP模型参数自动优化及在汉江流域上游的应用［J］/雷晓辉，贾仰文，蒋云钟，田雨//水利学报，2009（12）

2064. 汉江兴隆水利枢纽库区两岸浸没治理［J］/张长征，黄家文，李凯，王坤//人民长江，2009（22）

2065. 汉江兴隆水利枢纽工程对坝区河段河势影响分析［C］/黄建成//中国水力发电工程学会水文泥沙专业委员会.水文泥沙研究新进展——中国水力发电工程学会水文泥沙专业委员会第八届学术讨论会论文集.中国水力发电工程学会水文泥沙专业委员会：中国水力发电工程学会，2010

2066. 丹江口水库的修建对库区航运的影响［C］/章厚玉//中国水力发电工程学会水文泥沙专业委员会.水文泥沙研究新进展——中国水力发电工程学会水文泥沙专业委员会第八届学术讨论会论文集.中国水力发电工程学会水文泥沙专业委员会：中国水

力发电工程学会，2010

2067. 水库水量平衡因子计算方法研究［C］/封光寅//中国水力发电工程学会水文泥沙专业委员会.水文泥沙研究新进展——中国水力发电工程学会水文泥沙专业委员会第八届学术讨论会论文集.中国水力发电工程学会水文泥沙专业委员会：中国水力发电工程学会，2010

2068. 汉中盆地周缘断裂活动性研究及发震构造分析［D］/王明明．—中国地震局地质研究所（硕士论文），2010

2069. 汉江上游梯级开发对水文站网的影响及对策［J］/卫金容//陕西水利，2010（1）

2070. 南水北调中线陕西水源区水沙变化特征分析［J］/贾忠华，赵恩辉//西北大学学报（自然科学版），2010（1）

2071. 汉江秋汛雨洪特性分析及对策［J］/李军社//陕西水利，2010（1）

2072. 南水北调中线工程陕西水源区含沙量变化分析［J］/贾忠华，赵恩辉//西北大学学报（自然科学版），2010（2）

2073. ANN统计降尺度法对汉江流域降水变化预测［J］/郭靖，郭生练，陈华，闫宝伟，张俊，张洪刚//武汉大学学报（工学版），2010（2）

2074. 汉江、东荆河、通顺河水运发展调查报告［J］/彭少章//中国水运，2010（2）

2075. 丹江口水库的修建对库区航运的影响［J］/章厚玉，杨德安，刘长久，耿文杰，饶勇//长江工程职业技术学院学报，2010（2）

2076. 汉江上游区域枯季径流预报研究［J］/卫金容//陕西水利，2010（2）

2077. 陕西汉江流域旅游气候舒适度评价［J］/杨尚英，张欢//青岛酒店管理职业技术学院学报，2010（3）

2078. 气候变化对汉江流域上游水文极值事件的影响［J］/徐若兰，陈华，郭靖//北京师范大学学报（自然科学版），2010（3）

2079. 河流健康评价的尺度转换问题初探［J］/金小娟，陈进//长江科学院院报，2010（3）

2080. 汉江上游不同气候情景下土地利用变化对径流的影响研究［J］/陈宁，赵红莉，蒋云钟//北京师范大学学报（自然科学版），2010（3）

2081. 天星洲等民院扒口泄洪对潜江水位流量关系的影响［J］/李书勇，张金辉，王合凡，熊自力//长江工程职业技术学院学报，2010（4）

2082. 陕南汉江上游历史洪水灾害与气候变化［J］/殷淑燕，王海燕，王德丽，黄春长//干旱区研究，2010（4）

2083. 防汛是天大的事马虎不得——对我省近年来几次洪水灾害的思考［J］/王锋//陕西水利，2010（4）

2084. 汉江上游径流时空演变规律分析［J］/苏雪锐，高喜永，郭亚军//水利科技与经济，2010（4）

2085. 丹江口库区及上游流域人与水的协调发展［J］/丁德科，刘树祥//西安财经学院学报，2010（5）

2086. WEP模型全局参数敏感性分析及其在汉江上游流域的应用［J］/雷晓辉，田雨，贾仰文，蒋云钟，王浩，刘清娥//水文，2010（6）

2087. 汉江丹江口至襄樊段航道整治工程效果分析［J］/冯红武，杜继甫//中国水运（下半月刊），2010（9）

2088. 丹江口水库汉江干流库区淤积分析［J］/章厚玉，林云发，杨德安，高玉杰，毕勇，魏琼//长江科学院院报，2010（9）

2089. 基于二维水沙模型的涉水建筑物防洪影响计算［J］/罗秋实，黄鑫，李洪良，刘士和//人民长江，2010（10）

2090. 引江济汉工程对四湖上区撇洪效果研究［J］/彭习渊，林德才//人民长江，2010（11）

2091. 引江济汉干渠渠线选择［J］/刘家明，孙峥//人民长江，2010（11）

2092. 关于汉江流域实施水量分配管理若干问题的思考［J］/马建华//人民长江，2010（17）

2093. 未来气候变化对汉江流域径流的可能影响［C］/袁飞//中国自然资源学会水资源专业委员会、中国地理学会水文地理专业委员会、中国水利学会水资源专业委员会、中国水利学会水文专业委员会、中国可持续发展研究会水问题专业委员会.农业、生态水安全及寒区水科学——第八届中国水论坛摘要集.中国自然资源学会水资源专业委员会、中国地理学会水文地理专业委员会、中国水利学会水资源专业委员会、中国水利学会水文专业委员会、中国可持续发展研究会水问题专业委员会：中国自然资源学会，2010（31）

2094. 气候变化下汉江设计暴雨的变化及空间分布规律研究［C］/徐晓//中国自然资源学会水资源专业委员会、中国地理学会水文地理专业委员会、中国水利学会水资源专业委员会、中国水利学会水文专业委员会、中国可持续发展研究会水问题专业委员会.水与区域可持续发展——第九届中国水论坛论文集.中国自然资源学会水资源专业委员会、中国地理学会水文地理专业委员会、中国水利学会水文专业委

员会、中国水利学会水资源专业委员会、中国可持续发展研究会水问题专业委员会：中国水利水电出版社，2011

2095. 近现代武汉水运对城市空间演变影响规律研究（1861年-2009年）[D]/李明术．—华中科技大学（硕士论文），2011

2096. 两千年来湖北省城市空间发展及其与河流的关系[D]/刘杨．—华中师范大学（硕士论文），2011

2097. 基于环境磁学的长江干流沉积物来源及组成变化初步研究[D]/陈锦山．—华东师范大学（硕士论文），2011

2098. 试述皇沙仙段水沙量不平衡原因[J]/伏琳，焦阳，曾红梅，苟武//长江工程职业技术学院学报，2011（1）

2099. 汉江流域汉中段水文特性分析[J]/王延安//陕西水利，2011（2）

2100. 汉江上游"2010.7"特大暴雨洪水分析[J]/沈桂环，李军社//甘肃科技纵横，2011（3）

2101. 三峡水库蓄水运用前后坝下游水沙输移特性研究[J]/姚仕明，卢金友//水力发电学报，2011（3）

2102. 江汉平原主要河流沉积物磁学特征及其与物源区表壳岩性的响应[J]/张玉芬，李长安，康春国，严玲琴，邵磊，张勇//地球科学（中国地质大学学报），2011（4）

2103. 汉江上游安康市近50年旱涝特征分析[J]/彭维英，殷淑燕，刘晓玲，王德丽，鲍小娟//江西农业学报，2011（5）

2104. 汉江流域致灾暴雨的天气学分析[J]/党红梅，周义兵，李定安，胡国玲，石明生//陕西气象，2011（5）

2105. 三峡与丹江口水库下游河道河型变化研究进展[J]/姚仕明，黄莉，卢金友//人民长江，2011（5）

2106. 长江汉口水位受鄂东北及汉江来水影响分析[J]/邹红梅，李世强，陈瑜彬//人民长江，2011（6）

2107. 基于TRMM数据的汉江流域1998年-2010年降水变化特征[J]/李景刚，黄诗峰//南水北调与水利科技，2011（6）

2108. 汉江上游降雨变化时空分析[J]/刘俊新，侯钦磊，陈姗姗//地下水，2011（6）

2109. 汉江上游径流演变趋势及影响因素分析[J]/李桃英，殷峻暹，张丽丽，赵红莉//人民长江，2011（9）

2110. 浅析汉中断陷盆地西部水文地质条件［J］/邸西京//中国科技信息，2011（10）

2111. 呵护汉江，让一江清水送北京［J］/成文心，王振淳，丁爱萍//楚天主人，2011（10）

2112. 汉江中下游供水风险敏感性分析［J］/常福宣，陈进，张洲英//长江科学院院报，2011（12）

2113. 基于SRTM DEM的陕南汉江上游流域水文特征模拟研究［J］/詹蕾//安徽农业科学，2011（16）

2114. 汉江流域致灾暴雨的天气学分析［C］/党红梅//中国气象学会.第28届中国气象学会年会——S3天气预报灾害天气研究与预报.中国气象学会：中国气象学会，2011（30）

2115. 长江防总科学调度应对汉江今年最大洪峰［J］/长江//人民长江，2011（4218）

2116. 秦岭南北河流不同时间尺度洪水水文学比较研究［D］/刘科.—陕西师范大学（硕士论文），2015

2117. 汉江流域极端水文事件时空分布特征［J］/杨卫，张利平，闪丽洁，陈心池，杨艳蓉//气候变化研究进展，2015（1）

2118. 崔家营枢纽修建对皇庄站水文要素的影响分析［J］/龚建华，杨彬，阳立群//水利水电快报，2015（1）

2119. 荆门因应汉江水文情势深刻变化的思考［J］/梁小青，蒋丹//荆楚学刊，2015（1）

2120. 地域性如何塑造——以汉江上游移民村营建为例［J］/李晓峰，谢超//华中建筑，2015（1）

2121. 城市水文存在的问题及如何解决［J］/邢辉，王继红，张炜//四川水泥，2015（5）

2122. 丹江口水库对汉江下游水文过程的影响［J］/黄金凤，夏军，佘敦先，李凌程//武汉大学学报（工学版），2015（6）

2123. 湖广移民遗存安在［J］/刘作忠//世纪行，2015（9）

2124. 丹江口汉江公路大桥建设对汉江水文情势的影响［J］/李世健，朱浩//中国公路，2015（13）

2125. 南水北调中线工程调水前汉江水文特性及变化［J］/李雨，郭卫，王雪//人民长江，2015（23）

2126. 鄂北调水工程对汉江中下游水文情势的影响［J］/邓志民，刘扬扬，樊皓//中国农

村水利水电，2017（4）

2127. 引汉济渭跨流域调水工程多目标风险调度研究［D］/武连洲．—西安理工大学（硕士论文），2020

2128. 基于引嘉济汉—引汉济渭的复杂跨流域调水工程协同调度研究［D］/李瑛．—西安理工大学（硕士论文），2020

2129. 汉江上游雨洪可利用量评估及对需水约束的响应［C］/邴建平，邓鹏鑫，徐长江//中国水利学会2020学术年会论文集第四分册，2020

2130. 南水北调中线工程供水潜力与外调水高效利用研究［D］/吴智健．—华北电力大学（北京）（硕士论文），2020

2131. "加筋土-扶壁式"堤防两级挡墙的有限元分析［D］/胡旻皓．—西安理工大学（硕士论文），2020

2132. 南水北调 生态建设的鲜活实践［J］/张永军//西部大开发，2020（1）

2133. 汉江碾盘山水利枢纽一期截流设计与施工技术［J］/陈烽，马辉文，李钊//水利建设与管理，2020（1）

2134. 基于MIKE 11模型的鹅头分汊型河道水面线及分流比计算［J］/顾盼，张洪霞，耿文杰，连雷雷，左建//陕西水利，2020（1）

2135. 汉江中下游闸站改造工程施工中出现的工程地质问题分析及解决方案［J］/冯大为//低碳世界，2020（1）

2136. 碾盘山水利水电枢纽工程河道采砂论证浅析［J］/林江武，廖明//水电与新能源，2020（1）

2137. 水库生态调度下汉江水环境因子及细菌群落变化特征［J］/梁俊，黄峰，黄睿，赵大勇，淳于训洲//水电能源科学，2020（2）

2138. 对仙桃市杜家台分蓄洪区情况的探讨与思考［J］/王昌炎//农村经济与科技，2020（2）

2139. 汉江流域梯级水库群优化调度研究［J］/马雅丽，彭昆//水利规划与设计，2020（2）

2140. 三峡工程运用后坝下游河道泥沙输移变化规律［J］/郭小虎，渠庚，刘亚，刘心愿//湖泊科学，2020（2）

2141. 汉江流域水量调度协商会议制度探索与实践［J］/戴昌军//人民长江，2020（3）

2142. 梁汉江上游石泉-安康梯级水库联合防洪调度研究［J］/艺缤，郭爱军，畅建霞//西安理工大学学报，2020（3）

2143. 丹江口水库入库径流变化特征分析［J］/张爱静，姚文锋，吴智健//人民长江，2020（3）

2144. 汉江中游河段来水来沙条件复杂变化分析［J］/陈立，房复康，袁晶，陈烁//泥沙研究，2020（3）

2145. 锥探灌浆在汉江大堤除险加固中的应用［J］/卢正雷//黑龙江水利科技，2020（04）

2146. 气候变化和水利工程对丹江口大坝下游水文情势的影响［J］/班璇，师崇文，郭辉，舒鹏//水利水电科技进展，2020（4）

2147. 汉江上游郧县段北宋时期古洪水事件研究［J］/王光朋，查小春，黄春长，庞奖励，张国芳//干旱区地理，2020（4）

2148. 汉江石泉水库洪水统计特性及基本规律分析［J］/巩祥照//水电与新能源，2020（5）

2149. 智慧无人船在丹江口水库水文泥沙监测中的应用［J］/李振鹏，涂进//水利水电快报，2020（5）

2150. 长江流域典型区河-库水文网络连通综合评估［J］/卜久贺，李春晖，王烜，杨薇，邵飞燕//水生态学杂志，2020（5）

2151. 基于随机理论的河道洪水扩散波模型改进［J］/齐凡，孙颖娜，谢世尧，李娜//人民长江，2020（5）

2152. 汉江流域及南水北调中线工程水量调度保障技术［J］/唐湘茜，雷静，吴泽宇，李书飞，马立亚//水利水电快报，2020（6）

2153. 汉江干堤重点堤防段加固结构措施优化的探索与实践［J］/杨香东//水利建设与管理，2020（08）

2154. 基于耗水视角的水资源承载能力及其支撑流域调水规模研究［J］/常文娟，董鑫，马海波，房昊天//长江科学院院报，2020（9）

2155. 汉江兴隆-泽口河段演变及枯水位变化分析［J］/宾贝丽，由星莹//中国农村水利水电，2020（9）

2156. 基于GIS和Logistic回归模型的洪涝灾害区划研究［J］/王鹏，邓红卫//地球科学进展，2020（10）

2157. 目标函数不确定性对汉江安康以上流域水文模拟的影响［J］/夏正兵，邱鹏//水电能源科学，2020（10）

2158. 流域水资源消耗结构与产业结构高级化适配性研究［J］/张丽娜，吴凤平，张陈

俊，庞庆华，于倩雯//系统工程理论与实践，2020（11）

2159. 不同时期水文模型参数的不确定性研究［J］/李鑫，闫成山，朱龙腾，孙伟，赵学贤//水电能源科学，2020（11）

2160. 关于汉江孤山航电枢纽工程蓄水安全鉴定的思考［J］/王彤彤//中国水能及电气化，2020（11）

2161. 汉江雅口航运枢纽工程施工期通航研究［J］/张信伟，孙保虎，胡峰军，罗亮明，白国文//水运工程，2020（12）

2162. 丹江口大坝二期规模运用后坝下冲刷坑变化分析［J］/夏志培，张洪霞，涂进//河南科技，2020（19）

2163. 湖北汉江干堤除险加固工程结构设计与施工［J］/杨香东//中国水利，2020（22）

2164. 南水北调中线工程运用以来汉江中下游水文情势演变分析［A］/李雨，陈金凤，刘秀林//河海大学、阿拉善右旗人民政府.2021中国水资源高效利用与节水技术论坛论文集［C］.河海大学、阿拉善右旗人民政府：北京沃特咨询有限公司，2021

2165. 南水北调中线工程运行对汉江丹-襄区间水文情势变化的影响研究［J］/黄朝君，王栋，秦赫//水利水电快报，2021（12）

12　汉水生态

2166. 基于RS/GIS的汉江流域中下游生态安全预研究［C］/曾群//中国生态学会青年工作委员会.第五届中国青年生态学工作者学术研讨会论文集.中国生态学会青年工作委员会：广东省科学技术协会科技交流部，2008

2167. 汉江中下游城市化进程中的水资源问题和对策研究［D］/陈诚.—华中师范大学（硕士论文），2008

2168. 水厂废水水质特征及污染物在流动水体中迁移规律研究［D］/赵斐然.—武汉理工大学（硕士论文），2008

2169. 汉江中游银鮈的繁殖生物学和早期发育研究［D］/李修峰.—华中农业大学（硕士论文），2008

2170. 汉江流域人为干扰测度研究［D］/曾智慧.—华中师范大学（硕士论文），2008

2171. 长江、汉江（武汉）水源水及自来水中非挥发性有机物致突变性及类雌激素效应的比较［D］/杨晓明.—华中科技大学（硕士论文），2008

2172. 汉江水源末梢水中有机物检测及其非极性成分与藻毒素联合作用的研究［D］/彭晓琳. —华中科技大学（硕士论文），2008

2173. 丹江水利枢纽兴建后汉江四大家鱼早期资源及其演变［C］/谢文星//中国水产学会.2008年中国水产学会学术年会论文摘要集.中国水产学会：中国水产学会，2008

2174. 引江济汉工程对汉江中下游生态环境影响［J］/王婷婷，张万顺，彭虹，朱齐艳，张斌//南水北调与水利科技，2008（1）

2175. 实施联合水量调配防止汉江中下游产生水华［J］/戴昌军，张玻华，管光明//湖北水力发电，2008（1）

2176. 汉江流域鸭科鸟类的调查［J］/王中裕，王琦，毛治彦，张海斌//四川动物，2008（1）

2177. 河道生态流量计算方法综述及在汉江上游的应用研究［J］/常福宣，陈进，黄薇//南水北调与水利科技，2008（1）

2178. 蛋白核小球藻生长与汉江水体磷形态相关性的研究［J］/田建茹，周培疆，付云，况琪军，宋立荣//水生生物学报，2008（2）

2179. 关于跨区域工业水污染解决机制的思考——以汉江的最大支流唐白河为例［J］/高海平//华商，2008（3）

2180. 中德专家联手修复汉江发源地水土保持［J］/长江科学院院报，2008（3）

2181. 基于关键物种繁殖的汉江中游生态需水量计算方法［J］/孙义，邵东国，顾文权//南水北调与水利科技，2008（3）

2182. 水文-水力耦合法河流生态需水量计算方法研究［J］/吕文丽，张旭//电网与水力发电进展，2008（4）

2183. 河流水质风险评估模型与应用［J］/周琼//人民珠江，2008（4）

2184. 武汉市水源水及其自来水中有机物致突变性研究［J］/郑京哲，杨晓明，董小蓉，唐非，毕勇毅//公共卫生与预防医学，2008（4）

2185. 汉江流域水资源配置模拟模型研究［J］/李媛媛，杨辉辉//人民珠江，2008（4）

2186. 汉江中下游突发性水污染事故污染物运移扩散模型［J］/王庆改，赵晓宏，吴文军，杨木水，马强，刘坤//水科学进展，2008（4）

2187. 湖北汉江流域环境管理探讨［J］/张金鑫，张明//环境科学与技术，2008（5）

2188. 汉中水源涵养林建设探讨［J］/梁引库，傅明星，李雷权，张晓娟//西北林学院学报，2008（5）

2189. 丹江口水库恢复正常调度 汉江污染得到有效改善［J］/长江//人民长江，2008

（6）

2190. 制度优化——生态认证与汉江上游水土保持实践［J］/延军平，肖雁，任志艳//中国水土保持，2008（6）

2191. 科学利用水资源 实现旬阳率先突破发展［J］/李瑞清//陕西水利，2008（6）

2192. 汉江下游防洪形势分析及预测［J］/向德明，杜佐道，皮凌华，郭启田//科技创业月刊，2008（8）

2193. 湖北汉江流域水华事件处置的启示［J］/张剑鸣，袁道凌，施立仁，骆武山//中国应急管理，2008（9）

2194. 汉江一级阶地不同类型灰潮土肥力差异性分析［J］/安昀，罗才军，王应军，慕琳//安徽农业科学，2008（11）

2195. 老河口市开展专项行动 全力整治非法捕捞行为［J］/秦海燕//渔业致富指南，2008（13）

2196. 汉江丹江口水库水质变化趋势研究［J］/刘秀花，胡安焱//人民长江，2008（15）

2197. 湖北省天门市600万尾鱼苗放流汉江［J］/苏文涛//渔业致富指南，2008（15）

2198. 基于ARCGIS量算法在水资源评价中的应用［J］/吕孙云，陈金凤，王政祥//人民长江，2008（17）

2199. 汉江流域地表水资源可利用量分析［J］/张明波，张洪刚，张翔，徐德龙，陈晓丹//人民长江，2008（17）

2200. 汉江上游水资源量变化趋势分析［J］/李明新，吕孙云，徐德龙//人民长江，2008（17）

2201. 谷城建成5万亩湿地生态园［J］/李涛//中国林业，2008（20）

2202. 博弈论模型在解决水资源冲突上的运用［J］/魏守科，Albrecht Gnauck，雷阿林//人民长江，2008（23）

2203. 武汉江段水质综合监测与评价［J］/卓海华，朱志勋，兰静，郑红艳，周伟//人民长江，2008（23）

2204. 武汉市金银湖动态水网构建思路与方法初探［J］/李志军，李德旺，雷明军//人民长江，2008（23）

2205. 汉江流域实施排污权交易初始分配的实践研究［J］/王孟，叶闽，肖彩//人民长江，2008（23）

2206. 基于突变理论的汉江水华预警模型［C］/段唯鑫//湖北省气象学会.2008年湖北省气象学会学术年会学术论文详细文摘汇集.湖北省气象学会：湖北省科学技术协

会，2008（41）

2207. 引江济汉必须统筹兼顾保护耕地与提高综合效益［C］/易贤命//中国自然资源学会水资源专业委员会、中国地理学会水文地理专业委员会、中国水利学会水文专业委员会、中国水利学会水资源专业委员会、中国可持续发展研究会水问题专业委员会.水系统与水资源可持续管理——第七届中国水论坛论文集.中国自然资源学会水资源专业委员会、中国地理学会水文地理专业委员会、中国水利学会水文专业委员会、中国水利学会水资源专业委员会、中国可持续发展研究会水问题专业委员会：中国水利水电出版社，2009

2208. 基于GIS汉江流域中下游地区生态安全的评价［D］/张超.—华中师范大学（硕士论文），2009

2209. 基于GIS汉江襄樊段水环境容量数据库研发［D］/谢宏.—华中科技大学（硕士论文），2009

2210. 水—土环境中农药迁移富集规律研究［D］/周瑜.—中国地质大学（硕士论文），2009

2211. 人为干扰对汉江流域生态安全的影响［D］/孙晓雪.—华中师范大学（硕士论文），2009

2212. 汉江上游旬阳水电站对安康水源地的影响及库区整体水质预测研究［D］/吴文娟//西安理工大学，2009

2213. 汉江下游农田灌溉水污染物质量浓度及风险评价——以天门市为例［C］/沈体忠//中国农业生态环境保护协会、农业部环境保护科研监测所.第三届全国农业环境科学学术研讨会论文集.中国农业生态环境保护协会、农业部环境保护科研监测所：中国农业生态环境保护协会，2009

2214. 汉江中下游非点源污染对水质的影响研究［C］/沈虹//中国地理学会（The Geographical Society of China）.中国地理学会百年庆典学术论文摘要集.中国地理学会（The Geographical Society of China）：中国地理学会，2009

2215. 跨流域调水工程对陆生生态的影响评价研究［D］/刘金珍.—华中师范大学（硕士论文），2009

2216. 长江主要输沙支流泥沙性质比较及其对河口沉积物来源判别的指示意义［D］/陈曦.—华东师范大学（硕士论文），2009

2217. 长江中游新石器时代文化与生态环境关系研究［D］/笪浩波.—华中师范大学（硕士论文），2009

2218. 汉江襄樊段水环境容量研究［D］/陈钊. —华中科技大学（硕士论文），2009
2219. 气候变化对汉江流域水资源的影响（英文）［C］/GUO Shenglian~+，GUO Jing，ZHANG Jun，CHEN Hua（State Key Laboratory of Water Resources and Hydropower Engineering Science，Wuhan University，Wuhan 430072，China）//中国工程院、水利部.Collection of 2009 International Forum on Water Resources and Sustainable Development.中国工程院、水利部：中国水利学会，2009
2220. 汉江堵河流域地表水质时空变化特征［J］/顾胜，李思悦，张全发//长江流域资源与环境，2009（1）
2221. 汉江中下游河道内生态需水满足率初探［J］/徐杨，常福宣//长江科学院院报，2009（1）
2222. 汉中市城区地下水水质评价与分析［J］/常彩屏，郑楠，郑和平//陕西理工学院学报（自然科学版），2009（2）
2223. 汉江中下游"四大家鱼"自然繁殖的生态水文特征［J］/张晓敏，黄道明，谢文星，冯瑞萍，杨汉运，胡望斌//水生态学杂志，2009（2）
2224. 丹江口水利枢纽兴建后汉江中下游四大家鱼等早期资源及其演变［J］/谢文星，黄道明，谢山，杨汉运，俞伏虎，张晓敏，雷欢//水生态学杂志，2009（2）
2225. 江汉平原主要河流沉积物重矿物特征与物源区岩性的响应［J］/康春国，李长安，邵磊//第四纪研究，2009（2）
2226. 汉中市地下水水质动态变化原因分析［J］/常彩屏，郑楠，郑和平//水资源与水工程学报，2009（3）
2227. 汉江硅藻水华优势种的形态及18S rDNA序列分析［J］/郑凌凌，宋立荣，吴兴华，庄惠如//水生生物学报，2009（3）
2228. 走进鄂西生态文化旅游圈 襄樊篇［J］/政策，2009（3）
2229. 湖北省钟祥市汉江河谷平原区浅层孔隙水的脆弱性评价［J］/袁建飞，郭清海//地质科技情报，2009（4）
2230. 汉江上游金水河流域非点源污染及控制［J］/卜红梅，王岑，张全发//水土保持学报，2009（4）
2231. 汉江上游金水河流域近50年气候变化特征及其对生态环境的影响［J］/卜红梅，党海山，张全发//长江流域资源与环境，2009（5）
2232. 汉江安康段排污口近区污染扩散规律［J］/冯民权，胡芳，吴波，党志良//西北大学学报（自然科学版），2009（5）

2233. 浅析汉江生态网箱养殖技术［J］/王艳芝//陕西水利，2009（5）

2234. 流域水量水质耦合水资源配置［J］/张万顺，方攀，鞠美勤，王艳，王彩艳//武汉大学学报（工学版），2009（5）

2235. 走进鄂西生态文化旅游圈 十堰篇［J］/政策，2009（7）

2236. 汉江多参数水质连续自动在线监测系统［J］/曾洪涛，符向前，蒋劲，肖志怀，郭江//中国农村水利水电，2009（9）

2237. 丹江口水库对汉江中下游影响的生态学分析［J］/史方方，黄薇//长江流域资源与环境，2009（10）

2238. 汉江中下游水华研究项目启动［J］/人民长江，2009（11）

2239. 丹江口水库入库河流总氮通量监测［J］/宋国强，殷明，张卫东，姜波//环境科学与技术，2009（12）

2240. 安康市水体中重金属含量的测定研究［J］/王秋利//安徽农学通报（下半月刊），2009（14）

2241. 长江流域湖泊水库水华防治对策［J］/臧小平，吴国平，涂敏//人民长江，2009（21）

2242. 关于发挥汉江防护林综合效益的探讨［J］/魏顺新，刘伦华，杜佐祥//现代经济信息，2009（24）

2243. 汉江流域生态补偿探析［J］/许丽丽//安徽农业科学，2009（28）

2244. 基于水文—生态耦合的汉江流域水资源可持续管理研究（英文）［C］/ZHANG Xiang~（1+），XIA Jun~2（1.State Key Laboratory of Water Resources and Hydropower Engineering Science，Wuhan University，Wuhan 430072，China，2.Key Laboratory of Water Cycle and Related land Surface Processes，IGSNRR，CAS，Beijing 100101，China）//中国工程院、水利部.Collection of 2009 International Forum on Water Resources and Sustainable Development.中国工程院、水利部：中国水利学会，2009：142.

2245. 武汉滨湖景观变迁实证研究［D］/武静//华中科技大学，2010

2246. 汉江中下游铜锈环棱螺重金属分布及生物指示作用［D］/高宝峰. —华中农业大学（硕士论文），2010

2247. 跨流域调水对汉江中下游生态环境影响及对策［C］/徐少军//湖北省水利学会.实行最严格水资源管理制度高层论坛优秀论文集.湖北省水利学会：湖北省水利学会，2010

2248. 蔡甸区高螺河水环境现状及可持续发展对策研究［C］/汤艳萍//武汉市人民政府."两区"同建与科学发展——武汉市第四届学术年会论文集.武汉市人民政府：湖北省科学技术协会，2010

2249. 大型跨流域调水水源区生态补偿研究［D］/史淑娟//西安理工大学，2010

2250. 梯级水利枢纽开发对汉江中下游水质影响研究［C］/石妍妍//中国自然资源学会水资源专业委员会、中国地理学会水文地理专业委员会、中国水利学会水资源专业委员会、中国水利学会水文专业委员会、中国可持续发展研究会水问题专业委员会.农业、生态水安全及寒区水科学——第八届中国水论坛摘要集.中国自然资源学会水资源专业委员会、中国地理学会水文地理专业委员会、中国水利学会水资源专业委员会、中国水利学会水文专业委员会、中国可持续发展研究会水问题专业委员会：中国自然资源学会，2010

2251. 气候变化对流域水循环和水资源影响的研究［D］/郭靖.—武汉大学（硕士论文），2010

2252. 我国汉江流域生态保护法律规制研究［D］/王能晓.—西安建筑科技大学（硕士论文），2010

2253. 刘羽.基于水权与排污权交易的汉江流域水资源管理模式探讨［C］/王能晓//中国自然资源学会水资源专业委员会、中国地理学会水文地理专业委员会、中国水利学会水资源专业委员会、中国水利学会水文专业委员会、中国可持续发展研究会水问题专业委员会.农业、生态水安全及寒区水科学——第八届中国水论坛摘要集.中国自然资源学会水资源专业委员会、中国地理学会水文地理专业委员会、中国水利学会水资源专业委员会、中国水利学会水文专业委员会、中国可持续发展研究会水问题专业委员会：中国自然资源学会，2010

2254. 从水动力和营养角度探讨汉江硅藻水华发生机制的研究［D］/王培丽.—华中农业大学（硕士论文），2010

2255. 为了母亲河的清澈与甘甜——湖北省汉江流域水污染防治审计调查纪实［J］/审计月刊，2010（1）

2256. 汉江襄樊段水环境现状与污染防治分析［J］/邓睿，川页，朱绍萍//环境科学与技术，2010（1）

2257. 汉江上游鲫鱼RAPD遗传多样性研究［J］/张涛，路宏朝//贵州农业科学，2010（1）

2258. 西汉水流域典型林草地侵蚀特征分析［J］/贾艳红，王兆印，漆力健//农业工程学

报，2010（1）

2259. 武汉月湖水体主要元素与浮游植物的PCA与CCA分析［J］/胡胜华，张世羊，贺锋，周巧红，徐栋，吴振斌//生态环境学报，2010（1）

2260. 水库调度对大坝下游河道生态径流的影响［J］/韩帅，夏自强，刘猛，孙飞飞//水资源保护，2010（1）

2261. 谷城汉江湿地公园的生态水系规划［J］/张晓云//湿地科学与管理，2010（1）

2262. 考虑蓝、绿水区别的水权界定研究［J］/熊莹，吕孙云，梅亚东，李娜//人民长江，2010（1）

2263. 基于水资源价值的陕西水源区生态补偿量研究［J］/李怀恩，庞敏，肖燕，史淑娟//西北大学学报（自然科学版），2010（1）

2264. 长江、汉江水源水及其自来水中有机物生物毒性的比较［J］/董小蓉，杨晓明，鲁翌，马鲲鹏，鲍洁，张昊天，唐非//中国环境科学，2010（2）

2265. 水环境现状与污染防治分析——以汉江襄樊段为例［J］/邓睿，川页，李欢欢//农村经济与科技，2010（2）

2266. 水利工程对汉江中下游水文生态的影响［J］/胡安焱，张自英，王菊翠//水资源保护，2010（2）

2267. 长江中游水环境的变迁与城市的演变［J］/黄建武，田文宇，揭毅，张海林//华中师范大学学报（自然科学版），2010（2）

2268. 汉江挥发、半挥发有机污染物分析技术研究［J］/张文漫，马先锋，韩长绵，罗军，刘明阳，曾强//华中师范大学学报（自然科学版），2010（2）

2269. 基于SWAT模型的汉江流域水资源对气候变化的响应［J］/夏智宏，周月华，许红梅//长江流域资源与环境，2010（2）

2270. 丹江口水库大型底栖动物群落结构及其水质生物学评价［J］/张敏，邵美玲，蔡庆华，徐耀阳，王岚，孔令惠//湖泊科学，2010（2）

2271. 丹江口大坝加高后对汉江中上游斯氏并殖吸虫流行的影响［J］/张光玉，郭鄂平，杨树国//现代预防医学，2010（2）

2272. 汉水流域安康段的水土流失及对环境影响分析［J］/杨万盈//内蒙古农业科技，2010（3）

2273. 汉江流域安康段水污染现状及防治对策［J］/刘波//现代物业（中旬刊），2010（3）

2274. 建立汉江中下游地区生态补偿机制及其对策研究［J］/赵霞//水利经济，2010

（4）

2275. 汉江流域紫阳段水体保护问题探讨［J］/刘波//三峡环境与生态，2010（4）

2276. 浅议安康市汉江绿化治理存在问题与对策［J］/李家贵//陕西林业，2010（4）

2277. 武汉市汉江和长江水源饮用水中有机物污染谱系分析［J］/向伦辉，郭祖鹏，李明珠，袁国平，吴志刚//上海预防医学，2010（5）

2278. 汉江中下游土壤侵蚀及颗粒态非点源磷负荷研究［J］/沈虹，张万顺，彭虹//水土保持研究，2010（5）

2279. 汉江上游金水河流域森林植被对水环境的影响［J］/卜红梅，党海山，张全发//生态学报，2010（5）

2280. 丹江口水库浮游轮虫群落季节变动特征及其与环境因子的关系［J］/孔令惠，蔡庆华，徐耀阳，王岚，张敏//湖泊科学，2010（6）

2281. 汉江河谷地区椪柑急性炭疽病发生特点及其综合防治技术［J］/王开昌，常发杰，王平杰，李光富//湖北植保，2010（6）

2282. 汉江水质与污染物的时空差异分析［J］/望志方，张煦//华中农业大学学报，2010（6）

2283. 气象水文因素对湖北省长江及汉江流域血吸虫病疫情的影响［J］/彭惠玲，岑丽萍，龚新国，范宏萍，张流波，刘雄，黄文均，王维//中国血吸虫病防治杂志，2010（6）

2284. 气候变化对地表水资源可利用量影响的不确定性分析——以汉江上游为例［J］/张翔，夏军//资源科学，2010（6）

2285. 武汉市饮用水中有机提取物对HepG2细胞DNA的损伤作用［J］/向伦辉，鲁文清，吴志刚，李明珠，袁国平//职业与健康，2010（9）

2286. 汉江上游水中溶解性重金属的空间分布及来源分析［J］/卜红梅，朱明勇，张全发//中国给水排水，2010（9）

2287. 跨流域调水对汉江中下游生态环境影响及对策［J］/徐少军，林德才，邹朝望//人民长江，2010（11）

2288. 汉江中下游流域生态环境保护与可持续发展策略［J］/李权国，张中旺//贵州农业科学，2010（12）

2289. 基于抽样技术的汉江上游土地利用现状调查研究［J］/冀文慧//改革与开放，2010（16）

2290. 汉江安康段及其流域水资源调查报告［J］/王秋利//安徽农学通报（下半月刊），

2010（20）

2291. 汉江安康段生态治理的现状与思考［J］/李家贵//科技信息，2010（23）

2292. 武汉城市圈水安全评价指标体系与标准［C］/杨丰顺//中国机械工程学会、湖北省人民政府.科技引领产业、支撑跨越发展——第六届湖北科技论坛论文集萃.中国机械工程学会、湖北省人民政府：湖北省科学技术协会，2011

2293. 汉江武汉段全氟有机化合物的分布及风险评价［C］/朱湖地//中国化学会环境化学专业委员会、中国环境科学学会环境化学分会、中国毒理学会分析毒理专业委员会.第六届全国环境化学大会暨环境科学仪器与分析仪器展览会摘要集.中国化学会环境化学专业委员会、中国环境科学学会环境化学分会、中国毒理学会分析毒理专业委员会：中国化学会，2011

2294. 陕西汉江流域冬季水鸟群落多样性与分布格局［D］/李涛. —陕西师范大学（硕士论文），2011

2295. 面向崔家营库区水环境的船舶发展及对策研究［D］/杨良军. —武汉理工大学（硕士论文），2011

2296. 陕南汉江流域生态补偿的研究［D］/张自英. —长安大学（硕士论文），2011

2297. 水资源及其变化的区域环境影响机制［D］/殷正雄. —华中师范大学（硕士论文），2011.

2298. 全球气候变化下汉中市冬小麦气候适应度和风险度评价［D］/王新华. —陕西师范大学（硕士论文），2011

2299. 汉江"水华"治理问题研究［D］/邱炬亨. —华中科技大学（硕士论文），2011

2300. 汉江国家湿地公园过渡区适应性研究［D］/龚沁春. —清华大学（硕士论文），2011

2301. 基于GIS的汉江襄樊段环境容量管理系统研究［D］/冯兆洋//华中科技大学（硕士论文），2011

2302. 汉江上游地区小稻蝗的谱系地理学研究［D］/靳羽嘉//陕西师范大学（硕士论文），2011

2303. 流域开发的生态效应问题初探［C］/张雷//中国环境科学学会.2011中国环境科学学会学术年会论文集（第一卷）.中国环境科学学会：中国环境科学学会，2011

2304. 江汉平原河网区水环境容量研究［D］/叶紫. —武汉工程大学（硕士论文），2011

2305. 汉江下游地下水中污染物质量浓度及其健康风险评价——以天门市为例［C］/沈

体忠//中国农业生态环境保护协会.十一五农业环境研究回顾与展望——第四届全国农业环境科学学术研讨会论文集.中国农业生态环境保护协会：中国农业生态环境保护协会，2011

2306. 汉江中下游非点源磷负荷对水质的影响［J］/沈虹，张万顺，彭虹，彭建//武汉大学学报（工学版），2011（1）

2307. 铜锈环棱螺对汉江中下游重金属污染的指示作用［J］/高宝峰，何力，张征，甘金华，贺刚//湖北农业科学，2011（1）

2308. 汉江源头区水质分析与评价［J］/王延安//陕西水利，2011（1）

2309. 陕南汉江流域生态补偿的定量标准化初探［J］/张自英，胡安焱，向丽//水利水电科技进展，2011（1）

2310. 明清汉江中上游地区鹿茸麝香地理初探［J］/王瑞，王元林//农业考古，2011（1）

2311. 长江、汉江江滩土壤环境差异对钉螺孳生的影响［C］/明珍平//Chinese Society of Parasitology、China Association for Science and Technology.中国动物学会寄生虫学专业委员会第十三次全国学术会议暨第四次国际寄生虫学学术研讨会论文摘要集.Chinese Society of Parasitology、China Association for Science and Technology：中国动物学会寄生虫学专业委员会，2011

2312. 汉江流域控制断面生态基流量的确定［J］/罗小勇，邱凉//人民长江，2011（2）

2313. 汉江汉中段水质调查与分析［J］/张涛，任昭，王凤金，李江//农业环境与发展，2011（2）

2314. 汉滨区水污染防治对策［J］/孟宪鸿//陕西水利，2011（3）

2315. 汉江流域安康区退耕还林不同生物生产状况及水土保持情况分析［J］/杨万盈//内蒙古农业科技，2011（3）

2316. 襄阳市结合汉江流域水环境综合治理推进标准化养殖［J］/王水生，徐忠超，谌春燕，刘杰，邵明运//中国畜牧兽医文摘，2011（4）

2317. 汉江中下游产漂流性卵鱼类早期资源现状的初步研究［J］/水生态学杂志，2011（4）

2318. 汉江中下游早春冠盘藻（Stephanodiscus hantzschii）水华暴发过程及其成因初探［J］/殷大聪，郑凌凌，宋立荣//长江流域资源与环境，2011（4）

2319. 汉江流域水污染现状及污染源调查［J］/环境科学导刊，2011（5）

2320. 浅谈如何做好旬阳县汉江绿化工作［J］/温晓黎，沈维智//陕西林业，2011（5）

2321. 基于生态恢复的湿地景观资源的利用与保护——对汉中市区段汉江湿地系统开发建设的设想［J］/张可跃//陕西农业科学，2011（5）

2322. 安康水资源调查分析研究［J］/王秋利//陕西农业科学，2011（5）

2323. 陕西省丹汉江流域土地利用时空变化动态分析［J］/陈磊，李占斌，李鹏，刘晓君，高海东//水土保持通报，2011（5）

2324. 加快汉江绿化建设步伐 实现汉滨林业突破发展［J］/晏传莲//陕西林业，2011（6）

2325. 陕西省丹汉江流域面源污染现状及防治对策［J］/王星，李占斌，李鹏，张林红//水土保持通报，2011（6）

2326. 汉江流域降水持续天数分布［J］/陈燕飞，张翔//长江流域资源与环境，2011（6）

2327. 秦岭生态保护区鱼类多样性研究［J］/周小愿，韩亚慧，高宏伟//生态科学，2011（6）

2328. 汉江沿岸难点部位造林技术探析［J］/温晓黎，沈维智//陕西林业，2011（6）

2329. 流域开发的生态效应问题初探［J］//张雷，黄园淅，程晓凌，杨波，李江苏//资源科学，2011（6）

2330. 丹江口水库浮游植物时空动态及影响因素［J］/申恒伦，徐耀阳，王岚，张敏，孔令惠，蔡庆华//植物科学学报，2011（6）

2331. 低碳时代金融支持保护汉江水资源的建议［J］/中国人民银行安康市中心支行课题组，刘永康//西部金融，2011（7）

2332. 中国主要流域河蚬［Corbicula fluminea（Müller，1774）］形态及其对环境的适应性［J］/周会，刘丛强，闫慧，丁文慈，王兵，江伟，赵彦龙//生态学杂志，2011（7）

2333. 基于生态足迹指数的汉江流域可持续发展评估［J］/常文娟，梁忠民，戴昌军，管光明//水电能源科学，2011（8）

2334. 构建嘉陵江和汉江上游的生态屏障［J］/王成军//绿色中国，2011（9）

2335. 秦岭南北1951-2009年的气温与热量资源变化［J］/周旗，卞娟娟，郑景云//地理学报，2011（9）

2336. 沧浪之水浊兮，警钟当重敲长鸣［J］//李明月/珠江水运，2011（9）

2337. 汉水扁尾薄鳅在渭水河流域首次发现［J］/王启军，罗磊，赵虎//河北渔业，2011（11）

2338. 汉江上游谷地全新世风成黄土及其成壤改造特征［J］/庞奖励，黄春长，周亚利，查小春，王朝建//地理学报，2011（11）

2339. 南北同旱背景下汉江中下游用水安全思考［J］/赵霞//学习月刊，2011（13）

2340. 汉江上游金水河流域土壤常量元素迁移模式［J］/何文鸣，周杰，张昌盛，张全发//生态学报，2011（14）

2341. 强化污水处理 促进循环清洁发展——记汉中市城市污水处理厂［J］/环境保护，2011（24）

2342. 汉江流域防洪与鄂北水资源配置［C］/王忠法//中国水利学会.中国水利学会2012学术年会特邀报告汇编.中国水利学会：中国水利学会，2012

2343. 旬阳东段汉江全新世古洪水研究［C］/王龙升//地理学会、河南省科学技术协会.中国地理学会2012年学术年会学术论文摘要集.中国地理学会、河南省科学技术协会：中国地理学会，2012

2344. 基于RS/GIS的水电梯级开发对汉江上游陆生生态环境影响研究［D］/王海杰.—西北大学（硕士论文），2012

2345. 万源市构建嘉陵江和汉江上游的生态屏障探索与思考［C］/王成军//四川省科学技术协会、南充市人民政府.第六届四川省博士专家论坛论文集.四川省科学技术协会、南充市人民政府：四川省科学技术协会学会部，2012

2346. 汉江上游安康东段古洪水事件光释光测年研究［C］/周亮//中国地理学会、河南省科学技术协会.中国地理学会2012年学术年会学术论文摘要集.中国地理学会、河南省科学技术协会：中国地理学会，2012

2347. 黄金峡水电站建设对汉江西乡水产种质资源保护区鱼类资源的影响预测及保护措施研究［D］/邢娟娟.—西北大学（硕士论文），2012

2348. 流域环境治理法律问题及其对策建议［D］/伍寅啸.—中国社会科学院研究生院（硕士论文），2012

2349. 水安全视角下水体干预行为评估研究［D］/雷丽萍.—华中科技大学（硕士论文），2012

2350. 汉江上游和渭河流域全新世沉积物光释光测年研究［D］/王恒松.—陕西师范大学（硕士论文），2012

2351. 水电站大坝温度监测系统应用研究［D］/张亚川.—长安大学（硕士论文），2012

2352. 汉江堤防白蚁防治实践和对策研究［C］/肖立国//湖北省昆虫学会、湖南省昆虫学

会、河南省昆虫学会.华中昆虫研究（第八卷）.湖北省昆虫学会、湖南省昆虫学会、河南省昆虫学会：河南省昆虫学会，2012

2353. 汉江流域生态治理和补偿存在的问题及对策［C］/高全成//陕西省决策咨询委员会、陕西省政府研究室、陕西省社会科学院、陕西省社会科学界联合会、陕西省城市经济文化研究会.大关中发展研究（第六辑）.陕西省决策咨询委员会、陕西省政府研究室、陕西省社会科学院、陕西省社会科学界联合会、陕西省城市经济文化研究会：陕西省社会科学界联合会，2012

2354. 汉江流域地表水资源量演变规律研究［C］/李响//水利部水文局、国际水文计划（IHP）中国国家委员会、国际水文科学协会（IAHS）中国国家委员会、中国水利学会水文专业委员会.中国水文科技新发展——2012中国水文学术讨论会论文集.水利部水文局、国际水文计划（IHP）中国国家委员会、国际水文科学协会（IAHS）中国国家委员会、中国水利学会水文专业委员会：中国水利学会水文专业委员会，2012

2355. 陕南水环境容量与生态补偿研究［D］/白涓．—西北大学（硕士论文），2012

2356. 汉江上游历史时期主要气象灾害特征及其社会影响研究［D］/彭维英．—陕西师范大学（硕士论文），2012

2357. 2011年汉江秋汛杜家台分流水文特征浅析［C］/刘志文//水利部水文局、国际水文计划（IHP）中国国家委员会、国际水文科学协会（IAHS）中国国家委员会、中国水利学会水文专业委员会.中国水文科技新发展——2012中国水文学术讨论会论文集.水利部水文局、国际水文计划（IHP）中国国家委员会、国际水文科学协会（IAHS）中国国家委员会、中国水利学会水文专业委员会：中国水利学会水文专业委员会，2012

2358. 湖北省汉江流域堤防白蚁危害现状及治理措施［J］/黄结新，朱卫华，彭海源，周运平//华中昆虫研究，2012

2359. "11.09"汉江洪水分析及预报调度［C］/段唯鑫//利部水文局、国际水文计划（IHP）中国国家委员会、国际水文科学协会（IAHS）中国国家委员会、中国水利学会水文专业委员会.中国水文科技新发展——2012中国水文学术讨论会论文集.水利部水文局、国际水文计划（IHP）中国国家委员会、国际水文科学协会（IAHS）中国国家委员会、中国水利学会水文专业委员会：中国水利学会水文专业委员会，2012

2360. 安康水电站生态径流调控研究［D］/池明茹．—南京信息工程大学（硕士论

文），2012

2361. 长江上游洪水与汉江洪水遭遇规律研究［J］/戴明龙，叶莉莉，刘圆圆//人民长江，2012（1）

2362. 安康市2011年"9.19"暴雨洪水分析［J］/毛成本，杨飞，朱前斌//陕西水利，2012（1）

2363. 汉水流域生态环境的历史变迁［J］/马彩虹，刘莉//陕西理工学院学报（社会科学版），2012（1）

2364. 汉江上游近50a来降水变化与暴雨洪水发生规律［J］/殷淑燕，黄春长//水土保持通报，2012（1）

2365. 汉江上游近50年降水序列变化及其干旱预测研究［J］/孟婵，殷淑燕//农业现代化研究，2012（1）

2366. 丹江口水库生态系统健康综合评价［J］/张红叶，蔡庆华，孔令惠，徐耀阳，张敏，王岚//应用与环境生物学报，2012（1）

2367. 江汉平原沉积物中含钛普通辉石对长江演化的示踪［J］/杨建，李长安，张玉芬，康春国，邵磊//地球科学（中国地质大学学报），2012（1）

2368. 汉江上游旬阳段古洪水水文学研究［J］/王龙升，黄春长，庞奖励，查小春，周亚利，许洁，李晓刚//陕西师范大学学报（自然科学版），2012（1）

2369. 湖北抗御2011年汉江秋季大洪水的启示［J］/孙又欣，李嗣军，谭巍//中国水利，2012（1）

2370. 汉江河口段近期河道演变规律分析［J］/童辉，袁晶，陈泽方//人民长江，2012（1）

2371. 汉江上游洪水特性复杂度分析［J］/黄宁波，王义民，苏保林//南水北调与水利科技，2012（1）

2372. 汉江与渭河大洪水滞流沉积物性质对比分析［J］/张玉柱，黄春长，庞奖励，查小春，周亚利，殷淑燕，王娟，王龙升//水土保持学报，2012（1）

2373. 科学调度 有效应对 长江流域防汛抗旱工作取得新成效［J］/中国防汛抗旱，2012（1）

2374. "汉江流域枇杷良种选育及产业化技术研究"通过国家林业局成果鉴定［J］/中国农村科技，2012（1）

2375. 国家发展改革委复函同意汉江孤山水电站开展前期工作［J］/四川水力发电，2012（1）

2376. 2011年全国洪涝灾害情况［J］/中国防汛抗旱，2012（1）

2377. 试点最严格水资源管理制度 汉江流域首开全国先河［J］/人民长江，2012（1）

2378. 在创先争优中构建"五心合一幸福汉水"［J］/学习月刊，2012（2）

2379. 汉江水华硅藻生物学特性初步研究［J］/殷大聪，黄薇，吴兴华，宋立荣//长江科学院院报，2012（2）

2380. 五种潜在蒸散发公式在汉江流域的应用［J］/张晓琳，熊立华，林琳，龙海峰//干旱区地理，2012（2）

2381. 对汉江中下游采砂规划修编的几点认识［J］/余长伍，张晚祺，翁朝晖//水电与新能源，2012（2）

2382. 汉江河谷地区几个柑橘重大病虫害发生特点及防治技术［J］/王平杰//果树实用技术与信息，2012（2）

2383. 基于MODIS的SEBAL模型在流域蒸散发反演中的应用［J］/邓志民，张翔，罗蔚//水电能源科学，2012（2）

2384. 汉江中下游硅藻水华形成条件及其防治对策［J］/梁开学，王晓燕，张德兵，周裕红//环境科学与技术，2012（2）

2385. 陕西省丹汉江流域退耕地恢复过程中的植被演替［J］/王星，李占斌，李鹏//应用生态学报，2012（2）

2386. 汉水流域生态环境历史变迁的社会因素分析［J］/马彩虹，刘莉//陕西理工学院学报（社会科学版），2012（2）

2387. 2011年汉江秋汛杜家台分流水文特征浅析［J］/刘志文//人民长江，2012（2）

2388. 汉江护堤护岸林现状与科学管理对策［J］/程卫祥，刘先文//湖北林业科技，2012（2）

2389. 汉江生态经济带建设［J］/陈家义//世纪行，2012（3）

2390. 陕南秦巴山区水资源特征分析及其合理开发［J］/梁林涛，段一飞//宁夏工程技术，2012（3）

2391. 汉江上游谷地黄褐土粒度组成特征及其意义［J］/王朝建，庞奖励，黄春长，查小春，周亚利//陕西师范大学学报（自然科学版），2012（3）

2392. 汉江上游湖北段低阶地风成黄土-古土壤释光测年研究［J］/顾洪亮，黄春长，周亚利，庞奖励，查小春，乔晶//第四纪研究，2012（3）

2393. 汉江流域生态治理存在的问题及对策［J］/高全成//陕西农业科学，2012（3）

2394. 汉江中上游湿地冬季水鸟资源调查［J］/王琦，李春明，王杨科，王中裕//氨基酸

和生物资源，2012（4）

2395. CCSM3模式下汉江流域设计暴雨计算［J］/张徐杰，许月萍，高希超，马冲//水力发电学报，2012（4）

2396. 汉江谷地气候变化及其对农作物气候生产力的影［J］/孟婵，殷淑燕，常俊杰//陕西农业科学，2012（4）

2397. 探索生态补偿良方，建设流域生态文明——评《汉江模式：跨流域生态补偿新机制》［J］/郭军//江汉论坛，2012（4）

2398. 上游郧西段全新世古洪水事件研究［J］/查小春，黄春长，庞奖励，周亚利//地理学报，2012（5）

2399. 清末以来陕西省汉江上游暴雨洪水灾害研究［J］/孟婵，殷淑燕，常俊杰//干旱区资源与环境，2012（5）

2400. 汉江上游郧西段全新世古洪水水文学研究［J］/虎亚伟，庞奖励，黄春长，查小春，周亚利，乔晶//自然灾害学报，2012（5）

2401. 汉中地区主要气象灾害时空分布特征分析［J］/胡江波，袁再勤，苏俊辉，杨睿敏//陕西农业科学，2012（5）

2402. 基于小波与R/S方法的汉江中下游流域降水量时间序列分析［J］/潘雅婧，王仰麟，彭建，沈虹，刘小茜//地理研究，2012（5）

2403. 汉江流域陕西境水生态现状及整治对策初探［J］/祁菁//陕西水利，2012（5）

2404. 关于汉江堤防防护林引种桉树的探讨［J］/谢拥军，黄华新//现代经济信息，2012（5）

2405. 汉江流域上游生态环境现状及治理措施［J］/赵佐平，闫莎，同延安，魏样//水土保持通报，2012（5）

2406. 汉江上游白河县河段现代洪痕调查与实测洪水校核［J］/赵英杰，查小春，黄春长，庞奖励//水土保持通报，2012（5）

2407. 洪水间隔时间分析［J］/张海波，金哲，叶南//广西水利水电，2012（5）

2408. 长江流域华西秋雨多发区"11·9"暴雨洪水分析［J］/尹志杰，孙春鹏，王金星//水文，2012（5）

2409. 论极端性洪水灾害与全球气候变化——以汉江和渭河洪水灾害为例［J］/殷淑燕，黄春长，查小春//自然灾害学报，2012（5）

2410. 汉江蜀河水电站入库洪水预报方案研究［J］/姚正平，周智民，杨号//西北水电，2012（6）

2411. 汉江流域降水、蒸发及径流长期变化趋势及持续性分析［J］/陈燕飞，张翔//水电能源科学，2012（6）

2412. 引汉济渭工程对汉江干流水电站径流量和发电量影响的初步分析［J］/李万绪//西北水电，2012（6）

2413. 汉江上游郧县辽瓦店全新世古洪水研究［J］/吴帅虎，庞奖励，黄春长，查小春，杨建超//水土保持通报，2012（6）

2414. 明珠耀汉江——记全国"五一劳动奖状"获得单位安康水电厂［J］/汪富能，周红英//代企业，2012（6）

2415. 钟祥市水生态修复的探讨［J］/戴贵爽//水利建设与管理，2012（6）

2416. 汉江上游1988—2007年间景观格局变化分析［J］/王海杰，刘康//水土保持通报，2012（6）

2417. 汉江王甫洲土石坝竖向位移变形分析［J］/龙辉海，程欣//水利天地，2012（7）

2418. 桃红颈天牛在汉江河谷地区发生特点及防治技术［J］/王平杰//现代农业，2012（8）

2419. 白河多措并举推进汉江绿化治理工程［J］/黄核庆，夏长菊//中国林业，2012（8）

2420. 杜家台分洪工程行洪道分流效果分析［J］/肖立国，王卫民，陶圣红，周海燕//国水利，2012（9）

2421. 旬阳东段汉江全新世古洪水研究［J］/王龙升，黄春长，庞奖励，查小春，周亚利，李晓刚，张玉柱//地理科学进展，2012（9）

2422. 1960—2011年秦岭南北气温和降水变化对植被净第一性生产力的影响研究［J］/蒋冲，王飞，穆兴民，李锐//西北植物学报，2012（9）

2423. 浅析汉江中下游河道水土资源的合理可持续开发利用［J］/谢拥军//中国集体经济，2012（9）

2424. 丹江口水库对汉江中下游径流的影响研究［J］/邹磊，杨惠敏//河南水利与南水北调，2012（10）

2425. 汉江上游洪涝灾害及其影响研究［J］/仇立慧，殷淑燕，黄春长，詹蕾，陈进海//干旱区资源与环境，2012（10）

2426. 汉江流域暴雨天气气候特征及其对农业生产的影响［J］/吉波，刘凯，陈平//安徽农学通报（下半月刊），2012（10）

2427. 汉江河谷地区柑橘始叶螨暴发成因及防控技术［J］/柯林//果树实用技术与信息，

2012（10）

2428. 丹江口库区柑橘始叶螨爆发成因及防控技术［J］/柯林//现代园艺，2012（11）

2429. 水源地生态补偿标准研究现状与指标体系设计——以汉江流域为例［J］/李小燕，胡仪元//生态经济，2012（11）

2430. 汉江流域防洪与鄂北水资源配置［J］/王忠法//水利发展研究，2012（12）

2431. 武汉市江汉区残联：播撒阳光 真情助残［J］/学习月刊，2012（12）

2432. 汉江（石泉段）流域水保生态修复探讨［J］/张春娟，刘强//安徽农业科学，2012（13）

2433. 湖北沙洋查处首起非法捕捞案件［J］/陶//渔业致富指南，2012（13）

2434. 基于模糊神经网络的汉江水质评价［J］/谭健，赵金梅，李娟，汪冰冰，于烨//科技信息，2012（16）

2435. 汉江安康百万鱼苗增殖放流活动启动仪式隆重举行［J］/李志安//渔业致富指南，2012（21）

2436. 汉江堤防白蚁危害现状及防治对策［J］/肖立国，刘联兵，余长伍，王卫民，郭俊//人民长江，2012（23）

2437. 跨流域生态补偿的"汉江模式"设计——《汉江模式：跨流域生态补偿新机制》评介［J］/传清//学习月刊，2012（24）

2438. 汉江上游一次大暴雨过程的诊断分析［J］/俊辉，徐钰//安徽农业科学，2012（31）

2439. 汉江堤防白蚁防治实践和对策研究［J］/肖立国，余长武，刘联兵//华中昆虫研究，2012（80）

2440. 汉江上游白河段万年尺度洪水水文学研究［C］/李晓刚//中国地理学会、河南省科学技术协会.中国地理学会2012年学术年会学术论文摘要集.中国地理学会、河南省科学技术协会：中国地理学会，2012（99）

2441. 湖北省汉江流域堤防白蚁危害现状及治理措施［C］/黄结新//湖北省昆虫学会、湖南省昆虫学会、河南省昆虫学会.华中昆虫研究（第八卷）.湖北省昆虫学会、湖南省昆虫学会、河南省昆虫学会：河南省昆虫学会，2012：243-246.

2442. 汉江流域生态补偿效益的评价研究［J］/岳思羽//环境科学导刊，2012（3102）

2443. 汉中盆地内梁山南缘断裂的活动性分析——以汉江大堤位置为例［J］/李晓妮，冯希杰，任隽，李高阳，李苗//地震研究，2012（3503）

2444. 深化水利改革开启打造我国水资源配置升级版——论构建南北运河引江济黄扭转

水资源低效配置［C］/易贤命//中国环境科学学会、环境保护部环境规划院、哈尔滨工业大学、哈尔滨师范大学、中国科学院南京地理与湖泊研究所.2013年水资源生态保护与水污染控制研讨会论文集.中国环境科学学会、环境保护部环境规划院、哈尔滨工业大学、哈尔滨师范大学、中国科学院南京地理与湖泊研究所：中国环境科学学会，2013

2445. 建国初期湖北省水灾与抗洪救灾研究（1949-1956）［D］/石武英．—华中师范大学（博士论文），2013

2446. 东湖和汉江武汉段水体中全氟有机物的空间分布特征研究［D］/王贝贝．—华中科技大学（硕士论文），2013

2447. 秦岭南北气候变化及其环境效应比较研究［D］/蒋冲．—西北农林科技大学（硕士论文），2013

2448. 汉阴县地质灾害危险性评价及群测群防体系建议［D］/赵振山．—长安大学（硕士论文），2013

2449. 汉江（陕西段）鱼类种类与群落结构组成的时空变化研究［D］/王晓臣．—西北大学（硕士论文），2013

2450. 基于水文效应分析的土地利用优化模式研究［D］/张青．—陕西师范大学（硕士论文），2013

2451. 十堰市郧县基本农田划定及空间布局优化的研究［D］/张劼．—湖北大学（硕士论文），2013

2452. 汉江襄阳段水污染经济损失分析与水资源保护对策［D］/张焕楚．—长安大学（硕士论文），2013

2453. 基于SWAT模型水文过程的尺度效应分析［D］/张东海．—陕西师范大学（硕士论文），2013

2454. 基于公众满意度的河流生态服务功能评价研究［D］/袁俊平．—中国地质大学（硕士论文），2013

2455. 基于GIS的洪水仿真及洪水要素可视化［D］/汤中倩．—华中科技大学（硕士论文），2013

2456. 汉江梯级水库群供水优化调度模型研究［C］/马立亚//中国水利学会.中国水利学会2013学术年会论文集——S1水资源与水生态.中国水利学会：中国水利学会，2013

2457. 历史时期以来汉江上游自然灾害的社会影响与应对措施［D］/张钰敏．—陕西师

范大学（硕士论文），2013

2458. 汉江月河流域水资源可利用量研究［C］/张晓龙//中国自然资源学会水资源专业委员会、中国地理学会水文地理专业委员会、中国水利学会水文专业委员会、中国水利学会水资源专业委员会、中国可持续发展研究会水问题专业委员会.流域水循环与水安全——第十一届中国水论坛论文集.中国自然资源学会水资源专业委员会、中国地理学会水文地理专业委员会、中国水利学会水文专业委员会、中国水利学会水资源专业委员会、中国可持续发展研究会水问题专业委员会：中国水利水电出版社，2013

2459. 基于3S的调水工程生态环境影响评价研究［D］/程丽//长江科学院，2013

2460. 江汉平原中全新世古洪水事件环境考古研究［D］/吴立．—南京大学（硕士论文），2013

2461. 基于WRF模式的汉江流域大气降水图谱研究［D］/李卓．—华中科技大学（硕士论文），2013

2462. 汉江流域降水量的空间插值研究［D］/袁艳艳．—华中科技大学（硕士论文），2013

2463. 汉中盆地发育机制及构造演化研究［D］/王明明．—中国地震局地质研究所（硕士论文），2013

2464. 汉江襄阳段水环境容量及总量控制研究［D］/孙辰．—华中科技大学（硕士论文），2013

2465. 基于沉积学研究与历史资料记载气候水文事件对比分析［D］/孟婵．—陕西师范大学（硕士论文），2013

2466. 基于断面控制的汉江流域水资源多目标调配研究［D］/吕孙云．—武汉大学（硕士论文），2013

2467. 汉江中游小流域水土—养分流失过程与调控研究［D］/刘泉．—中国科学院研究生院（教育部水土保持与生态环境研究中心）（硕士论文），2013

2468. 江汉平原历代防洪方略研究［D］/李国琴．—华中师范大学（硕士论文），2013

2469. 水资源开发利用对汉江流域水生态环境影响及生态系统健康评价研究［D］/李柏山．—武汉大学（硕士论文），2013

2470. 汉江上游气候及土地利用变化的水文效应研究［D］/陈欢．—陕西师范大学（硕士论文），2013

2471. 气候变化对陕南汉江流域植被净初级生产力的影响［J］/蒋冲，王飞，穆兴民，

李锐//西北林学院学报，2013（1）

2472. 安康市2012年"7·4"暴雨洪水分析［J］/毛成本，杨飞//陕西水利，2013（1）

2473. 湖北汉江梯级水库群联合优化调度研究［J］/李献新，安波，于茜，张云辉//中国水利水电科学研究院学报，2013（1）

2474. 汉江流域老灌河、淇河2007·07·30暴雨洪水分析［J］/王庆礼，包文亭，陈学珍//人民长江，2013（1）

2475. 水电工程干扰下饮用水水源地的水质风险评估［J］/宋策，谭奇林//长江流域资源与环境，2013（1）

2476. 历史时期汉江上游旱灾统计及成因分析［J］/任利利，殷淑燕，彭维英//水土保持通报，2013（1）

2477. 武汉城市历史地理研究中几个重要问题的初步论述［J］/朱士光//汉论坛，2013（1）

2478. 陕西省丹汉江流域典型县土壤侵蚀的地貌分布特征［J］/王星，李占斌，李鹏，高海东//北京林业大学学报，2013（1）

2479. 陕西：29.8亿中央预算内投资发展水利［J］/中国招标，2013（1）

2480. 湖北丹江口市将投1500万元改善库区生态环境［J］/张强//中国水利，2013（1）

2481. 荆楚文化与汉水文明学术研讨会在武汉举行［J］/本刊记者//理论月刊，2013（1）

2482. 武汉市汉阳区多部门联动整治汉江沿岸非法砂石场［J］/建材发展导向，2013（2）

2483. 湖北水电赢得10年大发展［J］/郭际康//水电与新能源，2013（2）

2484. 2011年汉江流域秋汛气象水文特征分析［J］/卢珊，贺皓，高红燕//陕西气象，2013（2）

2485. 秦岭南北风速时空变化及突变特征分析［J］/蒋冲，王飞，刘焱序，穆兴民，李锐//地理科学，2013（2）

2486. 汉江上游暴雨洪水特性浅析［J］/辛琛，邓瞻//水电站设计，2013（2）

2487. 汉水流域生态补偿资金来源及其使用问题研究［J］/杨涛，胡仪元，张慷//陕西理工学院学报（社会科学版），2013（2）

2488. 陕南汉江流域生态补偿机制的经济评价［J］张自英，胡安焱//能源与环境，2013（2）

2489. 汉江上游河谷古洪水滞流沉积物特征［J］/吴帅虎，庞奖励，黄春长，查小春，

杨建超//土壤通报，2013（2）

2490. 汉江上游郧县尚家河段全新世古洪水水文学研究［J］/刘建芳，查小春，黄春长，庞奖励，周亚利，张玉柱，卢越//水土保持学报，2013（2）

2491. 汉江流域植被覆盖时空变化及其对气候因子的响应研究［J］/李小燕//西北师范大学学报（自然科学版），2013（2）

2492. 2011年渭河和汉江上游秋汛期环流特征及暴雨致洪成因［J］/蔡新玲，康岚，孙娴，李茜，毛明策//暴雨灾害，2013（2）

2493. 汉江上游与渭河流域特大洪水发生规律的对比研究［J］/仇立慧，黄春长，周忠学，殷淑燕//水土保持通报，2013（2）

2494. 汉江流域秋汛期典型旱涝年与前期海温的关系研究［J］/肖莺，杜良敏，任永建//暴雨灾害，2013（2）

2495. 汉江流域上游乌鳢肌肉中营养成分及变化规律分析［J］/王建安，张涛，陈文强//江苏农业科学，2013（3）

2496. 未来气候变化对黄河和长江流域极端径流影响的预估研究［J］/曹丽娟，董文杰，张勇//大气科学，2013（3）

2497. 汉中市汉江流域主要水文控制站降水径流关系分析［J］/陈芳莉//陕西水利，2013（3）

2498. 汉江上游安康东段全新世古洪水沉积学与水文学研究［J］/许洁，黄春长，庞奖励，查小春，周亚利，周亮//湖泊科学，2013（3）

2499. 陕南汉江上游气温变化及其对农业生产的影响［J］/任利利，殷淑燕//中国农业气象，2013（3）

2500. 上游郧县辽瓦店剖面粒度组成特征及其意义［J］/杨建超，庞奖励，黄春长，查小春，吴帅虎//中国沙漠，2013（3）

2501. 汉江上游近50多年来气温变化特征与区域差异［J］/任利利，殷淑燕//农业现代化研究，2013（3）

2502. 长江大通以下流域对入海水沙通量贡献的探讨［J］/杨世伦//人民长江，2013（3）

2503. 汉江谷地油菜花期预测方法研究［J］/杨利霞，王世平，孟茹，杨睿敏//陕西农业科学，2013（3）

2504. 水文现代化为湖北省汉江流域水利现代化提供基础支撑［J］/李玉华//水利发展研究，2013（3）

2505. 试论桑树的生态功能及对汉江水源地的保护作用［J］/熊晓军，吴强，封利军，刘明鲁，廖兴茂//北方蚕业，2013（3）

2506. 汉江流域湖北水资源可持续利用的思考［J］/熊春茂，陈敏//水利发展研究，2013（4）

2507. 湖北武汉5年建成完整污水收集骨干管网［J］/陈红梅，刘元海//中国水利，2013（4）

2508. 浅析陕西省境内汉江干流洪水变化规律［J］/黄君瑶//地下水，2013（4）

2509. 清民国时期甘肃陇南地区水资源利用及开发略论［J］/王晓雪//农业考古，2013（4）

2510. 基于生态足迹理论的区域可持续发展能力评估模型［J］/马海波，王伟，常文娟//水电能源科学，2013（4）

2511. 基于GIS的汉江流域陕西段植被覆盖变化特征分析［J］/马彩虹//陕西理工学院学报（自然科学版），2013（4）

2512. 汉江流域分布式水循环模拟研究［J］/刘青娥，杨芳，蒋云钟//人民珠江，2013（4）

2513. 汉江流域实际蒸散发的时空演变规律及成因分析［J］/朱非林，王卫光，孙一萌，郑强//河海大学学报（自然科学版），2013（4）

2514. 汉江上游郧县段全新世特大洪水事件光释光测年研究［J］/周亮，黄春长，周亚利，庞奖励，查小春，杨建超，张小艳//长江流域资源与环境，2013（4）

2515. 汉江流域植被覆盖对气温和降水的时滞相关分析［J］/李小燕//水土保持通报，2013（4）

2516. 崔家营水库蓄水前后汉江襄阳市区段水质变化［J］/邓万霞，张金枝，罗敬安，贾江维//现代预防医学，2013（4）

2517. 湖北汉江流域水资源承载力研究［J］/曾浩，张中旺，孙小舟，李权国//南水北调与水利科技，2013（4）

2518. 汉江上游郧县庹家洲河段全新世古洪水研究［J］/白开霞，查小春，黄春长，庞奖励，顾洪亮，赵英杰//水土保持通报，2013（4）

2519. 汉江喜河库区形成对鱼类群落结构的影响［J］/王晓臣，杨兴中，邢娟娟，吕彬彬，张军燕，张建军//生态学杂志，2013（4）

2520. 襄阳古城历代防洪体系的建设及减灾措施［J］/吴庆洲//中国名城，2013（4）

2521. 历史时期以来汉江上游洪涝灾害研究［J］/彭维英，殷淑燕，朱永超，鲍小娟，

任利利//水土保持通报，2013（4）

2522. 江汉平原土地利用演变对区域径流量影响［J］/曹隽隽，周勇，吴宜进，胡海，叶青清，吴文斌//长江流域资源与环境，2013（5）

2523. 结合大气环流和遥相关信息的集合径流预报方法及其应用［J］/杨龙，田富强，胡和平//清华大学学报（自然科学版），2013（5）

2524. 60年来汉江安康站降水径流变化特征分析［J］/吴兆林//陕西水利，2013（5）

2525. 汉江流域降水多时间尺度特性及其与环流因子的相关性分析［J］/郑晓东，鲁帆，马静//地球科学进展，2013（5）

2526. 问渠哪得清如许 为有源头活水来——全国政协常委视察团视察南水北调水源区侧记［J］/石雁飞，李万进//世纪行，2013（5）

2527. 以史为鉴 发挥水文的哨兵参谋作用——写在"83·7·31"安康暴雨洪水30周年之际［J］/毛成本//陕西水利，2013（5）

2528. 汉江流域水情自动测报系统建设［J］/鲁爱军，李华，李平//中国防汛抗旱，2013（5）

2529. 丹江口水库入库洪水变化特征及对未来气候情景的响应分析［J］/杨珍，张利平，秦琳琳，杨艳蓉，段尧彬//长江流域资源与环境，2013（5）

2530. G316工程建设对汉江国家湿地公园植物多样性影响的评价［J］/梅浩，鲁黎，蒲云海，陈芬，邱华振，雍黎，庞宏东//湖北林业科技，2013（5）

2531. 陕南汉江流域I_（NDV）时空差异分析［J］/马彩虹，张静//西北师范大学学报（自然科学版），2013（5）

2532. 基于支流水温对汉江干流河道水温影响的数值模拟［J］/鞠鹏飞，陈青生，陈卫//水电能源科学，2013（5）

2533. 汉江水源地保护的居民环境感知及行为研究［J］/邢海虹//水资源保护，2013（5）

2534. 前处理过程对汉江上游谷地"古土壤"粒度测试结果的影响研究［J］/庞奖励，乔晶，黄春长，查小春，周亚利//地理科学，2013（6）

2535. 汉江上游谷地归仙河口剖面风化成壤特征及其记录的气候变化事件［J］/毛沛妮，庞奖励，黄春长，查小春，周亚利，虎亚伟，郑树伟//中国沙漠，2013（6）

2536. 汉江上游金水河流域河水的化学特征［J］/蒋保刚，闫正，宋献方，卜红梅，程琛，李庆//环境化学，2013（6）

2537. 汉江上游西乡段鱼类资源保护对策［J］/杨志英，王启军，赵虎，姜维//河北渔

业，2013（6）

2538. 汉江上游郧县一级阶地发育土壤的诊断层特征及分类［J］/庞奖励，黄春长，查小春，周亚利，乔晶，赵艳雷//土壤学报，2013（6）

2539. 绿色明珠 生态谷城——全国绿化模范单位谷城县绿化工作侧记［J］/赵开德//国土绿化，2013（6）

2540. 关于尽快实施引江补汉神农溪引水工程的建议［J］/李春明//楚天主人，2013（6）

2541. 郑心穗视察汉江流域中下游生态环境保护工作情况［J］/世纪行，2013（6）

2542. 汉江中下游水资源风险分析与对策研究［J］/常福宣，陈进，张洲英//长江科学院院报，2013（7）

2543. 汉江上游与黄河晋陕峡谷历史大洪水对比研究［J］/殷淑燕，孟婵，黄春长//干旱区资源与环境，2013（7）

2544. 太阳活动与ENSO事件对汉江谷地旱涝灾害影响分析［J］/王腾，延军平，张涛涛，安华//干旱区资源与环境，2013（7）

2545. 汉江上游历史时期寒冻灾害特征及其社会影响研究［J］/彭维英，殷淑燕，鲍小娟，任利利//干旱区资源与环境，2013（8）

2546. 基于T-S模糊神经网络模型的汉中段汉江流域水质评价与分析［J］/拓守恒，何红，李鹏飞//计算机时代，2013（8）

2547. 丰枯遭遇对引汉济渭受水区水资源配置的影响研究［J］/陈睿智，桑燕芳，王中根，李宗礼//资源科学，2013（8）

2548. 汉江襄州段举行鱼类增殖放流活动［J］/蔡军//渔业致富指南，2013（8）

2549. 2009—2011年崔家营库区汉江襄阳市区段水质监测［J］/邓万霞，罗敬安，张金枝，闵国平//预防医学情报杂志，2013（8）

2550. ENSO事件对汉江上游暴雨洪水影响的研究［J］/殷淑燕，任利利，黄春长//长江流域资源与环境，2013（8）

2551. 近60年汉江流域侵蚀性降雨的时空变化特征［J］/朱明勇，谭淑端，张全发//生态环境学报，2013（9）

2552. 安康市水利局和西农大联合开展汉江（安康段）渔业资源调查［J］/李志安//渔业致富指南，2013（9）

2553. 汉江流域NDVI与水热指数时空变化及相关性分析［J］/李小燕，任志远，张翀//地理研究，2013（9）

2554. 汉江中游河谷平原植被指数时空变化及其与沙化土地动态的关联关系［J］/陈慧，杜耘，肖飞，王学雷，严翼，李元征//长江流域资源与环境，2013（9）

2555. 旬阳—白河汉江以南地区下志留统梅子垭组地层铅锌金找矿预测［J］/唐敏杰，刘文革//甘肃冶金，2013（9）

2556. 水量减少，特枯年份或无水可调［J］/中国经济周刊，2013（9）

2557. 汉江上游现代洪水滞流沉积物重金属元素特征［J］/郭永强，黄春长，庞奖励，查小春，周亚利，张玉柱，范龙江//环境科学研究，2013（10）

2558. 长江流域水系划分与河流分级初步研究［J］/董耀华，汪秀丽//长江科学院院报，2013（10）

2559. 汉江杜家台河段河势演变及对策研究［J］/鲁爱军，徐亚丽，张明明//黑龙江水利科技，2013（10）

2560. 汉江两岸起蹁跹——襄阳市人大常委会代表主题实践活动回眸［J］/费建春，赵冬阳//楚天主人，2013（10）

2561. 延续与裂变：近代汉江水运的演变及其特点［J］/张博锋//学习与实践，2013（10）

2562. 长江流域洪水地区组成与遭遇规律研究［J］/张洪刚，郭海晋，欧应钧//人民长江，2013（10）

2563. 汉江上游郧县五峰段史前大洪水水文学恢复研究［J］/刘涛，黄春长，庞奖励，查小春，周亚利，张玉柱，刘科//地理学报，2013（11）

2564. 汉江流域分布式水文模型构建及应用研究［J］/孙月，蒋云钟，雷晓辉，廖卫红//水利水电技术，2013（11）

2565. 汉江流域资源环境与区域可持续发展研究［J］/聂芳//农村经济与科技，2013（11）

2566. 湖北汉江流域水资源短缺风险评价［J］/赵举兴，张中旺，许应石//湖北文理学院学报，2013（11）

2567. 汉江上游安康东段古洪水事件光释光测年研究［J］/周亮，黄春长，周亚利，庞奖励，查小春，许洁，张小艳//地质学报，2013（11）

2568. 汉江上游郧县曲远河河口段全新世古洪水水文状态研究［J］/郑树伟，庞奖励，黄春长，查小春，周亚利，周亮，毛沛妮//长江流域资源与环境，2013（12）

2569. 汉江流域堤林的现状与对策［J］/郑以平，黄结新，马军//中外企业家，2013（13）

2570. 浅谈堤防林业体制改革现状与思考［J］/李明和，曾浩//科技与企业，2013（15）

2571. 水力自控翻板闸在汉中城市水生态文明建设中的应用［J］/杨晓永，杨利霞，雷保寿//中国水利，2013（15）

2572. 陇南山区近40年大风气候特征及其对农业生产的影响与灾害风险区划［J］/肖志强，赵彦锋//甘肃科技，2013（18）

2573. 中建三局总承包公司：筑汉江之桥 成跨越梦想［J］/程超，骆良，史宝建//建筑，2013（20）

2574. 长江委主持完成汉江中下游区间洪水预警系统竣工验收［J］/长江//人民长江，2013（21）

2575. 全国水利职业教育工作视频会议经验交流摘登［J］/张金慧，张瑜洪//中国水利，2013（22）

2576. 落差指数法在水位流量关系推求中的应用——以汉江黄家港水文站为例［J］/连雷雷，赵学军，甄治军//人民长江，2013（23）

2577. 东荆河防洪治理方略初探［J］/赵奕，周瑾//人民长江，2013（23）

2578. 基于流域总降水高分辨估计的暴雨灾害风险评估［J］/张雅斌，刘安麟，曲静//安徽农业科学，2013（32）

2579. 1960~2012年间汉江流域的气候变化特征分析［D］/任利利．—陕西师范大学（硕士论文），2014

2580. 湖北汉江生态经济带水生态现状初步评估分析［C］/毛红梅//中国水利学会.科技创新与水利改革——中国水利学会2014学术年会论文集（上册）.中国水利学会：中国水利学会，2014

2581. 汉江上游汛期面雨量气候特征及其变化规律［C］/卢珊//大气成分委员会、中国气象科学研究院.第31届中国气象学会年会S6大气成分与天气、气候变化.大气成分委员会、中国气象科学研究院：中国气象学会，2014

2582. 汉中城市形态与空间结构变迁研究（1370-1949）［D］/陈涛．—上海师范大学（硕士论文），2014

2583. 郧西—郧县段汉江第Ⅰ级阶地黄土古土壤地层特征及对气候变化响应［D］/卞鸿雁．—陕西师范大学（硕士论文），2014

2584. 汉水流域砂梨产区主要病虫害调查与分析［C］/王克有//中国园艺学会、中国园艺学会果树专业委员会."现代果业标准化示范区创建暨果树优质高效生产技术"交流会论文汇编.中国园艺学会、中国园艺学会果树专业委员会：中国园艺学会，

2014

2585. 基于不同土地利用情景下的汉江流域生态需水量研究［D］/王霄. —华中师范大学（硕士论文），2014

2586. 基于流域水生态承载力的污染物总量控制技术研究［D］/王双玲. —武汉大学（硕士论文），2014

2587. 湖北省汉江经济带农业面源污染解析［C］/王莉娜//中国农学会（China Association of Agricultural Science Societies）、中国农业生态环境保护协会.2014中国现代农业发展论坛论文集.中国农学会（China Association of Agricultural Science Societies）、中国农业生态环境保护协会：中国农学会，2014

2588. 基于水体藻类累积动力学模型的水华风险评价方法研究及应用［D］/徐艳红. —武汉大学（硕士论文），2014

2589. 基于GIS洋县地质灾害危险性区划研究［D］/王振雷. —西安科技大学（硕士论文），2014

2590. 基于In-VEST模型汉江上游生态系统服务功能及其动态评价研究［D］/王纪伟. —西北大学（硕士论文），2014

2591. ArcGIS的旬阳县地质灾害易发性分区评价［D］/张英. —长安大学（硕士论文），2014

2592. 陕南汉江水源地土地利用时空动态与生态效应测评［D］/李小燕. —陕西师范大学（硕士论文），2014

2593. 襄阳市城乡生态一体化发展对策研究［D］/冯玉强. —华中科技大学（硕士论文），2014

2594. 汉江流域中下游人—地生态系统共轭演变研究［D］/付婷婷. —华中师范大学（硕士论文），2014

2595. 浅议加强湖北汉江河道管理的有效途径［C］/刘峰//《建筑科技与管理》组委会.2014年5月建筑科技与管理学术交流会论文集.《建筑科技与管理》组委会：北京恒盛博雅国际文化交流中心，2014

2596. 生态文化视野下的安康地区传统民居及其环境保护与再利用研究［D］/李婧. —西安建筑科技大学（硕士论文），2014

2597. 黄河晋陕峡谷段与汉江上游白河段若干地点全新世古洪水研究［D］/李晓刚. —陕西师范大学（硕士论文），2014

2598. 长江河流沉积物矿物学、地球化学和碎屑锆石年代学物源示踪研究［D］/何梦

颖．—南京大学（硕士论文），2014

2599. 流域水可获取性及生态需水研究［D］/刘玉安．—华中师范大学（硕士论文），2014

2600. 面向鱼类资源保护的安康水库生态需水调度研究［D］/毛陶金．—南京信息工程大学（硕士论文），2014

2601. 近60年气候变化和人类活动对长江径流量影响的研究［D］/张晓娅．—华东师范大学（硕士论文），2014

2602. 近代汉江水运变迁与区域社会研究［D］/张博锋．—华中师范大学（硕士论文），2014.

2603. 一种改进的华西秋雨指数及其气候特征［J］/蒋竹将，马振峰，刘佳，李奇临//大气科学，2014（1）

2604. 丹江口水库不同水文期真光层深度特征及影响因素分析［J］/屈月明，蔡庆华，申恒伦，李斌//长江流域资源与环境，2014（1）

2605. 汉江丹江口流域水文气象预报系统［J］/彭涛，位承志，叶金桃，王俊超，殷志远，沈铁元//应用气象学报，2014（1）

2606. 汉江中下游春季浮游植物群落结构特征及其影响因素［J］/潘晓洁，朱爱民，郑志伟，乔晔，邹清，周莲凤，邹曦//生态学杂志，2014（1）

2607. 汉江上游归仙河口剖面地球化学特性及其意义［J］/毛沛妮，庞奖励，黄春长，查小春，周亚利，郑树伟，周亮//陕西师范大学学报（自然科学版），2014（1）

2608. 汉江上游金水河流域氮湿沉降［J］/王金杰，张克荣，吴川，张全发//环境科学，2014（1）

2609. 树立五大理念 全力推进汉江综合整治工作［J］/魏小抗//陕西水利，2014（1）

2610. 流域新石器时代墓地人口自然结构及相关问题研究——以龙岗寺、何家湾、紫荆和下王岗四处墓地为例［J］/曹静//江文明，2014（1）

2611. 2014水污染重大事件速览［J］/中国生态文明，2014（2）

2612. 将汉江流域纳入长江经济带的建议［J］/秦尊文//中国国情国力，2014（2）

2613. 汉江上游汛期面雨量气候特征［J］/卢珊，王百朋，贺皓，李建科，高红燕//干旱气象，2014（2）

2614. 梯级开发对汉江中下游航运的改善作用研究［J］/马方凯，李小芬，尹维清，王英奎//中国水运（下半月），2014（2）

2615. 跨流域调水重要影响区生态补偿研究——以湖北汉江中下游地区为例［J］/刘

陶，赵霞，汤鹏飞//中国水利，2014（2）

2616. 汉江水体和鱼体内有机氯农药残留水平及积累特征分析［J］/张小辉，贾海燕，祁士华，刘佳，李丰，胡婷，张莉//安全与环境工程，2014（2）

2617. 汉江中下游梯级开发对产漂流性卵鱼类繁殖的影响［J］/秦烜，陈君，向芳//环境科学与技术，2014（2）

2618. 汉江上游郧西段归仙河口剖面全新世古洪水事件研究［J］/毛沛妮，庞奖励，黄春长，周亚利，查小春，郑树伟，周亮//水土保持学报，2014（2）

2619. 汉江上游金水河流域水电工程对流域水环境的影响［J］/卜红梅，张全发，王伟波//水资源与水工程学报，2014（2）

2620. 水蚀流域土地覆被格局土壤保持能力空间分布式评价［J］/刘宇//中国水土保持科学，2014（2）

2621. 浅析2013年"6·21"褒河暴雨洪水预报及应用体会［J］/雷丹玲//陕西水利，2014（2）

2622. 郧西县汉江流域小麦条锈病发生及防治［J］/文建平，高斌，李典军，胡林，朱永昌//湖北植保，2014（2）

2623. 月河长枪铺水文站2012年"7·4"洪水特点分析［J］/杨传友//陕西水利，2014（3）

2624. 汉江一级阶地抬升以来北亚热带风尘堆积、发育与东亚季风演变的耦合关系——以郧县段汉江上游谷地为例［J］/卞鸿雁，庞奖励，黄春长，查小春，孔伟//中国沙漠，2014（3）

2625. 汉水流域生态补偿问题的透视与解析——《汉水流域生态补偿研究》评介［J］/张思锋//陕西理工学院学报（社会科学版），2014（3）

2626. 汉江汉中平川段防洪治理工程的湿地保护对策研究［J］/王海山//陕西水利，2014（3）

2627. 汉江上游3200-2800aBP特大古洪水重建研究（英文）［J］/查小春，黄春长，庞奖励，周亚利//Journal of Geographical Sciences，2014（3）

2628. 汉江上游尚家河段全新世古洪水事件光释光测年研究［J］/马玉改，黄春长，周亚利，庞奖励，查小春，周亮，张玉柱，刘建芳//沉积学报，2014（3）

2629. 汉江上游东汉时期洪水事件的文献记录［J］/卢越，查小春，黄春长，庞奖励，赵英杰//干旱区研究，2014（3）

2630. 陕西理工学院汉水文化省级重点研究基地暨汉水文化省级重点学科介绍［J］/陕

西理工学院学报（社会科学版），2014（3）
2631. 改革推进十堰发展新跨越［J］/张维国//政策，2014（3）
2632. 汉江生态经济带水源区生态补偿运行机制研究［J］/邓远建，肖锐，刘翔//荆楚学刊，2014（3）
2633. 濒危物种川陕哲罗鲑在汉江上游太白河再发现［J］/杜浩，李罗新，危起伟，张书环，王成友，孙庆亮，杨晓鸽，李雷//动植物学杂志，2014（3）
2634. 汉江生态经济带开发的路径选择［J］/马金钟//政策，2014（4）
2635. 汉江上游谷地与渭河谷地黄土化学风化程度比较［J］/卞鸿雁，庞奖励，黄春长，查小春，王学佳，高鹏坤，李欣，王蕾彬//地理研究，2014（4）
2636. 基于GIS的汉江流域水汽输送与降水时空模式研究［J］/梁文谦，易善桢，曾小凡，李宏宏，孙燕//地球信息科学学报，2014（4）
2637. 汉江干流汉中水文站旱警流量分析［J］/雷丹玲//陕西水利，2014（4）
2638. 汉江上游古洪水与现代洪水滞流沉积物地球化学特征对比分析［J］/郭永强，黄春长，庞奖励，查小春，周亚利//长江流域资源与环境，2014（4）
2639. 汉江护堤护岸林建设管理问题及对策［J］/范洪涌，刘争真//科技经济市场，2014（4）
2640. 2011年汉江秋汛期两江交汇口超常淤积成因［J］/孙昭华，冯秋芬，韩剑桥，曹绮欣//水力发电学报，2014（4）
2641. 汉江下游长低水历时航道整治水位确定方法［J］/王业祥，龚国祥，欧阳飞//水运工程，2014（4）
2642. 基于可行空间搜索遗传算法的梯级水库群调度规则［J］/王旭，郭旭宁，雷晓辉，蒋云钟//南水北调与水利科技，2014（4）
2643. 生命之水——襄阳市人大常委会监督汉江水环境保护写真［J］/杨军，佘俊，张洪//天主人，2014（4）
2644. 1960-2011年汉江上游降水量变化特征和区域差异［J］/任利利，殷淑燕，靳俊芳//中国农业气象，2014（4）
2645. 汉江上游地区50年来雷暴活动气候特征分析［J］/钱启荣，周义兵，陈红梅，李小芳，张向荣//陕西气象，2014（4）
2646. 汉江水源地土地资源承载力时空格局研究［J］/张静，秦公伟//水土保持研究，2014（5）
2647. 汉江上游汉中段河流表层沉积物重金属污染风险评价［J］/赵佐平//水土保持通

报，2014（5）

2648. 汉江上游黄坪村段古洪水滞流沉积物研究及意义［J］/郑树伟，庞奖励，黄春长，查小春，李欣，虎亚伟//土壤通报，2014（5）

2649. 汉江上游Ⅰ级河流阶地形成及对东亚季风变化的响应［J］/庞奖励，黄春长，周亚利，查小春，乔晶，张玉柱，周亮//地质论评，2014（5）

2650. 汉江堤防林营建现状与管理对策［J］/王高德，郑以平，章建斌//湖北林业科技，2014（5）

2651. 基于In-VEST模型的汉江上游森林生态系统水源涵养服务功能研究［J］/王纪伟，刘康，瓮耐义//水土保持通报，2014（5）

2652. 汉江流域最大河蟹池塘生态养殖基地落户老河口［J］/陈学锋//渔业致富指南，2014（5）

2653. 汉江、嘉陵江流域水量分配方案通过水规总院审查［J］/长江//人民长江，2014（5）

2654. 汉江上游水体氮素污染特征［J］/刘智峰//水土保持通报，2014（5）

2655. 玉带河"03·7"暴雨洪水分析［J］/马雄伟//陕西水利，2014（5）

2656. 汉江丹襄段水污染事故水库应急调度措施研究［J］/丁洪亮，张洪刚//人民长江，2014（5）

2657. 汉江中下游底栖动物群落结构特征研究［J］/池仕运，陈胜，汪红军，马沛明，胡菊香//水生态学杂志，2014（5）

2658. 汉江上游全新世特大古洪水事件光释光测年研究［J］/王恒松，黄春长，周亚利，熊康宁//沉积学报，2014（6）

2659. 汉江上游郧西郧县段古洪水事件光释光测年及其对气候变化的响应［J］/周亮，黄春长，周亚利，庞奖励，查小春，毛佩妮，张玉柱//地理研究，2014（6）

2660. 汉江支流南河鱼类资源现状及其生态保护研究［J］/李亭亭，汪正祥，王琴，任雁，杨其仁//湖北大学学报（自然科学版），2014（6）

2661. 近60a来汉江上游极端降水变化研究——以安康地区为例［J］/靳俊芳，殷淑燕，庞奖励//干旱区研究，2014（6）

2662. 汉江上游晏家棚段古洪水沉积物粒度空间分布特征［J］/郑树伟，庞奖励，黄春长，查小春，李欣//地理科学进展，2014（6）

2663. 汉江上游弥陀寺黄土-古土壤序列的化学风化特征及其环境意义［J］/王学佳，庞奖励，黄春长，周亚利，卞鸿雁，张玉柱，高鹏坤//干旱区地理，2014（6）

2664. 汉江流域水资源现状及承载力研究［J］/顾自强，高飞，汪周园//环境与可持续发展，2014（6）

2665. 汉江水源地汉中地区水污染物总量分配研究［J］/刘杰，达列雄//人民长江，2014（7）

2666. 汉中盆地发育机制及构造演化研究［J］/王明明//国际地震动态，2014（7）

2667. 关于加强对汉江流域生态环境保护的建议［J］/世纪行，2014（7）

2668. 汉江上游浮游植物的群落结构及周年变化［J］/刘智峰//西北农林科技大学学报（自然科学版），2014（7）

2669. 气候变化条件下长江水资源演变趋势与对策［J］/张洪刚，杨文发，陈华//人民长江，2014（7）

2670. 安康水库对下游生态水文情势的影响研究［J］/毛陶金，曹学章，陈斌//中国农村水利水电，2014（7）

2671. 丹江口水库汉江干流库区近期淤积规律分析［J］/林云发，罗媛，叶志雄，赵义军//长江科学院院报，2014（7）

2672. 汉江流域水资源环境保护体制机制研究［J］/李启文，张中旺，常国瑞//湖北文理学院学报，2014（8）

2673. 汉江流域水资源可持续利用的对策研究［J］/赵丽娟//资源节约与环保，2014（08）

2674. 汉江上游前坊村黄土剖面化学风化程度及其环境意义［J］/赵艳雷，庞奖励，黄春长，查小春，乔晶//长江流域资源与环境，2014（8）

2675. 明清时期汉江上游洪涝灾害与环境变化关系研究［J］/仇立慧//陕西农业科学，2014（8）

2676. 安康水库建成后的洪水特性变化分析［J］/汪建伟//科技风，2014（8）

2677. 开拓创新 加快建设汉江流域中心城市［J］/王君正//政策，2014（8）

2678. 汉江襄阳段"水中健将"［J］/张丽亚//世纪行，2014（8）

2679. 意识形态工作要做好"统筹"这篇大文章［J］/纪道斌//学习月刊，2014（9）

2680. 基于AHP-Fuzzy法的汉江流域水资源承载力评价与预测［J］/高超，梅亚东，吕孙云，王越，员江斌//长江科学院院报，2014（9）

2681. 汉江流域土地利用/覆被变化的水文效应模拟研究［J］/张翔，邓志民，李丹，肖洋，朱才荣//长江流域资源与环境，2014（10）

2682. 基于断面控制的汉江流域水资源模拟配置［J］/许银山，兰岚，吕孙云，梅亚东//

中国农村水利水电，2014（10）

2683. 汉江中下游近44年降水特征分析［J］/胡涛平，高传山//甘肃水利水电技术，2014（10）

2684. 汉江上游现代大洪水滞流沉积物的粒度分布特征研究［J］/郭永强，黄春长，庞奖励，尚瑞清，周亚利//地理科学，2014（11）

2685. 长江回水顶托对汉江兴隆至汉川水沙过程的影响［J］/瞿月平，黄勇，何志高，吴国君//中国水运，2014（11）

2686. 汉江中游仙人渡河段河道演变规律及趋势分析［J］/唐金武，陈肃利，周冬妮，陈前海//水电能源科学，2014（11）

2687. 汉水流域砂梨产区主要病虫害调查与分析［J］/刘坤，赵广，韩先宏，罗玮，刘继鹏，王克有//现代园艺，2014（11）

2688. 汉江上游主要农作物氮肥投入特点及土壤养分负荷分析［J］/赵佐平//环境科学学报，2014（11）

2689. 汉江中下游河道基本生态需水与生径比分析［J］/朱才荣，张翔，穆宏强//人民长江，2014（12）

2690. 加大汉江渔业保护力度 严禁水库投肥养鱼［J］/冯祖稳//渔业致富指南，2014（13）

2691. 鄂陕两地渔政联合开展跨省"打非治违"专项行动［J］/陶//渔业致富指南，2014（13）

2692. 汉江流域：建立流域和区域相结合的水资源管理制度［J］/王新才，管光明，戴昌军//中国水利，2014（15）

2693. 汉江中游台风暴雨特性［J］/王春华，王全益//科技风，2014（22）

2694. 着力凸显五个坚持 筑牢共同思想基础［J］/学习月刊，2014（24）

2695. 湖北汉江生态经济带土地利用与覆盖变化研究［J］/周致远，孙小舟，赵虎，周永刚，罗丹，李新尧//中国农学通报，2014（34）

2696. 汉江孤山水电站水资源论证报告书通过评审［J］/人民长江，2014（4514）

2697. 汉江上游郧县段黄土-古土壤序列风化成壤特征以及成壤环境演变［J］/卢越，查小春，黄春长，庞奖励，刘建芳，张玉柱//中国沙漠，2014（3404）

2698. 基于RS&GIS的暴雨洪涝灾害风险评估［D］/吴雷.—华中师范大学（硕士论文），2015

2699. 汉江流域洪水资源利用与调控技术研究［C］/王银堂//中国水利学会.中国水利学

会2015学术年会论文集（下册）中国水利学会：中国水利学会，2015

2700. 基于改进Tennant法和敏感生态需求的河流生态需水关键技术研究［D］/李昌文．—华中科技大学（硕士论文），2015

2701. 城市滨水区景观绿地规划研究［D］/李安妮．—西北农林科技大学（硕士论文），2015

2702. 基于时间序列MODIS数据的长江流域森林物候时空分异［D］/张延兵．—华中师范大学（硕士论文），2015

2703. 轨道交通施工对城市水环境的影响评估及对策分析［D］/刘晨阳．—苏州科技学院（硕士论文），2015

2704. 用因子分析及聚类分析法确定汉江中下游水质的主要影响因素［C］/郭益铭//中国水利技术信息中心.2015第七届全国河湖治理与水生态文明发展论坛论文集.中国水利技术信息中心：中国水利技术信息中心，2015

2705. 十天高速公路汉中西段供水工程找水方法研究与地下水资源评价［D］/白玉娟．—中国地质大学（北京）（硕士论文），2015

2706. 旬阳县水环境现状分析与污染防治策略研究［D］/郑乐笛．—西安建筑科技大学（硕士论文），2015

2707. 秦岭南侧郧县弥陀寺剖面黄土地层序列及其风化成壤特征研究［D］/王学佳//陕西师范大学，2015

2708. 陕西省城固生态县建设研究［D］/张莹．—长安大学（硕士论文），2015

2709. 汉江上游一级阶地风成黄土光释光测年研究及意义［D］/王蕾彬．—陕西师范大学（硕士论文），2015

2710. 域调水环境下汉江流域降雨和气温变化特性分析［C］/李雨//国水利学会.中国水利学会2015学术年会论文集（下册）.中国水利学会：中国水利学会，2015

2711. 汉江源头水土保持生态补偿问题研究［D］/王洁敏．—西北大学（硕士论文），2015

2712. 生态干扰响应机制：干扰—响应衰减率［D］/何晓丽．—华中师范大学（硕士论文），2015

2713. 湖北省典型区域环境中OCPs、PAHs和PFCs的分布特征、来源及风险评价研究［D］/贺小敏．—华中农业大学（硕士论文），2015

2714. 上游郧县盆地风成黄土成壤特征及气候响应研究［D］/李欣．—西师范大学（硕士论文），2015

2715. 让源远流长的汉江碧水长流——论推进汉江水资源统一管理的重要性［C］/李洪兵//宁夏回族自治区水利厅、宁夏回族自治区农牧厅、宁夏回族自治区经济和信息化委员会、银川市人民政府.高效用水，应对水困局——2015中阿博览会中国（宁夏）国际水资源高效利用论坛论文集.宁夏回族自治区水利厅、宁夏回族自治区农牧厅、宁夏回族自治区经济和信息化委员会、银川市人民政府：北京沃特咨询有限公司，2015

2716. 1935年汉江流域特大水灾及其救济研究［D］/庹渊翎.—湖北省社会科学院（硕士论文），2015

2717. 湖北省"两圈两带"城市土地利用效益分析［D］/鲁阳.—湖北大学（硕士论文），2015

2718. 浅探洪湖东荆河防汛抗旱工作存在的困难和问题［J］/吕亚兵//科技风，2015（1）

2719. 汉江流域水资源供需平衡及其承载力研究［J］/李柏山，粟颖，周培疆，肖梅玲，徐沈，王天维，赵丹丹//环保科技，2015（1）

2720. 汉江中下游典型城市发展对气候变化脆弱性分析研究［J］/李柏山，周培疆，尹珩，李海燕//环境科学与管理，2015（1）

2721. 郧县盆地风成黄土——古土壤与汉江Ⅰ级阶地形成年龄研究［J］/庞奖励，黄春长，周亚利，查小春，张玉柱，王蕾彬//地理学报，2015（1）

2722. 汉江襄阳段长春鳊国家级水产种质资源保护区综合考察［J］/李修峰，刘襄河，赵林//襄阳职业技术学院学报，2015（1）

2723. 湖北省典型水体半挥发性有机物分布及来源分析［J］/李爱民，刘彬，贺小敏，郭丽，廖颖//环境科学与技术，2015（1）

2724. 汉江秋汛期两江交汇处超常淤积成因及影响分析［J］/熊小元//水道港口，2015（1）

2725. PDO指数、SOI指数与汉江流域气候变率的关系［J］/洪宇，丁名时，郑永宏，曲波，贺红//北京师范大学学报（自然科学版），2015（1）

2726. 汉江流域安康段退耕还林对水质保护作用评估研究［J］/何家理//陕西农业科学，2015（2）

2727. 汉江上游流域鳜鱼人工繁育试验［J］/李婧，连庆安，张伟，吉红，单世涛//中国水产，2015（2）

2728. 浅谈长江流域中汉江段流量与含沙量关系［J］/焦阳//企业技术开发，2015（2）

2729. 南北地区绝对湿度的时空变化及其与潜在蒸发量的关系［J］/蒋冲，穆兴民，马文勇，于新洋，刘宪锋，李建国，刘思洁，王飞//态学报，2015（2）

2730. 论湖北"红河谷"生态城镇化建设［J］/冯旺舟//荆楚学刊，2015（2）

2731. 汉江上游谷地重金属元素变异规律对环境演变的响应［J］/卞鸿雁，庞奖励，黄春长，查小春//干旱区研究，2015（2）

2732. 秦岭南北河流不同尺度特大洪水对比研究［J］/刘科，查小春，黄春长，庞奖励，周亚利，薛小燕//干旱区地理，2015（3）

2733. 汉江中下游生态防护林有害生物防控体系的构建［J］/肖创伟，黄子杰，金天伟，田思思，阮红恩，李绪友//湖北农业科学，2015（3）

2734. 城市新区污水处理厂入河排污口设置论证实例［J］/周梦雷，胡焕发//资源节约与环保，2015（3）

2735. 春季陆面植被对长江流域夏季降水可预报性的影响分析［J］/朱连华，江志红，刘征宇//气象学报，2015（5）

2736. 汉江陈家咀滑坡基本特征与稳定性分析［J］/杨汉良，周力//岩土工程技术，2015（5）

2737. 汉丹江（陕西段）水质变化特征分析［J］/王蕾，关建玲，姚志鹏，丁强，罗仪宁，程俊侠//中国环境监测，2015（5）

2738. 中线调水前汉江中下游水量和水质本底特性及变化趋势分析［J］/李雨，王雪，周波，袁德忠，陈金凤//水文，2015（5）

2739. 汉江襄阳段主要入江支流沉积物营养盐和重金属风险特征研究［J］/雷沛，曾祉祥，张洪，高泽晋，单保庆//环境科学学报，2015（5）

2740. 汉江安康至白河段船舶固体垃圾回收处理研究［J］/王心海，彭士涛，白景峰，陈瑶泓伶//水道港口，2015（5）

2741. 明清时期陕南汉江上游山地灾害研究［J］/党群，殷淑燕，殷方圆，李慧芳，王蒙//陕西师范大学学报（自然科学版），2015（5）

2742. 引汉济渭水权置换丰枯差异水量补偿初步研究［J］/崔家萍//人民黄河，2015（5）

2743. 杨松率省政协常委视察团视察汉江中下游生态环境保护［J］/本刊记者//世纪行，2015（5）

2744. 陈天会调研南水北调工作 调研汉江中上游水质保护和生态环境建设［J］/杨霖潇//世纪行，2015（6）

2745. 汉江流域典型区域近60年来气候变化特征与趋势分析［J］/李柏山，粟颖，李海燕，周培疆，尹珩//环保科技，2015（6）

2746. 安康市雨水防涝规划浅析［J］/朱海荣，郑琴，宋光顺，刘海刚，刘孝坤//城市道桥与防洪，2015（6）

2747. 汉江中下游生态环境变化趋势及对策研究［J］/张华钢，孔小莉，陈霞//中国环境管理干部学院学报，2015（6）

2748. 基于中线调水的襄阳市水资源承载力研究［J］/李新尧，张中旺，文兰玲//环境工程，2015（6）

2749. 汉江源土地利用预测及发展建议［J］/李小燕//陕西理工学院学报（自然科学版），2015（6）

2750. 汉江中下游干流水质变化趋势及持续性分析［J］/陈燕飞，张翔//长江流域资源与环境，2015（7）

2751. 基于Copula函数的汉江中上游流域极端降雨洪水联合分布特征［J］/陈心池，张利平，闪丽洁，杨卫，徐霞//长江流域资源与环境，2015（8）

2752. 汉江中游近期冲刷状况浅析［J］/林云发//长江科学院院报，2015（9）

2753. 汉江上游铁矿尾矿库区土壤重金属污染分析［J］/宋凤敏，张兴昌，王彦民，李琛，汤波//农业环境科学学报，2015（9）

2754. 南水北调中线陕西水源区污染源变化特征［J］/王蕾，关建玲，丁强，姚志鹏，解宏//干旱区资源与环境，2015（10）

2755. 汉江中下游河道堤防水土资源开发战略初探［J］/胡春艳，许先玉//中国集体经济，2015（10）

2756. 南水北调中线工程对汉江中下游防洪影响及对策分析［J］/何永煜，李文芳//水利发展研究，2015（10）

2757. 丹江口水库入库非点源污染负荷的计算与讨论［J］/郑艳霞，程超，辛小康//人民长江，2015（10）

2758. 基于Mann-Kendall法的汉江上游水沙趋势分析［J］/郭世兴，刘斌，王光社，肖庆利//水电能源科学，2015（11）

2759. 汉江中下游宜城至武汉河段河床特性分析［J］/杨彬，龚建华//东北水利水电，2015（11）

2760. 生态文明视角下汉江流域发展研究［J］/王淑新，胡仪元，杨名//企业经济，2015（12）

2761. 汉江上游森林生态系统土壤保持服务功能研究［J］/王纪伟，孙光，罗遵兰，刘康//环境科学与技术，2015（12）

2762. 汉江流域用水总量控制指标实施方法研究［J］/范晓香，高仕春，王华阳，张翔//人民长江，2015（13）

2763. 基于层次分析法的汉江水源地企业污染综合评价研究［J］/达列雄//现代电子技术，2015（13）

2764. 浅谈调水工程对实现区域水资源优化配置的必要性［J］/唐景云，杨晴//中国水利，2015（16）

2765. 汉江上游安康段明清时期洪涝灾害时间规律分析［J］/李晓刚，孙娜//现代农业科技，2015（17）

2766. 汉江紫阳段瀛湖水库库尾深褐色水质事件调查研究［J］/马文鹏，吴卫东//广东化工，2015（19）

2767. 湖北省十堰市水产局在堵河开展秋季鱼类增殖放流活动［J］/张君//渔业致富指南，2015（21）

2768. 基于分形理论的汉江中下游流域径流特性分析［J］/方婉君，陈燕飞//人民长江，2015（22）

2769. 鄂豫陕交界地区生态环境保护与管理［J］/王丽//中国经贸导刊，2015（22）

2770. 汉江上游金水河悬浮物及水体碳氮稳定同位素组成特征［J］/王婧，袁洁，谭香，李思悦，张全发//生态学报，2015（22）

2771. 从经济学角度分析南水北调中线工程水源涵养地生态补偿——以陕南汉江发源地为例［J］/王乾//金融经济，2015（24）

2772. 湖北省汉江流域生态服务功能价值评估［J］/龚毅帆，周致远，孙小舟，冯艳//湖北农业科学，2015（24）

2773. 湖北汉江流域潜在蒸散量时空变化特征分析［J］/杨剑，孙小舟，张中旺//中国农学通报，2015（32）

2774. 汉江中下游湿地植物绞杀现象初探［J］/胡蝶，刘胜祥//长江大学学报（自科版），2015（33）

2775. 基于GIS可视化统计分析的汉江流域生态安全格局研究［J］/刘奎//科技视界，2015（36）

2776. 基于变化范围法（RVA）的汉江支流生态流量研究［C］/张飒//中国自然资源学会水资源专业委员会、中国地理学会水文地理专业委员会、中国水利学会水资源专业委员会、中国水利学会水文专业委员会、中国可持续发展研究会水问题专业委员会.面向未来的水安全与可持续发展——第十四届中国水论坛论文集.中国自然资源学会水资源专业委员会、中国地理学会水文地理专业委员会、中国水利学会水资源专业委员会、中国水利学会水文专业委员会、中国可持续发展研究会水问题专业委员会：中国水利水电出版社，2016

2777. 郧县晏家棚段汉江全新世古洪水事件水文学特征重建［D］/吉琳．—陕西师范大学（硕士论文），2016

2778. 汉江孤山水电站对鱼类资源的影响及其保护措施［C］/王中敏//中国水利学会.中国水利学会2016学术年会论文集（下册）.中国水利学会：中国水利学会，2016

2779. 汉江中下游水生植物多样性及时空格局［D］/郭葳．—湖北大学（硕士论文），2016

2780. 丹江口水库供水调度研究［D］/马嘉悦．—太原理工大学（硕士论文），2016

2781. 南水北调中线调水对襄阳市水资源持续利用影响与对策［C］/张中旺//中国水利技术信息中心、东方园林生态股份有限公司.2016第八届全国河湖治理与水生态文明发展论坛论文集.中国水利技术信息中心、东方园林生态股份有限公司：中国水利技术信息中心，2016

2782. WRF模式积云对流参数化方案对汉江流域夏季降水模拟的影响［C］/李源//中国气象学会.第33届中国气象学会年会 S8 数值模式产品应用与评估.中国气象学会：中国气象学会，2016

2783. 基于细网格数值模式制作汉水上游面雨量预报［C］/尹恒//中国气象学会.第33届中国气象学会年会 S9 水文气象灾害预报预警.中国气象学会：中国气象学会，2016

2784. 基于GIS的丹江口核心水源区生态文明评价研究［D］/陈晶．—湖北大学（硕士论文），2016

2785. 南阳筝乐自然生态特征浅论［D］/周海媚．—贵州大学（硕士论文），2016

2786. 长江水系晚新生代沉积物碎屑钾长石Pb同位素组成［D］/张增杰．—中国地质大学（硕士论文），2016

2787. 汉江中下游河岸带和库岸带植物传播与群落建成机制［D］/宋玉．—中国科学院研究生院（武汉植物园）（硕士论文），2016

2788. 标识污染功能指数的创建及在汉江水质测评中的应用［J］/刘超，成定北，李寒松，李志安，李昊，成国俊，王霞//环境工程技术学报，2016（1）

2789. 河流水环境的可恢复性及其评价研究［J］/陈燕飞，张翔//应用基础与工程科学学报，2016（1）

2790. 汉江中下游水质变化趋势研究［J］/彭聃，李双双，吴李文，彭光银，文威//环境科学与技术，2016（1）

2791. 丹江口水库库区近20年的月水域变化分析［J］/董亚东，杨文宇//中国西部科技，2016（1）

2792. "2015.4"汉江上游暴雨洪水分析［J］/张楷，屈丽玮//陕西水利，2016（1）

2793. 南水北调中线工程汉江安康段水源保护主要成本补偿标准——基于陕西省安康市10县区调查［J］/何家理，李国玲，刘全玉，李黎黎，陈文普，禹强//水土保持通报，2016（1）

2794. 丹江口库区大孤山分汊段冲淤变化及趋势分析［J］/徐程，陈立，唐荣婕，杨阳//泥沙研究，2016（1）

2795. 汉江中下游典型河段水环境遥感评价［J］/肖潇，徐坚，赵登忠，胡承芳，汪朝辉，程学军//长江科学院院报，2016（1）

2796. 汉江生态经济带孝感段水资源开发利用问题初探［J］/林承园//长江论坛，2016（1）

2797. 汉江流域生态清洁小流域建设调查研究［J］/王任雅弘，任兵芳//长江工程职业技术学院学报，2016（2）

2798. 汉江石泉水库控制断面生态基流的计算探讨［J］/巩祥照//陕西水利，2016（2）

2799. 最大日负荷总量TMDL计算及应用研究［J］/王玲//水科学与工程技术，2016（2）

2800. 汉江余姐河小流域土地利用对土壤粉粘粒分布的影响研究［J］/胡克志，李占斌，李鹏，徐国策，袁水龙，王添，王丹//西安理工大学学报，2016（2）

2801. 基于T-S模糊神经网络评价汉江干流汉中段水质［J］/高凯，贾伟//微型电脑应用，2016（2）

2802. 近52a秦岭南北极端温度变化及其与区域增暖的关系［J］/王钊，彭艳，魏娜//干旱气象，2016（2）

2803. "汉水砂梨"早期落叶的诱因调查及初步分析［J］/刘坤//中国果树，2016（2）

2804. 汉江中下游干流水电梯级开发的水环境影响分析［J］/文威，李涛，韩璐//环境工程技术学报，2016（3）

2805. 南郑财政积极投入治理汉江流域污染［J］/张义安//西部财会，2016（3）

2806. 汉江下游水葫芦应急调查研究［J］/王琪，钱宝，卞俊杰，何善鹏//现代农业科

技，2016（3）

2807. HBV模型在汉江流域的适用性研究［J］/董立凡，雷向杰，王倩//陕西气象，2016（4）

2808. 《流域生态补偿模式、核算标准与分配模型研究——以汉江水源地生态补偿为例》评介［J］/李国平//陕西理工学院学报（社会科学版），2016（4）

2809. 气候变化下汉江上游林地植被生态需水量的时空演变［J］/史超，夏军，佘敦先，万蕙，黄金凤//长江流域资源与环境，2016（4）

2810. 基于标准化降水指数的汉江流域干旱时空分布特征［J］/陈燕飞，熊刚，刘伟//中国农村水利水电，2016（4）

2811. 安康市一江两岸绿地植物造景艺术调查研究［J］/谭莹莹//山东林业科技，2016（4）

2812. 汉江中下游湿地面积减小后的生态系统服务价值损失［J］/樊皓，刘金珍，王中敏//湿地科学，2016（4）

2813. 汉江源土壤流失状况及生态效益测评［J］/李小燕，王志杰//长江流域资源与环境，2016（4）

2814. 调水工程对生态环境的影响及相关问题探讨［J］/郑金龙//吉林水利，2016（4）

2815. 汉江襄阳段水质保护：现状、问题及对策［J］/张中旺，张逸飞，龚佑海//湖北文理学院学报，2016（5）

2816. 汉江流域旅游气候舒适度的变化特征分析［J］/丁玲玲，傅辉，张弢//重庆师范大学学报（自然科学版），2016（5）

2817. 汉江中游典型小流域土壤有效锌空间变异特征及评价［J］/黎恒明，杨苗苗//地球科学与环境学报，2016（5）

2818. 汉江流域碳排放研究［J］/王萧，孙小舟，周佳敏//安阳师范学院学报，2016（5）

2819. 石泉：加强生态清洁小流域建设 保护南水北调中线工程水源［J］/刘强//中国水土保持，2016（5）

2820. 长江防总实施应急调度 积极应对汉江水华［J］/长江//人民长江，2016（5）

2821. 基于GIS的汉江上游文川河流域土壤侵蚀特征研究［J］/王志杰，苏嫄，王志泰//西北林学院学报，2016（5）

2822. 国家防总检查丹江口水库及汉江中下游蓄水供水工作［J］/海河水利，2016（5）

2823. 汉江上游汉中市洪水灾害风险评价研究［J］/张国芳，查小春，石晓静，刘嘉

慧，姬霖，王光朋//中山大学学报（自然科学版），2016（6）

2824. 气候变化对汉江上游径流特征影响预估［J］/何自立，史良，马孝义//水利水运工程学报，2016（06）

2825. 基于系统动力学的汉江中下游水资源供需状态预测方法［J］/陈燕飞，邹志科，王娜，张烈涛//中国农村水利水电，2016（6）

2826. 汉江上游径流变化趋势及特征分析［J］/严栋飞，解建仓，姜仁贵，吴昊，李杨//水资源与水工程学报，2016（6）

2827. 汉江上游风成谷地黄土的重矿物组成特征及意义［J］/崔天宇，庞奖励，黄春长，查小春，周亚利，张文桐//长江流域资源与环境，2016（6）

2828. 丹江口水库运用对下游水文情势影响研究［J］/彭涛，严浩，郭家力，王高旭，李凯//人民长江，2016（6）

2829. 林业在修复长江生态中要担当重任［J］/刘新池//政策，2016（6）

2830. 中线调水后汉江生态经济带水资源短缺风险评价［J］/张中旺，常国瑞//人民长江，2016（6）

2831. "共护南水北调水源汉江 同建安康生态富硒茶乡" 陕西安康富硒茶走进北京［J］.茶世界，2016（6）

2832. 从天人和谐到生态文明——汉水流域生态环境变迁的启示［J］/姚伟钧//决策与信息，2016（6）

2833. 汉江下游水体和鱼体多环芳烃分布特征及健康风险［J］/汪红军，郑金秀，李嗣新，梁友光，池仕运，周连凤，熊文//水生态学杂志，2016（6）

2834. 汉江上游水资源保护问题与发展对策——以南水北调中线水源涵养区陕西安康段域为例［J］/乔广发//农村经济与科技，2016（6）

2835. 湖北省典型河湖水华探讨［J］/黄丹，熊晶，沈帆，张媛，望志方//湖北农业科学，2016（6）

2836. 汉江地区翘嘴鲌胚胎及仔鱼发育观察［J］/邵建春，刘春雷，秦芳，秦长江，顾泽茂//华中农业大学学报，2016（6）

2837. 汉江中下游水生植物群落及演替［J］/郭葳，龚旭昇，邓绪伟，汪正祥，李中强//植物学报，2016（6）

2838. 气候变化和人类活动对丹江口入库径流的影响及评估［J］/杨娜，赵巧华，闫桂霞，黄琴//长江流域资源与环境，2016（7）

2839. 丹江口水库水体氮的时空分布及入库通量［J］/王书航，王雯雯，姜霞，赵丽，

张博，吴德文，常乐//环境科学研究，2016（7）

2840. 基于变化范围法的汉江中游水文情势变化规律分析［J］/张飒，班璇，黄强，刘登峰//水力发电学报，2016（7）

2841. 汉江上游铅锌尾矿区土壤环境效应［J］/汤波，赵佐平，宋凤敏，段敏，李琛，王彦民，刘智峰//江苏农业科学，2016（8）

2842. 湖北省汉江流域节水控需总体方案研究［J］/常景坤，常达，雷新华//水利水电技术，2016（8）

2843. 汉江上游水质现状及治理强化路径［J］/刘宗显//水利发展研究，2016（8）

2844. 汉江流域1960~2014年降雨极值时空变化特征［J］/李丹，郭生练，洪兴骏，郭靖//长江流域资源与环境，2016（9）

2845. 汉江襄阳段水质现状及保护对策研究［J］/张逸飞，张中旺，龚佑海//农村经济与科技，2016（9）

2846. 2000—2010年汉江流域湿地动态变化及其空间趋向性［J］/易凤佳，李仁东，常变蓉，施媛媛，邱娟//长江流域资源与环境，2016（9）

2847. 湖北老河口市：把生态建设作为基础建设［J］/辛世福//智慧中国，2016（10）

2848. 南水北调下汉江中下游水权管理模式与初始水权配置方案研究［J］/焦树国，王先甲//水电与新能源，2016（11）

2849. 副高脊线的月内振荡对汉江上游秋汛的影响［J］/吴瑶，杜良敏//气象，2016（11）

2850. 丹江口市湿地公园植物多样性保护的建议［J］/王毅//中国农业信息，2016（12）

2851. 湖北郧西县庹家湾剖面粒度组成特征及其环境意义［J］/张文桐，庞奖励，周亚利，黄春长，查小春，崔天宇//长江流域资源与环境，2016（12）

2852. 湖北宜城市对汉江及水库增殖放流后的调查［J］/冯祖稳//渔业致富指南，2016（15）

2853. 宜城市对汉江增殖放流后的调查［J］/冯祖稳//渔业致富指南，2016（16）

2854. 水利部正式批复长江流域第一批跨省主要江河流域水量分配方案［J］/长江//人民长江，2016（16）

2855. 汉江畜禽养殖污染现状及治理对策［J］/赵勇，朱督//江西农业，2016（19）

2856. 水沙遭遇变化对干支流交汇口附近冲淤的影响——以汉江入汇段为例［J］/冯秋芬//科技创新与应用，2016（22）

2857. 汉江流域水电梯级开发对生态环境影响评价研究［J］/李柏山，李海燕，周培疆//

人民长江，2016（23）

2858. 汉江流域植被净初级生产力时空格局及成因［J］/张静，任志远//生态学报，2016（23）

2859. 汉江流域生态补偿机制探究［J］/窦世权，刘江宜//绿色科技，2016（24）

2860. 湖北汉江中下游梯级枢纽联合生态调度模型研究［J］/张丹//低碳世界，2016（28）

2861. 基于时间序列统计分析的综合水质指数评价法——以汉江中下游水质评价为例［C］/赵恩民//中国环境科学学会.2017中国环境科学学会科学与技术年会论文集（第二卷）.中国环境科学学会：中国环境科学学会，2017

2862. 安康水库建设对库区水生生态环境的影响［D］/张洪敏.—东北林业大学（硕士论文），2017

2863. 基于生态修复和河流文化复兴的滨河绿地景观设计研究与实践［D］/苏琪.—西北农林科技大学（硕士论文），2017

2864. 基于分布式水文模型的生态需水研究［D］/柏慕琛.—武汉大学（硕士论文），2017

2865. 汉江上游黄土OSL测年及地层年代研究［D］/张文桐.—陕西师范大学（硕士论文），2017

2866. 汉江流域上游氮污染的时空变化格局及其来源解析［D］/袁洁.—中国科学院武汉植物园（硕士论文），2017

2867. 汉江上游金水河小流域河流沉积物反硝化细菌群落研究［D］/陈秋阳.—中国科学院武汉植物园（硕士论文），2017

2868. 安康汉江瀛湖消落带桑树生态治理试验初报［C］/黎文平//中国蚕学会、国家蚕桑产业技术体系.全国桑树产业发展学术研讨会论文集.中国蚕学会、国家蚕桑产业技术体系：中国蚕学会，2017

2869. 汉江上游（陕西段）流域水生态承载力研究［D］/辛晋峰.—西安理工大学（硕士论文），2017

2870. 长江中下游颗粒态金属元素时空分布特征探究［D］/王晓彤.—华东师范大学（硕士论文），2017

2871. 汉江流域（陕西段）污染物总量控制研究［D］/杜麦//西安理工大学，2017

2872. 湖北汉江流域土地利用时空演变与生态安全研究［D］/杨倩.—武汉大学（硕士论文），2017

2873. 汉中盆地一级阶地上风成黄土地层序列及风化成壤特征研究［D］/杨丹．—陕西师范大学（硕士论文），2017

2874. 陕西省不同生态类型区河流水质时空变化及其评价［D］/邓娟//中国科学院教育部水土保持与生态环境研究中心，2017

2875. 汉阴PPP模式建设镇级污水处理厂［J］/姜波，刘皎//西部财会，2017（1）

2876. 汉江流域湿地变化及其生态健康评价［J］/易凤佳，黄端，刘建红，邱娟，施媛媛，李仁东//地球信息科学学报，2017（1）

2877. 陕西省丹汉江流域农业非点源污染区划［J］/张军，李鹏，唐润芒，贾春蓉，王添，汤珊珊//水土保持研究，2017（2）

2878. CMIP5RCP情景下汉江上游流域径流对气候变化的响应［J］/聂晓，丁玲玲//安徽农业科学，2017（2）

2879. 基于MOD16的汉江流域地表蒸散发时空特征［J］/张静，任志远//地理科学，2017（2）

2880. 汉江上游黄土常量元素地球化学特征及区域对比［J］/毛沛妮，庞奖励，黄春长，查小春，周亚利，郭永强，胡慧，刘涛//地理学报，2017（2）

2881. 南水北调中线工程汉江水源地水生态文明建设绩效评价研究［J］/胡仪元，唐萍萍//生态经济，2017（2）

2882. 首届"汉水论坛——汉江水资源保护与利用策略研究"在安康学院隆重举行［J］/安康学院学报，2017（3）

2883. 汉江水源区中游典型小流域土壤有效铜空间分布研究［J］/杨瑞，赵宾华//杨凌职业技术学院学报，2017（3）

2884. 汉江水源地农民生态环保意愿的实证调查分析——基于汉中市288户农民的调查［J］/张欣乐，童长凤//陕西理工大学学报（社会科学版），2017（3）

2885. 汉江上游庹家湾剖面化学风化特征及其意义［J］/张文桐，庞奖励，黄春长，周亚利，查小春，崔天宇，王海燕，杨丹//沉积学报，2017（3）

2886. 汉江流域农村垃圾综合治理路径研究［J］/陈晓暾，梁佳，赵璇，孙张巍，陈茹//中国发展，2017（3）

2887. 汉江中下游水环境健康风险不确定性评价［J］/陈方远，吴中华，侯浩波，宋碧玉，周旻，周甲男//环境科学与技术，2017（4）

2888. 关于南水北调后加大汉江中下游生态环境保护力度的建议［J］/宋清龙//中国发展，2017（4）

2889. 汉江小流域土壤氮素空间分布特征及影响因素［J］/张泽宇，李占斌，李鹏，徐国策，张铁钢//水土保持研究，2017（4）

2890. 安康汉江瀛湖消落带桑树生态治理试验初报［J］/张京国，黎文平，杨学忠，郭昶，张显峰，谢安//蚕学通讯，2017（4）

2891. 汉江流域荆门段面源污染负荷时空分布与污染现状评价［J］/许策，李晔，束继年，李松炳，李明高//水土保持通报，2017（4）

2892. 汉江上游流域水资源对未来气候变化的响应［J］/聂晓，丁玲玲//安徽农业科学，2017（4）

2893. 1960—2014年秦岭南北无霜期时空变化特征及对比分析［J］/刘静，殷淑燕//长江流域资源与环境，2017（4）

2894. 汉江水体和沉积物中全氟化合物的风险评估［J］/李杰，高月，王之芬，王斌伟，郝红珊，徐亚茹，朱婷婷，许楠，倪晋仁//北京大学学报（自然科学版），2017（5）

2895. 利用Landsat 8 OLI进行汉江下游水体浊度反演［J］/冯奇，程学军，沈欣，肖潇，王立辉，张文//武汉大学学报（信息科学版），2017（5）

2896. 汉江上游郧县庹家湾剖面光释光测年及意义［J］/张文桐，庞奖励，黄春长，周亚利，查小春，崔天宇，王海燕，杨丹//中国沙漠，2017（5）

2897. 水利水电工程最小下泄生态基流量计算方法研析［J］/马乐军，张行南，陈凯麒，陈昂//环境影响评价，2017（6）

2898. 2015—2016年汉江中下游硅藻水华发生成因分析［J］/吴兴华，殷大聪，李翀，陈磊，李媛，赵荧//水生态学杂志，2017（6）

2899. 汉江上游弥陀寺剖面风化成壤特征及其对气候变化的响应［J］/张文桐，庞奖励，周亚利，黄春长，查小春，王学佳，王海燕//中山大学学报（自然科学版），2017（6）

2900. 不同潜在蒸散发估算方法在汉江流域中上游地区的适用性研究［J］/李天生，夏军，匡洋，佘敦先，余江游//南水北调与水利科技，2017（6）

2901. 荆门市典型湖库水体调查及变化趋势研究［J］/张博//化工设计通讯，2017（6）

2902. 汉江流域水生态文明建设对策探讨［J］/李文芳，王静，彭海源//中国水利，2017（6）

2903. 加强对汉江中下游生态环境保护［J］/中国经贸导刊，2017（7）

2904. 南水北调工程对汉江中下游生态农业发展的影响及对策——以荆门段为例［J］/

江丽//山东农业工程学院学报，2017（7）

2905. 控制汉江中下游春季硅藻水华的关键水文阈值及调度策略［J］/殷大聪，尹正杰，杨春花，王冬//中国水利，2017（9）

2906. 沧浪之水 可以濯足 君集工业废水资源化利用篇［J］/沈彩霞//中华建设，2017（9）

2907. 丹江口水库蓄水后汉江中下游水文时空变化的定量评估及其生态影响［J］/柏慕琛，班璇，DIPLAS Panayiotis，肖飞//长江流域资源与环境，2017（9）

2908. 基于DEA-ESDA的汉江生态经济带城市效率研究［J］/张静，丁斐//湖北社会科学，2017（9）

2909. 1964—2013年汉江生态经济带干湿气候时空变化分析［J］/张逸飞，张中旺，孙小舟，龚佑海，张志洁，孙雨露//长江科学院院报，2017（10）

2910. 汉江河谷地带尾矿治理研究［J］/汤尚颖//中国资源综合利用，2017（10）

2911. 汉江上游生态系统服务权衡与协同关系时空特征［J］/王鹏涛，张立伟，李英杰，焦磊，王浩，延军平，吕一河，傅伯杰//地理学报，2017（11）

2912. 基于MODIS NDVI汉江中游植被时空变化及其地貌分异分析［J］/徐静文，肖飞，廖炜，王高杰，周亚东//长江流域资源与环境，2017（11）

2913. 南水北调助力河南省生态调水工作［J］/彭可，李乐乐//河南水利与南水北调，2017（11）

2914. 基于滤食鱼类天然产力的安康库区生态负荷量测定［J］/刘超，李寒松，成定北，李志安，吕亚军，白存江//中国农学通报，2017（11）

2915. 汉江上游水资源涵养与生态环境保护研究［J］/张晓娟，赵辉，王红梅，赵佐平，梁引库//基因组学与应用生物学，2017（12）

2916. 汉江中下游突发性水污染事故预测模型研究［J］/董瑞瑞，陈和春，王继保，辛小康//水力发电，2017（12）

2917. 汉江上游铅锌尾矿库区土壤重金属富集特征与影响因素［J］/汤波，赵晓光，冯海涛，王彦民，宋凤敏，李琛，赵佐平//江苏农业科学，2017（13）

2918. 关于提升汉江河谷地带生态地质环境承载力的政策建议［J］/汤尚颖//领导科学论坛，2017（15）

2919. 勉县地质灾害分布与影响因素的相关性分析［J］/刘树林，强菲，聂守智//水利与建筑工程学报，2017（15）

2920. 汉江生态经济带绿色发展思考［J］/梁小青，杜华清，肖习明//领导科学论坛，

2017（19）

2921. 湖北襄阳汉江国家湿地公园建设中的湿地保护与恢复措施［J］/王灵艳//城市建设理论研究（电子版），2017（20）

2922. 浅析汉江流域历史时期降水变化［J］/丁玲玲，张毁，聂晓//农村经济与科技，2017（21）

2923. 汉江航运枢纽工程水库区地质环境问题探讨［J］/郭蓉亮，李文兵，黄文涛//城市建设理论研究（电子版），2017（28）

2924. 发展绿色产业应对汉江荆门流域生态危机的思考［J］/梁小青，常昌龙，伍德春//时代经贸，2017（30）

2925. 汉江上游安康段不同时间尺度洪水灾害风险评价［D］/张国芳．—陕西师范大学（硕士论文），2018

2926. 河道治理工程中生态护坡的设计与应用研究［D］/郭蔚．—西安理工大学（硕士论文），2018

2927. 针对水源涵养功能的汉江流域生态修复分区及植被优化配置［D］/于烨婷．—南京信息工程大学（硕士论文），2018

2928. 汉江流域河—库岸带湿地植被和土壤反硝化特征［D］/熊梓茜．—中国科学院大学（中国科学院武汉植物园）（硕士论文），2018

2929. 汉江一级阶地形成时代及其上覆黄土对MIS-3以来气候变化的响应研究［D］/毛沛妮．—陕西师范大学（硕士论文），2018

2930. 长江中下游极端降水事件的时空演变特征及其平稳/非平稳性研究［D］/马小芳．—武汉大学（硕士论文），2018

2931. 长江流域水相、沉积相中多溴联苯醚及有机氯农药的污染特征和风险评价［D］/刘明丽．—北京交通大学（硕士论文），2018

2932. 引汉济渭水源区突发水污染事故预警与应急调控研究［D］/刘璐瑶．—西安理工大学（硕士论文），2018

2933. 汉江三级阶地磁性地层年代及其古环境研究［D］/刘丽方．—陕西师范大学（硕士论文），2018

2934. 汉江上游二级阶地庹家州剖面沉积地层光释光测年及气候变化研究［D］/贾彬彬．—陕西师范大学（硕士论文），2018

2935. 变化环境下汉江径流演变及其对南水北调中线可调水量影响研究［D］/郭明．—辽宁师范大学（硕士论文），2018

2936. 南水北调中线水源区水资源特征及适应性利用研究［D］/王妍.—郑州大学（硕士论文），2018

2937. 汉江上游（陕西段）水环境容量研究［D］/郭锐.—西安理工大学（硕士论文），2018

2938. 汉江流域（湖北段）地质灾害分布规律［J］/华骐，蒋卫萍，王戈，华骥，廖媛，魏熊//资源环境与工程，2018（1）

2939. 汉江中下游流域生态环境态势及其对策［J］/梁小青，杨梅英//西部论坛，2018（1）

2940. 1970—2015年秦岭南北气温时空变化及其气候分界意义［J］/李双双，芦佳玉，延军平，刘宪锋，孔锋，王娟//地理学报，2018（1）

2941. 汉江流域跨界水污染问题及防治策略［J］/李柱，张弢，王天天//再生资源与循环经济，2018（2）

2942. 汉江河谷地带资源开发利用和环境保护模式研究［J］/汤尚颖//汉江师范学院学报，2018（2）

2943. 湖北省汉江中下游流域水污染物排放标准研究［J］/王盼，古琴，彭颖，李松炳//环境科学与技术，2018（2）

2944. 近46 a汉江流域地表干湿状况变化及其影响因素［J］/黄俊杰，周悦，周月华，高正旭//暴雨灾害，2018（2）

2945. 南水北调中线一期工程对汉江中游杜家滩滩段河道演变的影响及治理研究［J］/向征平，霍少君，杜莹//中国水运.航道科技，2018（2）

2946. 南水北调中线工程对汉江中下游纳污能力的影响［J］/朱烨，陈燕飞//水电能源科学，2018（2）

2947. 引调水工程对汉江中下游生态环境的累积叠加影响研究［J］/王中敏，刘金珍，刘扬扬，樊皓//中国农村水利水电，2018（3）

2948. 汉江水环境现状分析与综合治理［J］/陈平，文力//农村经济与科技，2018（3）

2949. 长江中下游悬浮物稀土元素地球化学特征及其对三峡工程的响应［J］/岳凯凯，邓兵，何荣，瞿建国//地球与环境，2018（3）

2950. 汉江流域（陕西段）水生态承载力评估［J］/孙佳乐，王颖，辛晋峰//水资源与水工程学报，2018（3）

2951. 汉江金水河、子午河"2015·06"暴雨洪水分析［J］/宋淑红，由宇军，贺成民//陕西水利，2018（4）

2952. 调水工程对汉江中下游流域生态环境的影响及补救措施研究［J］/刘营//陕西水利，2018（4）

2953. 南水北调中线水源区水文特征分析及其水资源适应性利用的思考［J］/左其亭，王妍，陶洁，韩春辉，王鑫//南水北调与水利科技，2018（4）

2954. 湖北出台汉江中下游污水排放新标准 严把水环境安全关［J］/给水排水，2018（4）

2955. 汉江流域农田生产力的时空变化及成因分析［J］/张静，付恒阳，秦公伟//西北师范大学学报（自然科学版），2018（4）

2956. 陕西省不同生态类型区河流水质与径流泥沙间的关系［J］/邓娟，呼东峰，上官周平//水土保持研究，2018（4）

2957. 汉江下游典型弯曲河段的单向冲刷特点分析［J］/陈立，宋涛，吕孙云，邝建平//武汉大学学报（工学版），2018（4）

2958. 汉江中下游硅藻群落时空分布及其影响因素研究［J］/刘清香，王婷，许旭明，倪晋仁//北京大学学报（自然科学版），2018（4）

2959. 安康市城东新区水生态治理思路探析［J］/苗磊//地下水，2018（6）

2960. 汉中是地球上同纬度生态最好的地方［J］/李平//中国三峡，2018（6）

2961. 汉江上游径流非一致性演变特征及频率分析［J］/滕杰，郭明，周政辉//水资源与水工程学报，2018（6）

2962. 南水北调中线工程水源区和受水区旱涝特征及风险预估［J］/方思达，刘敏，任永建//水土保持通报，2018（6）

2963. 秦岭南北地区农业气候资源时空变化特征［J］/芦鑫，殷淑燕，王水霞，高涛涛//长江流域资源与环境，2018（8）

2964. 南水北调对汉江襄阳段水质影响及成因分析［J］/郑文//绿色科技，2018（8）

2965. 加强生态系统保护 优化湿地保护体系建设［J］/李少平//前进论坛，2018（9）

2966. 汉江流域1956～2016年汛期降水时空演变格局［J］/邓鹏鑫，邝建平，贾建伟，王栋//长江流域资源与环境，2018（9）

2967. 2018年汉江中下游水华成因分析与治理对策［J］/王俊//水利水电快报，2018（9）

2968. 汉江流域农业面源污染的源解析［J］/唐肖阳，唐德善，鲁佳慧，常文倩，唐新玥//农业环境科学学报，2018（10）

2969. 兴隆水利枢纽坝下游河段河床演变分析［J］/卢婧，许朝勇//水利水电快报，2018

（10）

2970. 汉江河口段河床演变及碍航特性分析［J］/袁达全//水运工程，2018（10）

2971. 汉江流域降雨变化［J］/王嘉志//山西农经，2018（12）

2972. 加强生态地质环境承载力管理 提高生态敏感区管理水平——以汉江河谷地带为例［J］/汤尚颖，饶茜//领导科学论坛，2018（15）

2973. 2018年汉江中下游水华成因分析与治理对策［J］/王俊，汪金成，徐剑秋，钱宝//人民长江，2018（17）

2974. 汉江流域实行最严格水资源管理制度探索与实践［J］/戴昌军//人民长江，2018（18）

2975. 近年汉江皇庄河段水位变化特征及其成因分析［J］/肖潇，毛北平，杨阳，胡建华//人民长江，2018（22）

2976. 南水北调中线水源地农业面源污染特征及农户环境行为研究［D］/王彦东．—西北农林科技大学（硕士论文），2019

2977. 基于GIS的汉江流域生态系统服务评估及其权衡关系研究［D］/武靖．—湖北大学（硕士论文），2019

2978. 干旱致灾临界状态辨识及汉江上游未来气候情景下干旱预测研究［D］/肖涵．—华中科技大学（硕士论文），2019

2979. 汉江上游水文气象时空变异和水文模拟的不确定性评估［D］/李紫妍．—西安理工大学（硕士论文），2019

2980. 变化环境下汉江流域社会生态水文演变过程分析与模拟研究［D］/魏秀．—西安理工大学（硕士论文），2019

2981. 基于大数据分析方法的汉江流域安康段洪水预报研究［D］/王丽娟．—云南师范大学（硕士论文），2019

2982. 近千年长江三角洲启东地区沉积环境演变及其反映的黄河南迁影响［D］/王峰．—华东师范大学（硕士论文），2019

2983. 秦巴山区植被FPAR时空变化特征研究［D］/章金城．—西南大学（硕士论文），2019

2984. 2000—2015年秦巴山区植被净初级生产力时空分异研究［D］/赵晓．—西南大学（硕士论文），2019

2985. 氮磷营养盐对汉江四种藻类种间竞争的影响［D］/吴文莉．—西安理工大学（硕士论文），2019

2986. 2001—2015年汉江中下游流域不同高程植被时空变化特征及其成因［D］/孟婷婷. —武汉理工大学（硕士论文），2019

2987. 川西地区风成沉积物上土壤发生学特征及环境意义［D］/沈小晓. —西华师范大学（硕士论文），2019

2988. 陕西洋县朱鹮栖息地生境修复规划设计方法研究［D］/杨伊婷. —西安建筑科技大学（硕士论文），2019

2989. 基于日降水量的长江流域极端降水与降雨侵蚀力变化特征研究［D］/芦鑫. —陕西师范大学（硕士论文），2019

2990. 苏州传统私家园林多类型山体洞室的小气候效应空间模式研究［D］/康蒙召. —西安建筑科技大学（硕士论文），2019

2991. 环境史视域下清代洋县水资源利用与管理［D］/王兴英. —西北大学（硕士论文），2019

2992. 河流碳含量及其同位素特征的动态格局［D］/韩曦. —中国科学院大学（中国科学院武汉植物园）（硕士论文），2019

2993. 鄂西地区大型真菌多样性研究［D］/王锋尖. —吉林农业大学（硕士论文），2019

2994. 汉江中下游水生态环境演变情况研究［D］/郑继利. —长江大学（硕士论文），2019

2995. 丹江口水库氮磷入库通量计算与分析［C］/张静，钟一丹，王玉波，罗敏，周明春，王源，胡圣//中国水利学会2019学术年会论文集第五分册，2019

2996. 浅层地下水对植生滤带削减面源氮磷污染物的影响及VFSMOD-W模型模拟研究［D］/李冉. —中国地质大学（硕士论文），2019

2997. 湖北省地表水污染时空变化特征及污染源解析［D］/岳智颖. —华中师范大学（硕士论文），2019

2998. 汉江流域陕西段水环境现状与污染防治分析［C］/蒙小俊，王秋利，龚晓松//《环境工程》2019年全国学术年会论文集（下册），2019

2999. 水美三秦万古流——陕西科学调度江河水量实现碧水长流［C］/刘艳芹//中国水文化（2019年第5期 总第167期），2019

3000. 中线工程运行下汉江中下游水质时空变异性研究及污染等级推估［D］/刘文文. —中国地质大学（硕士论文），2019

3001. 变化环境下考虑不确定性的洪水频率计算［D］/高盼星. —西安理工大学（硕士

论文），2019

3002. 苏州中心城区河网水动力水质水生态模型及联控联调方案研究［D］/沈尚荣. —华中科技大学（硕士论文），2019

3003. 2019年丹江口水库浮游生物群落调查与分析［C］/方艳红，王文君，王崇，陈锋，郑海涛，张庆，简东//中国水利学会2019学术年会论文集第五分册，2019

3004. 建设生态汉江 十堰重任在肩［J］/中国生态文明，2019（S1）

3005. 习近平总书记重要指示［J］/中国生态文明，2019（S1）

3006. 汉江孤山航电枢纽工程区近坝滑坡稳定性分析及防治工程建议［J］/王启国//中国地质灾害与防治学报，2019（1）

3007. 河流分级方法研究及应用探讨［J］/董耀华，汪秀丽//水利水电快报，2019（1）

3008. 汉江流域上游植被指数变化的影响因素分析［J］/栾金凯，刘登峰，刘慧，黄强，林木，李国宝//华北水利水电大学学报（自然科学版），2019（1）

3009. 湖北荆门磷化工企业敷衍整改污染严重［J］/宗述//中国环境监察，2019（1）

3010. 汉江中下游河流健康综合评价研究［J］/朱悼，贾海燕，周琴//水生态学杂志，2019（1）

3011. 十堰：忠诚的守井人［J］/夏伟//中国生态文明，2019（1）

3012. 汉江中下游流域污染负荷及水环境容量研究［J］/张强，刘巍，杨霞，容誉//人民长江，2019（2）

3013. 湖北仙桃：全程监督鱼苗放流活动［J］/刘堃，答笛//方圆，2019（2）

3014. 水文时间序列高阶自相关性识别及其对水文分析的影响研究［J］/李娇娇，张洪波，辛琛，李吉程//人民珠江，2019（2）

3015. 新时代赋予新使命 新征程呼唤新作为［J］/湖北画报（上旬），2019（2）

3016. 湖南小溪国家级自然保护区发现后鳍薄鳅［J］/瞿勇，张佩玲，黄太福，黄兴龙，朱莎，袁小玥，张佑祥，刘志霄//四川动物，2019（2）

3017. 2018年长江泥沙公报解读［J］/长江技术经济，2019（2）

3018. 西汉水流域降水径流对水土流失的影响分析［J］/金泉，吴彦昭//陕西水利，2019（3）

3019. 陕西石泉井水位阶降异常［J］/王秋宁，李守广，赵小茂//华北地震科学，2019（3）

3020. 王敏//地域研究与开发，2019（3）

3021. 1960—2017年秦岭南北地区降雨侵蚀力的时空变化特征研究［J］/芦鑫，殷淑

燕，高涛涛//浙江大学学报（理学版），2019（3）

3022. 为汉江生态修复寻找系统解决方案——多位全国政协委员呼吁"为保护好汉江水尽一份力"［J］/毛丽萍//湖北政协，2019（3）

3023. 数值模型在城市防洪风险图的应用研究——以安康为例［J］/程龙，王盼，詹存，王静，连阳阳//黑龙江大学工程学报，2019（3）

3024. 2018年汉江下游硅藻水华成因分析［J］/辛小康，王英才，胡圣，李建//水电能源科学，2019（3）

3025. 考虑不同成洪暴雨类型的洪水频率计算［J］/高盼星，王义民，赵明哲，孟雪姣，郭爱军//自然灾害学报，2019（3）

3026. 汉江上游翘嘴鳜年龄鉴定及其生长性能和血液生理生化指标的分析［J］/陈苏维//河南农业科学，2019（03）

3027. 基于GIS的汉江流域水土保持时空变化特征分析（2001—2017年）［J］/刘海，黄跃飞，林苗，王敏//地域研究与开发，2019（03）

3028. 基于SDSM-SWAT模型的汉江上游径流变化模拟［J］/叶加俊，卢健涛，银星黎，李晓昭，成良歌，覃晖//水电能源科学，2019（4）

3029. 变化环境下降雨集中度的变异与驱动力探究［J］/黄生志，杜梦，李沛，郭怿，王璐//水科学进展，2019（4）

3030. 《昌吉回族自治州志（1996—2016）》评审会召开［J］/新疆地方志，2019（4）

3031. 汉江上游植被指数变化及其归因分析［J］/杨倩，刘登峰，孟宪萌，黄强，林木//南水北调与水利科技，2019（4）

3032. 市人民政府办公室关于印发襄阳市2019年汉江大保护专项行动工作方案的通知［J］/襄阳市人民政府公报，2019（4）

3033. 绿染汉江之滨［J］/李青松，王晓群//生态文明世界，2019（4）

3034. 河湖保护竞风流——湖北推行河湖长制经验纷呈［J］/张利//政策，2019（4）

3035. 江汉平原沙洋地区表层土壤中硒的分布特征及富硒原因分析［J］/陈秋菊，甘义群，张若雯//安全与环境工程，2019（4）

3036. 陕西省汉江湿地自然保护区昆虫资源调查与分析［J］/王琦，李长波，冯淑连，李小龙，赵雪毅，郭硕，李奔//生物资源，2019（5）

3037. 小陇山嘉陵江流域和汉水流域野生树种地理分布新记录［J］/颜晓鲁//甘肃林业，2019（5）

3038. 汉江流域硫铁矿区厚子河支流水质评价研究［J］/代贞伟，王磊，贺小黑，伏永

朋，潘伟，章昱//中国地质调查，2019（5）

3039. 汉江旬阳断面水质监测分析及建议［J］/冯轲，陈纯//城镇供水，2019（5）

3040. 江汉平原地球关键带监测网建设进展［J］/李俊琦，马腾，邓娅敏，杜尧，王志强，姜月华//中国地质调查，2019（5）

3041. 汉江上游流域潜在蒸散量敏感性分析［J］/安彬，肖薇薇//水资源保护，2019（5）

3042. 秦岭南北区域夏季极端降水与西太平洋副热带高压的关系［J］/殷田园，殷淑燕，李富民//干旱区研究，2019（6）

3043. 南水北调中线水源区降水量时空特征分析［J］/赵美静，吴冬雨，谭云燕，郭暄，赵潘飞，李玉英，白景锋//南阳师范学院学报，2019（6）

3044. 汉江中下游流域土壤侵蚀高风险期及优先控制区协同分析［J］/阮舒荷，庄艳华，王立辉，汤显强，张亮，杜耘，洪松//长江流域资源与环境，2019（6）

3045. 汉江中游流域宜城地区黏虫成虫世代特点分析［J］/常向前，吕亮，余小清，黄求应，雷朝亮，张舒//环境昆虫学报，2019（6）

3046. 1970-2015年汉江流域多尺度极端降水时空变化特征［J］/汪成博，李双双，延军平，武亚群//自然资源学报，2019（6）

3047. 市人民政府办公室关于印发襄阳市汉江入河排污口排查整治专项行动方案的通知［J］/襄阳市人民政府公报，2019（6）

3048. 不同RCP情景下未来汉江流域气象干旱变化趋势预估研究［J］/张奇谋，陈思，陈松生，王润//长江流域资源与环境，2019（6）

3049. 襄阳汉江国家湿地公园水质分析及植物分布与水质的关系［J］/李红海，夏梦雨，冯德金//江汉大学学报（自然科学版），2019（6）

3050. 湖北全力打造"黄金主轴"绿色发展新生态 荆楚大地的"三篇文章"［J］/何潭振//地球，2019（7）

3051. 汉江上游平川段鱼类群落多样性及空间格局分析［J］/王卓，宋策，闫文龙，朱来福//长江流域资源与环境，2019（7）

3052. 基于SPEI的南水北调中线水源区干旱时空特征［J］/石卫，雷静，马立亚，余江游//人民长江，2019（7）

3053. 基于系统协调度的入河排污布设分区理论及应用［J］/尹炜，李建，辛小康//人民长江，2019（7）

3054. 绿色江城：向黑臭水体宣战［J］/黄彬彬//中华环境，2019（8）

3055. 汉江中下游梯级水库联合生态调度前后襄阳段水质变化分析［J］/宋瑞，刘付立，朱艳容，张小南//水利水电快报，2019（8）

3056. 汉江下游鱼类早期资源及梯级联合生态调度对鱼类繁殖影响的初步分析［J］/汪登强，高雷，段辛斌，陈大庆，孟秋，刘绍平//长江流域资源与环境，2019（8）

3057. 浅谈汉江水源治理的思考和建议［J］/张菲菲，周晓军//中华辞赋，2019（8）

3058. 湖北省南河干流水生态修复方案探讨［J］/姚瑶，马全，曹国良/水资源开发与管理，2019（8）

3059. 绿色秦巴：共爱家乡生命之源［J］/李鹏博//中华环境，2019（9）

3060. 山水森林城 宜居新襄阳［J］/张亚敏//国土绿化，2019（9）

3061. 襄阳入江中小河流表层沉积物重金属污染特征及其潜在的生态风险评价［J］/马牧源，于一雷，郭嘉，赵娜娜，李肖夏，徐卫刚//环境科学学报，2019（9）

3062. 汉江中下游冬春季硅藻水华成因研究［J］/吴卫菊，陈晓飞//环境科学与技术，2019（9）

3063. 汉江上游流域水文循环过程对气候变化的响应［J］/陈婷，夏军，邹磊//中国农村水利水电，2019（9）

3064. 汉中冲积平原傍河水源地开采地下水的扰动流场模拟研究［J］/郭志元，刘若琪，张森安，曹程明//工程勘察，2019（9）

3065. 市人民政府办公室关于印发襄阳市推动汉江流域城市协同发展定期交流工作方案的通知［J］/襄阳市人民政府公报，2019（9）

3066. 座谈会发言摘编［J］/本刊编辑部//湖北政协，2019（10）

3067. 近年来汉江上游土地利用类型变化分析［J］/杨倩，刘登峰，刘慧，栾金凯，黄强，林木//人民珠江，2019（10）

3068. 长江科学院获批长江生态环境保护联合研究一期项目课题［J］/长江科学院院报，2019（10）

3069. 空间溢出视角下汉江生态经济带地级市工业二氧化硫排放影响因素研究［J］/彭智敏，向念//生态经济，2019（11）

3070. 长江主要支流岸线资源综合评价及管控分区研究［J］/闵敏，段学军，邹辉，陈维肖//长江流域资源与环境，2019（11）

3071. 长江水体常量和微量元素的来源、分布与向海输送［J］/吴文涛，冉祥滨，李景喜，王昊，李梦露，刘军，臧家业//环境科学，2019（11）

3072. 汉江中下游生态系统健康评价指标体系构建及其应用［J］/粟一帆，李卫明，艾

志强，刘德富，朱澄浩，李金京，孙徐阳//生态学报，2019（11）

3073. 汉江中下游消落区及水域面积时空变化分析［J］/王燚成，肖飞，冯奇，周亚东，陈苗苗，杜耘//长江流域资源与环境，2019（11）

3074. 河南省人民政府办公厅关于印发河南省贯彻落实淮河生态经济带和汉江生态经济带发展规划实施方案的通知［J］/河南省人民政府公报，2019（11）

3075. 1961~2049年汉江流域降水量变化研究［J］/王润，张奇谋，李娜，姜彤//长江流域资源与环境，2019（11）

3076. 基于多目标优化模型的城镇污水处理厂选址分析［J］/吴红波，杨肖肖，王国田//地理空间信息，2019（12）

3077. 《河南省贯彻落实汉江生态经济带发展规划实施方案》解读［J］/河南省人民政府公报，2019（12）

3078. 环境变化对汉江上游径流影响的定量分析［J］/杨倩，刘登峰，孟宪萌，黄强，林木//水力发电学报，2019（12）

3079. 长江入海水沙通量变化过程分析及变化趋势［J］/朱博渊，李义天，余文钧，孙昭华，邓金运，柴元方，张春财//长江流域资源与环境，2019（12）

3080. 丁汉江洲滩平地夏玉米氮、磷、钾吸收分配与利用效率分析［J］/亨虎，吴家琼，伍艮春，董华兵，刘克芝，孙玉海//湖北农业科学，2019（13）

3081. 汉江流域堤防林建设和养护管理方式研究［J］/唐竹青//山西农经，2019（13）

3082. 汉江上游野生与养殖翘嘴鳜营养成分的对比分析及评价［J］/陈苏维//食品工业科技，2019（14）

3083. 汉中汉江流域水环境保护的法律思考［J］/梁惠//新西部，2019（16）

3084. 湖北省发展和改革委员会关于印发汉江生态经济带发展规划湖北省实施方案（2019-2021年）的通知［J］/湖北省人民政府公报，2019（19）

3085. 湖北水文：争做守望江河"尖兵"［J］/中国水利，2019（19）

3086. 丹江口库区水域将全面禁捕［J］/渔业致富指南，2019（23）

3087. 延津县有机小麦标准化生产技术集成与应用［J］/刘明忠//农业与技术，2019（23）

3088. 汉江生态保护与生态补偿探究［J］/曹俊，李莉//农业与技术，2019（23）

3089. 南水北调陕南水源地生态报告［J］/杨旭民//新西部，2019（31）

3090. 宁强：来自汉江发源地的生态报告［J］/呼东方//新西部，2019（31）

3091. 水温自记遥测仪器的安装与应用［J］/张宗敏，金哲，晋涛，罗世冰//河南科技，

2019（32）

3092. 湖北：将在全省范围内开展造纸等行业专项治理工作［J］/中华纸业，2019（40）

3093. 汉江源头谱新篇 富民强县著华章——宁强县经济社会发展成就综述［J］/林海，王鹏飞//法治与社会，2020

3094. 汉江上游径流演变规律和实际蒸散发变化分析［D］/杨倩．—西安理工大学（硕士论文），2020

3095. 汉江流域参数移植法及水文水动力耦合模型的研究［D］/陈昊荣．—大连理工大学（硕士论文），2020

3096. 山体效应对秦巴山地太阳辐射及垂直带的影响研究［D］/刘俊杰．—河南大学（硕士论文），2020

3097. 气候变化背景下汉江流域极端降水时空演变及预估研究［D］/张奇谋．—湖北大学（硕士论文），2020

3098. 汉江干流浮游生物群落结构和功能群特征及水质评价［D］/杜红．—华中农业大学（硕士论文），2020

3099. 汉江滨河湿地功能退化因素分析［D］/祁辉．—西安建筑科技大学（硕士论文），2020

3100. 基于FLUS模型的汉江生态经济带生态空间多情景模拟预测研究［D］/吕志航．—湖北大学（硕士论文），2020

3101. 汉江汉中断面以上流域面源污染特征研究［D］/宋佳宝．—西安科技大学（硕士论文），2020

3102. 武汉市地表水体中稀土元素分布特征及人为源Gd的来源研究［D］/贾会鹏．—贵州大学（硕士论文），2020

3103. 丹江口水库消落带土壤氮素、有机质分布特征及通量分析［D］/潘礼德．—华北水利水电大学（硕士论文），2020

3104. 南水北调中线工程水源地水环境变化规律研究［C］/卢路，辛小康//中国水利学会2020学术年会论文集第三分册，2020

3105. 丹汉江流域不同尺度景观格局变化对水沙及水质的影响研究［D］/张译心．—西安理工大学（硕士论文），2020

3106. 秦岭拉氏（鱼岁）（鲤形目：鲤科）及其寄生柯氏三代虫（三代虫目：三代虫科）的谱系地理学研究［D］/陈涛．—陕西师范大学（硕士论文），2020

3107. 汉江生态经济带区域发展差异及影响因素研究［D］/杨笑. —湖北省社会科学院（硕士论文），2020

3108. 汉江上游翘嘴鳜仔稚鱼摄食特性的初步研究［J］/陈苏维，黄陈翠，李婧，谢醒达，吉红//家畜生态学报，2020（1）

3109. 陕西城固监测记录野生动物物种及保护管理探讨［J］/张红，谢辉//现代农业研究，2020（1）

3110. 汉江中下游浮游植物群落结构特征及其影响因子分析［J］/马京久，陈燕飞，郑继利，李阳//长江大学学报（自然科学版），2020（1）

3111. 丹江口水库水体氨氮浓度时空变化特征［J］/朱艳容，甄航勇，赵旭，徐祥//人民长江，2020（1）

3112. 长江流域水库富营养化调查与评价［J］/雷俊山，王顺天，贾海燕，徐建锋//水利水电快报，2020（1）

3113. 汉江流域上游城镇污水CAST处理工艺微生物群落结构分析［J］/蒙小俊，龚晓松，王秋利//安康学院学报，2020（1）

3114. 襄阳：坚守绿色底色奏响"汉江之歌"［J］/鄂湘文//中国环境监察，2020（1）

3115. 加强长江流域生态流量管理的建议和举措［J］/杨谦//长江技术经济，2020（1）

3116. 城市化下景观格局对河流水质变化的空间尺度效应分析［J］/李昆，王玲，孙伟，王祥荣，李兆华//环境科学学报，2020（1）

3117. 长江最大支流将制定环保负面清单加强水生态保护［J］/渔业致富指南，2020（1）

3118. 云南会泽寒武系第二统第四阶沧浪铺组三叶虫化石特征［J］/任玥，时国，乔丹，张兆阳，陶菁，王亚东//江西科学，2020（1）

3119. 汉江流域中上游日降雨集中度时空格局研究［J］/夏哲兵，黄英梅//人民长江，2020（1）

3120. 基于SWAT模型的汉江流域径流模拟［J］/陈昊荣，金生//水利与建筑工程学报，2020（1）

3121. 江汉平原地下水化学特征及水流系统分析［J］/梁杏，张婧玮，蓝坤，沈帅，马腾//地质科技通报，2020（1）

3122. 陕西省丹汉江流域非点源污染负荷估算及评价［J］/李舒，李家科，郝改瑞//环境科学与技术，2020（2）

3123. 丹汉江流域非点源污染定量化与控制研究进展［J］/李亚娇，张子航，李家科，

郝改瑞//水资源与水工程学报，2020（2）

3124. 1951—2019年丹江口库区降水量时空变化研究［J］/郭诗君，尹泰来，吴冬雨，郑保海，闫雪燕，李玉英，付景保//人民长江，2020（2）

3125. 农作物传播研究：以陕西汉中龙岗寺遗址新石器时代炭化植物遗存为例［J］/唐丽雅，韩凯，马明志，赵志军//第四纪研究，2020（2）

3126. 汉江上游汉中段近50年实测径流变化趋势及特征分析［J］/李婧，赵鸿，李百凤，刘蕊蕊//西北水电，2020（2）

3127. 水库壅水对水源地水环境的影响研究［J］/刘小华，魏炳乾，黄磊，刘星，李杰伟，刘艳梅//水资源与水工程学报，2020（2）

3128. 基于地貌分区的陕西省区域生态风险时空演变［J］/刘迪，陈海，耿甜伟，张行，史琴琴//地理科学进展，2020（2）

3129. 汉江生态经济带水环境保护问题及对策［J］/张中旺，陈尧，徐存刚//人民珠江，2020（2）

3130. 江河无鱼，人何以渔？［J］/可持续发展经济导刊，2020（3）

3131. 1735—1911年汉江流域季节旱涝等级序列的重建与特征分析［J］/丁玲玲，郑景云//地理研究，2020（3）

3132. 以成都市沧浪湖为例探讨城市静态水体生态修复技术［J］/龚克娜，杨艳梅，王家良，邱壮，付韵潮//四川建筑，2020（3）

3133. 丹江口水库水体营养状态空间特征分析［J］/赵康平，杨文杰，沙健，尚云涛，李雪//环境科学与技术，2020（3）

3134. 汉江流域陕西段非点源污染特征解析［J］/李家科，郝改瑞，李舒，彭凯，宋嘉，韩蕊翔，张子航//西安理工大学学报，2020（3）

3135. 汉江中下游浮游植物群落结构及水质评价［J］/买占，李诗琦，郭超，李为，殷战，刘家寿//生物资源，2020（3）

3136. RCPs情景下汉江流域未来极端降水的模拟与预估［J］/张奇谋，王润，姜彤，陈松生//气候变化研究进展，2020（3）

3137. 河南省鱼类新纪录种——汉水扁尾薄鳅［J］/孟晓林，刘如垚，周传江，杨长幸，程娟，马文文，汤永涛，张建新，聂国兴//河南师范大学学报（自然科学版），2020（3）

3138. 汉江地区水环境承载力研究［J］/周洋，周强//成都大学学报（自然科学版），2020（3）

3139. 基于ESEF的汉江生态经济带水生态承载力评估［J］/魏俊，张中旺，燕鑫//水资源开发与管理，2020（3）

3140. 丹江口水库上下游古菌优势菌群落结构特征分析［J］/林亚萱，党晨原，钟思宁，王佳文，郑彤，倪晋仁//北京大学学报（自然科学版），2020（3）

3141. 湖北省地下水流系统划分研究［J］/范威，于瑶，江越潇，陈畅，牛俊强，胡成//资源环境与工程，2020（4）

3142. 汉江上游干流和秦岭南麓典型支流的底栖动物群落特征及水质生物评价［J］/侯易明，潘保柱，蒋小明，蒋万祥，朱朋辉，张磊，杨海强//湖泊科学，2020（4）

3143. 汉江流域安康站日径流预测的LSTM模型初步研究［J］/胡庆芳，曹士圮，杨辉斌，王银堂，李伶杰，王立辉//地理科学进展，2020（4）

3144. 汉江流域汛期径流时空变化特征研究［J］/王栋，吴栋栋，解效白，李雪慧//人民珠江，2020（4）

3145. 基于SWAP和SRI的汉江流域旱涝急转时空特征分析［J］/赵英，陈华，杨家伟，许崇育，陈杰//人民长江，2020（4）

3146. 汉江流域降水非均匀性变化特征分析［J］/晏德莉，李双双，延军平，汪成博，武亚群//武汉大学学报（理学版），2020（4）

3147. 汉江下游河流型水华暴发的多影响要素特征识别［J］/夏瑞，张远，王璐，张永勇，窦明，乔云峰，张孟衡//环境科学研究，2020（4）

3148. 蔺河口水库硅藻水华特征及影响因素研究［J］/胡恩，王文科，张振文，孙长顺，苏雅玲//生物学杂志，2020（4）

3149. 谷城汉江国家湿地公园［J］/陈伟，舒成//湖北画报（湖北旅游），2020（4）

3150. 从流域水环境与水利工程影响角度分析汉江水华成因［J］/钱宝//长江技术经济，2020（4）

3151. 汉江中下游硅藻水华研究进展与展望［J］/李建，尹炜，贾海燕，辛小康//水生态学杂志，2020（5）

3152. 汉江流域极端面雨量时空分布特征［J］/高琦，徐明，彭涛，万蓉//暴雨灾害，2020（5）

3153. 面向事件过程的秦岭南北极端降水时空变化特征［J］/李双双，汪成博，延军平，刘宪锋//地理学报，2020（5）

3154. 汉江上游晏家棚段二级阶地风成黄土成壤特征及气候变化［J］/羊俊敏，周亚利，庞奖励，黄春长，崔颖颖，闫雪娇//山东农业科学，2020（5）

3155. 汉江生态经济带生态状况及时空演变［J］/李超锋//中南民族大学学报（人文社会科学版），2020（5）

3156. 长江经济带典型流域重化产业环境风险及对策［J］/赵玉婷，李亚飞，董林艳，姚懿函，李小敏，孙启宏//环境科学研究，2020（5）

3157. 浅谈汉江流域天然林保护与农民增收的衔接［J］/杨秀梅，刘永生//湖北林业科技，2020（5）汉江上游支流堵河宽鳍鱲的年龄与生长特征研究［J］/孟子豪，李学梅，王旭歌，胡飞飞，吴兴兵，李佳荫，杨德国//淡水渔业，2020（5）

3158. 4个瓦氏黄颡鱼群体遗传多样性的微卫星分析［J］/郑翔，徐杰杰，张佳佳，王涛，尹绍武//水产科学，2020（5）

3159. 汉江生态经济带水生态环境问题及对策［J］/卢金友，林莉//环境科学研究，2020（5）

3160. 变化环境下汉江径流时空演变规律分析［J］/钟华昱，黄强，杨元园，刘登峰，明波，任康//人民珠江，2020（5）

3161. 汉江流域暴雨的Eliassen-Palm通量特征及潜势预报［J］/黎颖，王欣，马楚楚//陕西气象，2020（5）

3162. 江汉平原汉江带地下水水化学特征分析［J］/蓝坤，梁杏，李静//安全与环境工程，2020（5）

3163. 汉江流域夏季避暑适宜度的变化分析［J］/丁玲玲，杨剑，孙小舟//湖北文理学院学报，2020（5）

3164. 秦岭南北潜在蒸发与气温响应关系及其影响因素［J］/王晓萌，延军平，李双双，晏德莉，万佳//旱区地理，2020（6）

3165. 1971—2018年汉江流域陕西段降水时空特征分析［J］/赵爱莉，张晓斌，郝改瑞，李抗彬//水资源与水工程学报，2020（6）

3166. 汉中地区历年降水量情况分析及思考［J］/杨晨//地下水，2020（6）

3167. 南水北调中线工程调水前后汉江下游水生态环境特征与响应规律识别［J］/曹圣洁，夏瑞，张远，李正炎，任逸轩，塔拉//环境科学研究，2020（6）

3168. 于基于信息熵理论的汉江流域生态系统服务结构特征及时空演化［J］/海龙，王宏志，于长立//生态科学，2020（6）

3169. 区域战略性新兴产业发展的经济与生态政策模拟及改进——以汉江生态经济带沿线17市为实证检验［J］/余淑秀，卢山冰，邹玲丽//中国科技论坛，2020（6）

3170. 汉江中上游流域降水变化趋势研究［J］/张小南//陕西水利，2020（6）

3171. 汉江流域生态系统服务权衡与协同关系演变［J］/高艳丽，李红波，侯蕊//长江流域资源与环境，2020（7）

3172. 基于环境质量底线的污染物总量控制研究——以汉江中上游为例［J］/申诗嘉，彭虹，夏函，陈肖敏，张万顺//人民长江，2020（7）

3173. 陕西城固县湿地资源保护现状及对策研究［J］/杨芬//现代农业研究，2020（7）

3174. 汉江上游水体表层沉积物重金属污染特征评价［J］/宋凤敏，岳晓丽，刘智峰，葛红光，李琛，赵佐平//农业环境科学学报，2020（7）

3175. 基于水环境容量的浉河流域生态治理对策研究［J］/吴辉，戴先谱，刘刚，郭春梅//环境生态学，2020（7）

3176. 丹江口水库典型支流对水库总氮浓度的影响［J］/张乐群，付昕，白凤朋//人民长江，2020（7）

3177. 2018年汉江中下游水华现象的思考与建议［J］/李昱燃，李欣悦，林莉//人民长江，2020（8）

3178. 汉江下游平原典型区域水生态系统服务价值评价［J］/熊文，孙晓玉，彭开达，黄羽//人民长江，2020（8）

3179. 小麦条锈病症状识别及预测预报技术［J］/段新颖//基层农技推广，2020（8）

3180. 汉江中游"温棚标粗+池塘混养"南美白对虾纯淡水生态养殖技术［J］/孔江红，刘襄河，林学明//水产养殖，2020（8）

3181. 汉江生态经济带生态修复机制的研究［J］/赵海莉，刘文//安徽农业科学，2020（8）

3182. 美丽乡村建设背景下农村生态环境污染问题及治理对策——以荆门市大柴湖农村生态环境为例［J］/雷武琴，赵鸣，古佩//环境与发展，2020（8）

3183. 市人民政府关于长江汉江武汉段实施全面禁捕的通告［J］/武汉市人民政府公报，2020（8）

3184. 基于AFI指数的汉江上游流域洪涝突变辨识［J］/陈灏，董前进，张旭//长江流域资源与环境，2020（9）

3185. 丹江口水库水化学特征现状分析［J］/张乾柱，邓浩俊，卢阳，周火明，高强，周裕红//长江科学院院报，2020（9）

3186. 基于综合水质标识指数法的汉江中下游水质评价［J］/马京久，喻婷，陈燕飞，姚华明，李阳//人民珠江，2020（9）

3187. 1958—2017年汉江流域日照时数时空变化特征［J］/安彬，李伟金，肖薇薇，张

淑兰//河南科学，2020（9）

3188. 汉江上游晚冰期以来古洪水事件发生的气候背景分析［J］/王娜，查小春，黄春长，庞奖励，古明兴//长江流域资源与环境，2020（10）

3189. 基于Fisher判别准则的河湖相判别模型的构建：以江汉盆地汉江上游段为例［J］/张鑫，梁杏，孙立群，宋晨，李琳/地球科学，2020（11）

3190. 气候与土地利用变化对汉江流域径流的影响［J］/田晶，郭生练，刘德地，陈启会，王强，尹家波，吴旭树，何绍坤//地理学报，2020（11）

3191. 湿地公园重金属污染修复方案探究［J］/高长红//陕西水利，2020（11）

3192. 丝路源点汇思路 汉江河畔聚高朋 华宏科技举办2020西北区废钢加工设备现场观摩暨大客户答谢会［J］/邓旭，王冰//资源再生，2020（11）

3193. 南北过渡带典型流域径流变化归因对比研究［J］/师润，田鹏，赵广举，穆兴民，邹易，刘彦宁//人民黄河，2020（12）

3194. 汉江干流汉中（二）水文站断面河道内生态基流计算分析［J］/曹苗苗//陕西水利，2020（12）

3195. 汉江流域金水河与淇河潜在硝化速率及硝化功能基因的影响因子［J］/赵彬洁，王旭，张健，谭香，何睿，周全，史航，张全发//环境科学，2020（12）

3196. 汉江汉中平川段水生态系统保护与修复规划［J］/赵鸿，张振师，张乃畅//陕西水利，2020（12）汉江湿地生态保护植被恢复方法探讨［J］/王保忠，田毅//现代农业科技，2020（16）

3197. 汉江襄阳段禁捕退捕工作成效初显［J］/周华//渔业致富指南，2020（17）

3198. 基于卫星遥感降水产品的汉江源区径流模拟［D］/师润.—西北农林科技大学（硕士论文），2021

3199. 汉江流域陕西段非点源污染特征及模型模拟研究［D］/郝改瑞.—西安理工大学（硕士论文），2021

3200. 汉江流域金水河与淇河氮循环过程及微生物驱动机制［D］/赵彬洁.—中国科学院大学（中国科学院武汉植物园）（硕士论文），2021

3201. 南水北调中线工程对襄阳市用水结构影响及农业用水量预测研究［D］/朱浩源.—武汉轻工大学（硕士论文），2021

3202. 汉江流域面源污染特征及控制方案研究［D］/韩蕊翔.—西安理工大学（硕士论文），2021

3203. 汉江流域非点源污染特征与控制方案研究［D］/李舒.—西安理工大学（硕士论

文），2021

3204. 汉江下游水华暴发时滞效应与非线性模拟研究［D］/刘成建．—西北大学（硕士论文），2021

3205. 调水工程影响下的丹江口水库生态环境变化评估［D］/黄跃飞．—湖北大学（硕士论文），2021

3206. 湖北汉江生态经济带土地生态安全评价研究［D］/李庆舒．—湖北大学（硕士论文），2021

3207. 引汉济渭水源区水环境模拟及生态修复研究［D］/高峰．—西安理工大学（硕士论文），2021

3208. 南水北调中线工程水源地径流对气候变化和土地利用变化的响应［D］/刘洋．—中国科学院大学（中国科学院武汉植物园）（硕士论文），2021

3209. 基于机器学习组合模型的汉江流域径流预测研究［D］/包苑村．—西安理工大学（硕士论文），2021

3210. 丹汉江水源地流域径流特征与养分迁移机理［D］/徐明珠．—西安理工大学（硕士论文），2021

3211. 乌江与汉江上游流域河岸带植物群落构建比较研究［D］/付文龙．—中国科学院大学（中国科学院武汉植物园）（硕士论文），2021

3212. 长江口水下三角洲沉积物磁性特征及影响因素分析［D］/颜晨瑶．—浙江师范大学（硕士论文），2021

3213. 陇南西汉水上游泥石流发育特征及危险性评价［D］/张璠．—长安大学（硕士论文），2021

3214. 鹦鹉洲的演化及相关问题的讨论［J］/涂格平，张玉芬，李长安，徐望生//华中师范大学学报（自然科学版），2021（1）

3215. 南水北调中线工程对丹江口水库浮游植物群落结构影响［J］/董磊，吴敏，林莉，陶晶祥//环境科学与技术，2021（1）

3216. 秦巴山地NPP及对气候变化响应的多维地带性与暖温带-亚热带界线［J］/赵芳，张久阳，刘思远，王增艳，王黎欢，顾浩婷，李万隆//生态学报，2021（1）

3217. 基于SWAT模型的汉江上游流域径流情景预测研究［J］/马新萍，武涛，余玉洋//国土资源遥感，2021（1）

3218. 汉江生态经济带城镇化与生态环境耦合协调发展时空格局［J］/方永恒，刘佳敏//西安建筑科技大学学报（自然科学版），2021（1）

3219. 各国因地制宜治理生活污水 沧浪浊水如何变清［J］/刘国伟//环境与生活，2021，（1）

3220. 丹江口库区及上游地区绿色发展促进水质保护的对策建议［J］/辛小康，尹炜，齐耀华//长江技术经济，2021（1）

3221. 长江和汉江总磷污染特征及成因分析［J］/杨卫，李瑞清//中国农村水利水电，2021（1）

3222. 汉江水源地农业面源污染防治探析［J］/张盃傲，王谨//林业调查规划，2021（1）

3223. 丹江口水库叶绿素a浓度的时空特征及影响因子分析［J］/郭诗君，王小军，韩品磊，郑保海，蒋叶青，郭坤，韩雪梅，李百炼，高肖飞，李玉英//湖泊科学，2021（2）

3224. 陕西省鸟类新记录——钳嘴鹳［J］/吴思，姜楠，廖小青，李小利，于晓平//四川动物，2021（2）

3225. 江汉平原土壤饱和渗透系数变化规律及影响因素［J］/刘天奇，汪丙国，张钧帅，段燕//地球科学，2021（2）

3226. 汉江与嘉陵江源区土壤团聚体分布特征及机制研究［J］/刘艳玲，庞奖励，黄春长，查小春，周亚利，王海鹏//水土保持学报，2021（2）

3227. 农田灌溉用水量客观测算模型数据库研究［J］/吴巍，王高旭，吴永祥，张轩，许怡//水利信息化，2021（2）

3228. 基于Landsat多光谱与PALSAR/PALSAR-2数据的汉江流域森林覆盖变化研究［J］/贾小凤，朱红春，凌峰，张一行，王立辉，杜耘//长江流域资源与环境，2021（2）

3229. 汉江流域盛夏暴雨与天气尺度瞬变波EP通量的可能联系［J］/黎颖，王欣，姚静，胡淑兰//沙漠与绿洲气象，2021（2）

3230. 汉江流域河网分级特征研究［J］/黄子叶，王易初，倪晋仁//北京大学学报（自然科学版），2021（2）

3231. 1960—2017年汉江流域气象干旱时空特征分析［J］/冉鹏羽，赵强，熊丹，姚天//长江流域资源与环境，2021（3）

3232. 陕西省不同地貌类型区植被覆盖度时空变化特征及其影响因素［J］/庞国伟，山琳昕，杨勤科，土祥//长江科学院院报，2021（3）

3233. 汉江襄阳河段主要污染物通量分析［J］/王文静，周才金，聂真真，杨松，徐祥//

水利水电快报，2021（3）

3234. 跨流域调水背景下汉江流域洋县段的鱼类多样性及资源现状［J］/赵阳，牛诚祎，李雪健，刘海波，孙光，罗遵兰，赵亚辉//生物多样性，2021（3）

3235. 丹江口水库秋季底栖动物群落状态和空间分布及其与环境因子的关系［J］/池仕运，赵先富，高少波，张爱静，胡俊，李嗣新，胡菊香，董方勇//生态学报，2021（3）

3236. 汉江桥闸工程下游河段典型鱼种栖息地模拟研究［J］/赵晨旭，宋策，曹永祥，闫文龙，王卓//水资源与水工程学报，2021（3）

3237. 银发护江［J］/张玉姐//老同志之友，2021（3）

3238. 兴隆水利枢纽对汉江河岸带氮素分布特征的影响［J］/陈淑娴，尚睿华，冯予诚，王志强，马腾//水文地质工程地质，2021（03）

3239. 汉江支流堵河宽鳍种群结构与繁殖力研究［J］/孟子豪，李学梅，王旭歌，胡飞飞，刘璐，朱挺兵，杨德国//四川动物，2021（3）

3240. 汉中盆地阶地特征及其对构造活动响应初步分析［J］/赵超，田辉，韩朝辉，朱一龙，龚文强，王锡魁//世界地质，2021（4）

3241. 丹江口市沧浪洲湿地公园植物资源应用研究［J］/左瑜，林玉良，林知远//湖北林业科技，2021（4）

3242. 基于拐点分析的汉江水华暴发突变与归因研究［J］/程兵芬，夏瑞，张远，张楠，张新飞，刘成建//生态环境学报，2021（4）

3243. 丹江口水库土壤-底积物镉生态地球化学风险评价［J］/徐宏林，李梦茹，姜华，杨清富，赵计伟，胡绍祥，周小娟//中国地质，2021（4）

3244. 汉江下游河水-地下水交互带中地下水水化学和氮分布特征［J］/曹意茹，李民敬，毛胜军，李玉琼，朱子超，童蕾，刘慧//地球与环境，2021（5）

3245. 长江流域典型支流生境健康评价［J］/邹曦，杨荣华，杨志，郑志伟，史方，池仕运，朱爱民，邵科，袁玉洁，万成炎//水生态学杂志，2021（5）

3246. 汉江下游河流渗滤系统原生劣质地下水分布特征及影响因素研究［J］/韩志慧，马腾，沈帅，杜尧，武显仓，刘文辉//地学前缘，2021（5）

3247. 旬阳市旬河沿岸开发新建项目水土保持方案探析［J］/刘建勇，牛香，袁凯，唐志文，马志层//地下水，2021（5）

3248. 2017—2020年汉江干流水生生物资源现状及变化趋势［J］/徐聚臣，杜红春，王晓宁，覃剑晖，夏成星，侯杰，范泽宇，吴虎，王洁，何绪刚//华中农业大学学

报，2021（5）

3249. 水库运行对汉江流域草鱼洄游影响评价研究［J］/刘洪蕊，刘玉芳，王结良，尹心安// 水生态学杂志，2021（5）

3250. 汉江集家嘴2017～2019年浮游植物变化研究［J］/卢云黎，王琪，罗春艳//水利水电快报，2021（5）

3251. 江汉盆地周缘主要河流沉积物碎屑磷灰石的微量元素特征及其物源判别指标分析［J］/苏建超，李长安，吴中海，林旭，李亚伟，郭汝军//地球学报，2021（5）

3252. 汉江流域景观格局变化对土壤侵蚀的影响［J］/高艳丽，李红波//生态学报，2021（6）

3253. 汉江瀛湖库区消落带桑树生态治理技术［J］/黎文平，张京国，廖和菊//西北园艺（综合），2021（6）

3254. 湖北省内河船舶水污染物接收站布局规划［J］/陈旭，温焰清，叶莹，曹莹// 水运管理，2021（6）

3255. 汉江流域安康段降雨径流特征分析及预测［J］/刘易文，李家科，丁强，郝改瑞//人民珠江，2021（6）

3256. 基于混沌理论的汉江上游安康站1950—2014年逐月降水量特征［J］/赵自阳，王红瑞，赵岩，胡立堂，刘海军//长江科学院院报，2021（7）

3257. 汉江流域1961～2018年多尺度气象干旱时空演变特征［J］/汪琳，舒章康，王国庆，彭涛，林青霞，周俊//长江流域资源与环境，2021（7）

3258. 汉江支流梯级水库氮磷营养盐分布及驱动因子［J］/孟子豪，李学梅，胡飞飞，朱永久，陈康，刘璐，杨德国//环境科学与技术，2021（8）

3259. 汉江中下游丰枯水期水质时空变化特征［J］/张胜，林莉，王珍，潘雄，刘敏，董磊，陶晶祥//长江科学院院报，2021（8）

3260. 汉江中下游浮游植物群落结构、功能群特征及水质评价［J］/杜红春，王晓宁，吴虎，范泽宇，侯杰，何绪刚//长江流域资源与环境，2021（8）

3261. 汉江流域水文站网优化调整与管理机制研究［J］/周文静，蒋四维//水利水电快报，2021（8）

3262. 长江流域分区面雨量特征分析［J］/沈浒英，孙嘉翔，王乐//人民长江，2021（9）

3263. 水利部会商部署中秋假期强降雨防范工作［J］/甘肃水利水电技术，2021（9）

3264. 基于贝叶斯模型平均的赣江与汉江流域多气候模式集合研究［J］/周梦瑶，袁

飞，江善虎，张利敏，石佳勇//水电能源科学，2021（9）

3265. 汉江中下游水体重金属时空分布及污染评价［J］/王珍，刘敏，林莉，张胜，潘雄，陶晶祥//长江科学院院报，2021（9）

3266. 汉江干流洋县段水功能区纳污能力分析计算［J］/曹苗苗，夏焕清，柴娟//陕西水利，2021（9）

3267. 安康市重要地表水功能区水质现状评价及达标分析［J］/刘音迪，马婷婷//陕西水利，2021（9）

3268. 汉江中下游水质时空变异与驱动因素识别［J］/程兵芬，张远，夏瑞，张楠，张新飞//环境科学，2021（9）

3269. 共享社会经济路径下汉江流域产水和水质净化服务时空演变［J］/陈泽怡，余珮珩，陈奕云，江颂，白少云，顾世祥//中国生态农业学报（中英文），2021（10）

3270. 汉江与嘉陵江源区黄土的风化成土强度及其在土壤系统分类中的归属［J］/刘艳玲，庞奖励，黄春长，查小春，周亚利，王海鹏，王海燕，戎晓庆//长江流域资源与环境，2021（10）

3271. 清水河 生态清洁小流域［J］/杨文华//中国水土保持，2021（10）

3272. 陕西省汉江流域2000-2015年土壤侵蚀时空分异特征研究［J］/张玉，张用川，陈林//中国农村水利水电，2021（10）

3273. 基于GRACE卫星数据的汉江流域旱情反演及影响因素定量分析［J］/韩昊宇，丁文峰，许文涛，康靖羚//长江科学院院报，2021（11）

3274. 汉江支流任河上游鱼类多样性现状与保护对策［J］/刘飞，张富斌，常涛，林鹏程，刘焕章//长江流域资源与环境，2021（11）

3275. 河水-地下水交互带沉积物中抗生素和代谢产物提取方法优化及其分布特征［J］/李玉琼，童蕾，严涵，尤悦，卢钰茜，刘慧//环境科学，2021（11）

3276. 2000—2019年秦岭南北实际蒸散发时空变化特征［J］/李双双，张玉凤，张立伟，王婷，延军平//地理科学进展，2021（11）

3277. 湖北省十堰市检察机关多措并举保护水源地生态环境 充分发挥检察职能 当好南水北调"守井人"［J］/高先虎，李君//人民检察，2020（17）

3278. 干旱与湿润区流域时变水热耦合参数的归因对比分析［J］/赵香桂，黄生志，赵静，韩知明，魏晓婷，黄强，邓铭江//生态学报，2021（24）

3279. 基于生态创新视角的绿色金融发展问题探究——以十堰市汉江生态经济带为例［J］/姬潮心，郭萌萌//现代商业，2020（35）

3280. 汉江支流堵河鱼类群落结构及多样性［J］/孟子豪，李学梅，王旭歌，胡飞飞，朱挺兵，吴兴兵，朱永久，陈康，杨德国//生态学杂志，2022（2）

13　汉水历史

3281. 论汉淮间的春秋青铜器［J］/李学勤//文物，1980（1）

3282. 唐嗣濮王李欣墓发掘简报［J］/高仲达//江汉考古，1980（2）

3283. 古邓国、邓县考［J］/石泉//江汉论坛，1980（3）

3284. 房县羊鼻岭遗址调查简报［J］/李龙章，林邦存//江汉考古，1982（1）

3285. 试述楚人取得的几处濮地［J］/殷崇浩，何浩//求索，1982（2）

3286. 襄阳山湾东周墓葬发掘报告［J］/江汉考古，1983（2）

3287. 云梦"楚王城"遗址简记［J］/张泽栋//江汉考古，1983（2）

3288. 我国最早的骨雕人头象［J］/魏京武//化石，1983（2）

3289. 秦汉通南越要道考略［J］/吕名中//中南民族大学学报（人文社会科学版），1983（3）

3290. 古汉水下游主河道入江口之变迁［J］/范植清//中南民族大学学报（人文社会科学版），1983（3）

3291. 宋元木渠考［J］/石泉，王克陵//农业考古，1984（2）

3292. 汉水河口段历史演变及其对长江汉口段的影响［J］/张修桂//复旦学报（社会科学版），1984（3）

3293. 房县七里河遗址发掘的主要收获［J］/王劲，林邦存//江汉考古，1984（3）

3294. 钟祥明显陵调查记［J］/李登勤//江汉考古，1984（4）

3295. 楚都何时迁郢［J］/石泉//江汉论坛，1984（4）

3296. 襄阳蔡坡战国墓发掘报告［J］/江汉考古，1985（1）

3297. 汉江河床里的象化石［J］/李天元//江汉考古，1985（1）

3298. 襄阳磨基山宋墓发掘简报［J］/江汉考古，1985（3）

3299. 南漳县几处古文化遗址调查简报［J］/徐少华//江汉考古，1986（2）

3300. 湖北郧县砖瓦厂的两座东汉墓［J］/梁柱//江汉考古，1986（2）

3301. 天门县发现清代闸［J］/张益民//江汉考古，1986（3）

3302. 沔阳月洲湖遗址调查［J］/姚高悟//江汉考古，1986（3）

3303. 谷城新店出土的春秋铜器［J］/陈千万//江汉考古，1986（3）

3304. 汉水上游旧石器的新发现［J］/汤英俊，宗冠福，雷遇鲁//人类学学报，1987（1）

3305. 鄂西北仰韶文化及同时期文化分析［J］/王劲//华夏考古，1987（2）

3306. 梁山旧石器遗址的初步观察［J］/黄慰文，祁国琴//人类学学报，1987（3）

3307. 从划城岗中一期遗存看大溪文化与屈家岭文化的关系［J］/李龙章//江汉考古，1987（4）

3308. 麋国地望与灭年［J］/何浩//求索，1988（2）

3309. 江汉新石器时代文化系统族属考［J］/李龙章//江汉考古，1988（2）

3310. 试析寨茨岗遗址的文化性质［J］/吴汝祚//华夏考古，1988（4）

3311. 南召小空山上洞与房县樟脑洞：汉水流域两个晚期旧石器洞穴遗址的比较［J］/王幼平//华夏考古，1988（4）

3312. 远古至汉唐的"武当山"［J］/饶铮//郧阳师范高等专科学校学报，1989（Z1）

3313. 淅川下集新石器时代遗址发掘报告［J］/汤文兴//中原文物，1989（1）

3314. 六朝江原故址及侨置郡县考［J］/王文才//四川师范大学学报（社会科学版），1989（3）

3315. 西汉前期"和辑百越"政策试析［J］/杨盛让//民族论坛，1990（1）

3316. 楚文王始都郢在当阳季家湖古城［J］/袁纯富//长江大学学报（社会科学版），1990（2）

3317. 历史上汉江上游的灌溉事业［J］/黎沛虹//农业考古，1990（2）

3318. 汉江下游明代水患与水利格局［J］/王绍良//农业考古，1990（2）

3319. 谷城过山战国西汉墓葬［J］/熊北生//江汉考古，1990（3）

3320. 陕西商代方国考（二）［J］/陈全方，尚志儒//中原文物，1990（3）

3321. 喜读《淅川下王岗》［J］/严文明//华夏考古，1990（4）

3322. 安康地区古今县（市）名的几个问题［J］/冯岁平//安康师专学报，1991（0）

3323. 湖北省郧县曲远河口化石地点调查与试掘［J］/李天元，王正华，李文森//江汉考古，1991（2）

3324. 郧县"南方古猿"不是人类的祖先［J］/刘华才，浦爽//武汉大学学报（哲学社会科学版），1991（2）

3325. 安康地区出土的古代铜镜［J］/徐信印，徐生力//文物，1991（5）

3326. 古代邓国、邓县地望考［J］/黄有汉//史学月刊，1991（6）

3327. 汉水中上游安康地区出土的舞乐文物述略［J］/徐信印，刘康利//陕西理工学院学报（社会科学版），1992（3）

3328. 钟祥出土一批战国青铜器［J］/刘昌银//江汉考古，1992（3）

3329. 简述丹江上游新石器时代遗址［J］/周星，王昌富//文博，1992（3）

3330. 襄阳余岗楚墓陶器的分期研究［J］/杨权喜//江汉考古，1993（1）

3331. 湖北谷城马铃沟东汉砖室墓发掘简报［J］/汤雨林//江汉考古，1993（2）

3332. 汉中市金华村清理一座北宋墓［J］/何新成//文博，1993（3）

3333. 谷城县马铃沟东汉墓陶鼎盖模印图像考略［J］/陈千万//江汉考古，1993（4）

3334. 汉水流域发现古人类化石［J］/孙家明//化石，1993（4）

3335. 湖北宜城罗岗车马坑［J］/杨定爱//文物，1993（12）

3336. 《三国志》地理正误一则［J］/东湖//中国历史地理论丛，1995（1）

3337. 略谈先秦时期关中与汉中之交往及其道路问题［J］/田静，史党社//文博，1995（2）

3338. 陇蜀古道考略［J］/高天佑//文博，1995（2）

3339. 宜城桐树园遗址发掘简报［J］/江汉考古，1996（1）

3340. 丹江口水库区域古代城址的沿革和地望考述［J］/晏昌贵//江汉考古，1996（1）

3341. 老河口市百花山西汉墓清理简报［J］/老河口市博物馆//江汉考古，1996（3）

3342. 钟祥左家坡遗址调查［J］/钟祥市博物馆//江汉考古，1996（4）

3343. 两汉唐白河水利考略［J］/杨文磊//中州统战，1996（4）

3344. 汉水源头考［J］/云南省测绘局//中国测绘，1997（2）

3345. 湖北十堰发现2件手斧［J］/祝恒富//人类学学报，1999（1）

3346. 从巩义和洛南之行浅谈砾石石器工业［J］/吕遵谔//考古与文物，1999（1）

3347. 新石器时代汉水流域聚落地理的初步考察［J］/鲁西奇//中国历史地理论丛，1999（1）

3348. 汉中摩崖石刻形成的历史原因［J］/杨东晨//文博，1999（3）

3349. 就肖家河楚墓铭文的解释与王一军先生商榷［J］/胡文魁//十堰职业技术学院学报，1999（3）

3350. 论石家河文化青龙泉三期类型［J］/樊力//考古与文物，1999（4）

3351. 巴人源出东夷考［J］/杨铭//历史研究，1999（6）

3352. 中国古代淮河、汉水流域的陂渠串联工程技术［J］/张芳//中国农史，2000（1）

3353. 从明代河泊所的置废看湖泊分布及演变：以江汉平原为例［J］/尹玲玲//湖泊科

学，2000（1）

3354. 青铜时代汉水流域居住地理的初步考察［J］/鲁西奇//中国历史地理论丛，2000（4）

3355. 湖北丹江口早始新世梳趾鼠类一新属及伴生哺乳动物化石［J］/郭建崴，王原，杨学安//古脊椎动物学报，2000（4）

3356. 历史时期陕南汉江走廊人地关系地域系统研究［J］/陶卫宁//中国博士学位论文全文数据库，2001

3357. 嘉陵江源流异议［J］/易哲文，易瑜//四川水利，2001（1）

3358. 礼县等地所见早期秦文化遗存有关问题刍论［J］/张天恩//文博，2001（3）

3359. 汉水下游河道的历史变迁［J］/鲁西奇，潘晟//江汉论坛，2001（3）

3360. 古桓水与白水水系考析：兼谈邢澍《桓水考》［J］/漆子扬//西北成人教育学报，2001（4）

3361. 嘉陵江源流在何处［J］/易瑜，易哲文//人民长江，2001（4）

3362. 渭水流域仰韶文化半坡期遗存分期及相关问题研究［D］/吉笃学．—西北大学（硕士论文），2002

3363. 地名迁置漫谈［J］/鲁西奇，罗杜芳//寻根，2002（2）

3364. 汉江出水的半两钱［J］/邓传忠//西安金融，2002（2）

3365. 西汉水利工程与"基本经济区"［J］/庄辉明//华东师范大学学报（哲学社会科学版），2002（3）

3366. 湖北襄阳法龙王树岗遗址二里头文化灰坑清理简报［J］/王先福//江汉考古，2002（4）

3367. 襄随地区两周遗址出土陶鬲分析［J］/王先福//江汉考古，2002（4）

3368. 襄樊汉江出水的稀少古币［J］/邓传忠//西安金融，2002（4）

3369. 汉江出水的万历通宝［J］/邓传忠//西安金融，2002（12）

3370. 汉江流域近百年考古新探［J］/饶春球，李峻//郧阳师范高等专科学校学报，2003（1）

3371. 汉江流域近百年考古新探（续）［J］/饶春球，李峻//郧阳师范高等专科学校学报，2003（2）

3372. 古乐乡、上明城故址考［J］/鲁西奇，江田祥//江汉考古，2003（2）

3373. 从房县七里河诸遗址看史前东夷族的西迁［J］/郑建明//华夏考古，2003（2）

3374. 明清时期陕南汉江走廊乡村聚落类型的地名研究［J］/陶卫宁//中国历史地理论

丛，2003（3）

3375. 试论巴与楚的关系［J］/高应勤//三峡大学学报（人文社会科学版），2003（6）

3376. 《水经注》所见汉水流域汉魏史事考辩［J］/夏增民//汉水文化暨武当文化国际学术讨论会论文集，2004

3377. 从考古发现看汉水在巴蜀文明发展中的地位［C］/赵殿增//汉水文化暨武当文化国际学术讨论会论文集，2004

3378. 汉水上游的化石与石器探微［J］/李峻//汉水文化暨武当文化国际学术讨论会论文集，2004

3379. 丹江上游的古文化与古环境［C］/杨亚长//中国史前考古学研究——祝贺石兴邦先生考古半世纪暨八秩华诞文集，2004

3380. 从考古学看汉水在文化交流中的作用［C］/黄尚明//汉水文化暨武当文化国际学术讨论会论文集，2004

3381. 汉水流域与荆楚文化的孕育与勃兴（摘要）［J］/魏昌//汉水文化暨武当文化国际学术讨论会论文集，2004

3382. 古庸国、麇国历史渊流考论［J］/蓝哲//郧阳师范高等专科学校学报，2004（1）

3383. 汉水流域与秦汉王朝的兴盛［J］/马强//南都学坛，2004（4）

3384. 西汉水上游周代遗址考古调查简报［J］/毛瑞林，梁云，田有前，游富祥//考古与文物，2004（6）

3385. 明清时期汉水中下游干堤修防的组织、管理与纠纷［D］/肖启荣．—武汉大学（硕士论文），2005

3386. 老河口市孔家营一号东汉墓清理简报［J］/符德明//江汉考古，2005（3）

3387. 巴、楚关系诸问题之研究［D］/赵炳清．—华中师范大学（硕士论文），2006

3388. 秦汉汉中郡变迁［J］/雷震//陕西理工学院学报（社会科学版），2006（1）

3389. 汉水流域四座南北朝墓葬的时代与归属［J］/韦正//文物，2006（2）

3390. 从碑刻资料解读清代汉水流域陕西段民间水运秩序［J］/孙丽娟//陕西理工学院学报（社会科学版），2006（3）

3391. 浅论古夜郎都邑及其与荆楚、巴蜀之关系［J］/蒋南华//贵州教育学院学报（社会科学版），2007（1）

3392. 楚国汉中郡杂考［J］/梁中效//陕西理工学院学报（社会科学版），2007（1）

3393. 钟祥罗山遗址调查简报［J］/徐少华，尹弘兵，郑威//江汉考古，2007（3）

3394. 襄樊市牌坊岗新石器时代遗址发掘简报［J］/王志刚//江汉考古，2007（4）

3395. 汉江古栈道：如何助古人穿越秦岭？［J］/税晓洁//中国三峡建设，2007（5）

3396. 从考古发现看襄阳古城的历史变迁［J］/王先福//襄樊学院学报，2007（9）

3397. 明清时期汉水中下游的水利与社会［D］/肖启荣．—复旦大学（硕士论文），2008

3398. 明清时期汉水下游地区的地理环境与堤防管理制度［J］/肖启荣//中国历史地理论丛，2008（1）

3399. 湖北郧县伏龙观旧石器时代遗址调查简报［J］/武仙竹，周兴明，王运辅//人类学学报，2008（1）

3400. 基于GIS的旧石器时代遗址时空分布规律的研究——以丹江口水库淹没区为例［J］/陈诚，王宏志，沈雅琼，徐建军//云南地理环境研究，2008（1）

3401. 明清时期汉水下游地区的地理环境与堤防管理制度［J］/肖启荣//中国历史地理论丛，2008（1）

3402. 湖北广水巷子口遗址发掘简报［J］/陈蓉，黄春国//江汉考古，2008（1）

3403. 试论礼县圆顶山秦墓的时代与性质［J］/祝中熹//考古与文物，2008（1）

3404. 司马迁笔下的汉水流域及其汉中行踪［J］/孙启祥//陕西理工学院学报（社会科学版），2008（01）

3405. 楚辞地理二考［J］/周秉高//职大学报，2008（2）

3406. 从考古学文化看汉水在文化交流中的作用［J］/黄尚明//华夏考古，2008（2）

3407. 丹江口市档案馆收藏的一件清朝上谕［J］/沈均奕//中国档案，2008（3）

3408. 《西汉水上游考古调查报告》出版发行［J］/萧汶//考古，2008（4）

3409. 西汉水上游考古调查报告［J］/文物，2008（4）

3410. 《西汉水上游考古调查报告》出版发行［J］/萧汶//考古，2008（4）

3411. 明清时期汉江中下游地区的水利建设与社会关系［J］/翟婷，胡理//湖北民族学院学报（哲学社会科学版），2008（4）

3412. 明清时期汉水下游泗港、大小泽口水利纷争的个案研究——水利环境变化中地域集团之行为［J］/肖启荣//中国历史地理论丛，2008（4）

3413. 司马迁笔下的汉水流域及其汉中行踪［J］/孙启祥//陕西理工学院学报（社会科学版），2008（1）

3414. 《西汉水上游考古调查报告》出版发行［J］/萧汶//考古，2008（4）

3415. 植被·根脉［J］/黄克勤//武汉文史资料，2008（5）

3416. 论明清时期两湖移民的文化流播——汉江上游湘文化区的个案考察［J］/柯西钢//

求索，2008（6）

3417. 陕西史前考古的发现和研究［J］/杨亚长，马明志，胡松梅，王炜林//考古与文物，2008（6）

3418. 尘埋的汉水流域历史文化名山寻绎——"钖义山"与郧西羊尾山辨异［J］/周贤鹏//郧阳师范高等专科学校学报，2009（1）

3419. 汉水流域古代著名方国庸国溯源［J］/袁林//郧阳师范高等专科学校学报，2009（1）

3420. 文献记载所见汉水上游龙舟竞渡的历史状况［J］/晏波，余粮才//陕西理工学院学报（社会科学版），2009（2）

3421. 丹江口北泰山庙旧石器遗址发掘简报［J］/周振宇，王春雪，高星//人类学学报，2009（3）

3422. 湖北丹江口新发现旧石器时代早期地点［J］/李超荣//人类学学报，2009（4）

3423. 1994年丹江口库区调查发现的石制品研究［J］/李超荣，冯兴无，李浩//人类学学报，2009（4）．

3424. 汉江古栈通南北 最初通途何人开［J］/税晓洁//中国三峡，2009（6）

3425. 地方文献中的清代汉口城市社会［J］/李勇军，陆楚琼//湖北社会科学，2009（8）

3426. 春秋时期"潏"的分布区域及其人文地理学内涵［J］/田成方//襄樊学院学报，2009（9）

3427. 古沔阳城研究与汉水下游古城之比较［D］/刘凡．—武汉理工大学（硕士论文），2010

3428. 明清两湖平原水事纠纷研究［D］/王红．—武汉大学（硕士论文），2010

3429. 淮汉政治区域的形成与淮河作为南北政治分界线的起源［J］/于薇//古代文明，2010（1）

3430. 江汉平原北部汉水以东地区新石器晚期文化兴衰与环境的关系［J］/史辰羲，莫多闻，刘辉，毛龙江//第四纪研究，2010（2）

3431. 汉宋襄阳习家池考辨［J］/叶植//襄樊学院学报，2010（3）

3432. 西汉水上游地区秦早期都邑考［J］/郭军涛，刘文科//四川文物，2010（3）

3433. 汉水流域行政区划在宋元时期的变化及其原因［J］/席成孝//安康学院学报，2010（3）

3434. 秦汉汉中郡治所寻踪［J］/梁中效//陕西理工学院学报（社会科学版），

2010（4）

3435. 汉初武都大地震与汉水上游的水系变迁［J］/周宏伟//历史研究，2010（4）

3436. 屈家岭文化溯源辨［J］/王劲//江汉考古，2010（4）

3437. "岘山汉水"怀古主题的唐宋嬗变——兼论"山水怀古"［J］/程磊//南昌大学学报（人文社会科学版），2010（5）

3438. 楚文化滥觞之地的考古学判定与文化学分析——兼论麇楚关系［J］/傅广典//民间文化论坛，2010（9）

3439. 明清时期江汉平原环境变迁研究［D］/翟世航．—华中师范大学（硕士论文），2011

3440. 楚国西部疆域演变与民族融合［D］/陈朝霞．—武汉大学（硕士论文），2011

3441. 丹江库区水牛洼旧石器遗址的石器研究与讨论［D］/陈晓颖．—吉林大学（硕士论文），2011

3442. 丹江库区龙口旧石器遗址的石器研究与讨论［D］/王欢．—吉林大学（硕士论文），2011

3443. 嘉庆至同治时期的襄樊水利社会研究［D］/琳琳．—湖北大学（硕士论文），2011

3444. 汉江中下游新石器文化遗址的空间格局［J］/李中轩，朱诚，闫慧//地理科学，2011（2）

3445. 襄阳汉江出水的宝巩局雍正通宝［J］/邓传忠//江苏钱币，2011（2）

3446. 古邓国、邓县的地望与诸葛亮躬耕地［J］/张保同//中州学刊，2011（2）

3447. 丹江口库区外边沟与大土包子旧石器遗址发掘出土手斧［J］/李超荣，李浩，许勇，娄玉山，杨学安//化石，2011（3）

3448. 试论城洋铜器存在的历史背景［J］/孙华//四川文物，2011（3）

3449. 丹江库区北泰山庙2号旧石器遗址的石器研究与讨论［D］/卢悦．—吉林大学（硕士论文），2012

3450. 陕南地区近代社会发展研究［D］/田兵权．—西北农林科技大学（博士论文），2012

3451. 武昌城市发展与空间形态研究［D］/吴薇．—南理工大学（硕士论文），2012

3452. 从汉中一江两岸建设看汉江综合治理［J］/雷保寿//陕西水利，2012（1）

3453. 重大机遇 加快前期准备 一刻不停推进汉江综合整治工作［J］/王锋//陕西水利，2012（1）

3454. 长江三峡工程的决策（一）[J]/魏廷琤，刘荣刚//百年潮，2012（3）

3455. 长江委积极推进流域最严格水资源管理制度汉江试点方案编制工作[J]/长江//人民长江，2012（4）

3456. 明清时期汉水流域环境变迁及其影响[J]/永昌//湖北经济学院学报（人文社会科学版），2012（7）

3457. 汉水流域夏商时期考古学文化研究[D]/胡刚. —西北大学（硕士论文），2013

3458. 汉水流域出土春秋方国铜器铭文整理与研究[D]/孙丽君. —安徽大学（硕士论文），2014

3459. 湖北郧县余嘴2号旧石器地点发掘简报[J]/陈胜前，陈慧，董哲，杨宽//人类学学报，2014

3460. 汉江上游郧县人遗址地层沉积学研究[J]/郭永强，黄春长，庞奖励，查小春，周亚利，张玉柱，周亮//海洋地质与第四纪地质，2014（2）

3461. 汉水上游巴文化遗存的考古发现与研究[J]/王静//三峡论坛（三峡文学理论版），2014（2）

3462. 从明清时期泗港纠纷看江汉平原水事纠纷的特征[J]/王红//中国经济与社会史评论，2015

3463. 汉水中游西周考古遗存与早期楚国中心的探索[J]/王先福//湖北文理学院学报，2015（3）

3464. 中古时代石城莫愁与大堤艳姬的历史表征与历史本相[J]/胡箫白//史学月刊，2015（4）

3465. 水上"茶路"汉江天门段的回顾与思考[J]/童正祥，曾万里//农业考古，2015（5）

3466. 乡村地区古代城市遗址整体保护研究——以汉水流域楚皇城遗址为例[J]/徐瑶，王玎//华中建筑，2015（10）

3467. 汉初武都大地震与汉水上游的水系变迁之管见——与周宏伟先生商榷[J]/杨霄//历史地理，2016（2）

3468. 襄阳、社旗——万里茶道南北水陆运输的交接点[J]/万建辉//武汉文史资料，2016（8）

3469. 解读襄阳汉江一桥建设奇迹[J]/姚景灿，吕梅//档案记忆，2016（9）

3470. 两湖地区史前陶鼎研究[D]/蔡孟芳. —西北大学（硕士论文），2017

3471. 西汉水上游周秦汉时期遗址的考古学观察[D]/卜汉文. —西北大学（硕士论

文），2017

3472. 汉江遥堤地区乡村聚落的演变与空间格局优化策略［D］/王俊森．—华中科技大学（硕士论文），2017

3473. 清代陕南工商业发展及其特征研究［D］/孙婧悦．—陕西师范大学（硕士论文），2017

3474. 春秋时期楚国扩张线路研究［D］/陈元秋．—华东师范大学（硕士论文），2017

3475. 汉水往北［C］/朱白丹//大江文艺（2017第3期 总第168期）．：中国水利作家协会，2017

3476. 一镇环临水，凭高望若浮［D］/余腾．—浙江大学（硕士论文），2017

3477. "生存"与"发展"拉锯下的乡村聚落选址变迁研究——以江汉平原北部遥堤地区为例［C］/王俊森//中国城市规划学会、东莞市人民政府.持续发展 理性规划——2017中国城市规划年会论文集（18乡村规划）.中国城市规划学会、东莞市人民政府：中国城市规划学会，2017

3478. 西汉水上游周秦汉时期遗址的考古学观察［D］/卜汉文．—西北大学（硕士论文），2017

3479. 春秋战国时期巴国疆域考［J］/朱圣钟//历史地理，2017（2）

3480. 古麇国历史综考［J］/曹天晓//汉江师范学院学报，2017（4）

3481. 西北地区河流运输变迁研究（1368-1949）［D］/王博杰．—陕西师范大学（硕士论文），2018

3482. 汉江中下游新发现的旧石器时代遗存研究［C］/陆成秋//中国科学院古脊椎动物与古人类研究所、安徽省国土资源厅第十六届中国古脊椎动物学学术年会论文集 中国科学院古脊椎动物与古人类研究所、安徽省国土资源厅：中国古生物学会，2018

3483. 下王岗遗址出土新石器时代遗存的再认识［J］/何强//江汉考古，2018（1）

3484. 考古学视域下商代汉水流域文化交流的廊道功能研究［J］/徐燕//中国历史地理论丛，2018（2）

3485. 湖北省郧县滴水岩旧石器时代遗址发掘简报［J］/唐斑，肖玉军，祁钰，张凤，杜杰，陆成秋，李泉，黄旭初，冯小波//华夏考古，2018（6）

3486. 陕南古代民族史研究（史前—隋唐）［D］/刘烨．—陕西师范大学（硕士论文），2019

3487. 龙山时代晚期至二里冈时期中原文化向南方的扩张研究［D］/陈晖．—武汉大学

（硕士论文），2019

3488. 湖北长阳人遗址和柳陂酒厂旧石器遗址的铀系测年研究［D］/徐行华.—南京大学（硕士论文），2019

3489. 陕西梁山村旧石器遗址与河南仰韶村新石器遗址释光测年研究［D］/曾琼萱.—南京大学（硕士论文），2019

3490. 周代江汉地区城邑地理研究［D］/王琢玺.—武汉大学（硕士论文），2019

3491.《历代地理指掌图》研究［D］/王焦.—陕西师范大学（硕士论文），2019

3492. 水与城：堤防视野下的清代襄阳地方社会——以樊城石堤为中心［J］/王汉东//中国社会经济史研究，2019（1）

3493. 陇南本土对乞巧文化研究的反思与展望［J］/蒲向明//甘肃农业，2019（1）

3494. 江夏郡与西陵县源流考［J］/尹弘兵//武汉学研究，2019（1）

3495. 自然安康［J］/水舞秦巴//西部大开发，2019（2）

3496. 江汉运河时空变迁新探［J］/杨伟，樊如森//运河学研究，2019（2）

3497. 论早期巴人起源于汉水上游及其迁徙［J］/马强//西部史学，2019（2）

3498. 湖北省钟祥市曾家湾旧石器时代地点调查简报［J］/汤学锋，鲍云丰，常晓雯，杨青青，王子煜，王秦江//江汉考古，2019（2）

3499. 襄阳地区习俗传说中的文化价值探析［J］/漆福刚，陈文俊//襄阳职业技术学院学报，2019（3）

3500. 均州沧浪亭之沧桑和文化价值［J］/王永国//湖北工业职业技术学院学报，2019（3）

3501. 赏大美汉江，品汉水文化［J］/潘银侠，吴阿娉，黄炎//湖北画报（湖北旅游），2019（4）

3502. 长江中游地区先秦时期的生业经济［J］/罗运兵，袁靖，姚凌，唐丽雅//南方文物，2019（4）

3503. 汉水流域古镇的类型及其保护［J］/张静，蔡云辉，付恒阳，严维斌，谢盛龙//陕西理工大学学报（社会科学版），2019（5）

3504. 湖北钟祥：莫愁古村［J］/工友，2019（6）

3505. 国庆阅兵式"致敬"方阵里的老英雄李承恩［J］/郭松林//春秋，2019（6）

3506. 古韵襄阳［J］/湖北画报（湖北旅游），2019（6）

3507. 襄阳明清古城墙的保护与利用［J］/余海鹏，杜汉华//中国名城，2019（8）

3508. 铁打的襄阳［J］/艾子//中国三峡，2019（9）

3509. 丹江口水库湖北库区水下考古调查简报［J］/朱祥德，赵耀，宋亦箫//文物，2019（12）

3510. 川陕交通研究［D］/周凤. —山西师范大学（硕士论文），2020

3511. 文伏波与丹江口、葛洲坝工程建设研究［D］/黄一平. —福建师范大学（硕士论文），2020

3512. 清代福建官刻研究［D］/徐长生. —福建师范大学（硕士论文），2020

3513. 壬辰战争初期朝鲜王朝弃守问题研究［D］/赵雨晗. —山东大学（硕士论文），2020

3514. 枣阳雕龙碑聚落考古学研究［D］/吴玉鹏. —河南大学（硕士论文），2020

3515. 苏州沧浪亭园区清代以来的历史变迁及保护利用［D］/倪雨诗. —南京师范大学（硕士论文），2020

3516. 汉阴县堰坪村传统村落空间演进研究［D］/廖颖. —西安建筑科技大学（硕士论文），2020

3517. 西周巴国疆域考［J］/朱圣钟//西部史学，2020（1）

3518. 说"淮汭"与"豫章"：吴师入郢之役战争地理新探［J］/雷晋豪//历史地理研究，2020（1）

3519. 文化史学审美化视域下《明代汉江文化史》书美技法探析［J］/何道明//汉江师范学院学报，2020（2）

3520. 曾侯与钟铭"君庀淮夷，临有江夏"解析［J］/徐少华//中国史研究，2020（2）

3521. 古均州水下遗址现状与保护研究［J］/王永国，柯超//湖北工业职业技术学院学报，2020（2）

3522. 汉口租界，本土精神与西洋气象融汇地［J］/田可可//旅游世界，2020（3）

3523. 《区域历史地理研究：对象与方法》评介［J］/王伟//地理学报，2020（3）

3524. 陕西汉中南郑县发现西周青铜甬钟［J］/王兴成//考古与文物，2020（5）

3525. 武汉地标："江汉朝宗"［J］/谢宏雯//长江论坛，2020（05）

3526. 周昭王南巡考［J］/陈敬华，蓝晓玲，陈君，姜星宇，陈静//湖北工业职业技术学院学报，2020（6）

3527. 西汉至南北朝时期邓县治所的考古学新证［J］/王先福，姚练//湖北文理学院学报，2020（7）

3528. 沧浪抒怀［J］/周力//上海故事，2020（9）

3529. 诸葛亮"献策江滨"解［J］/梁中效//湖北文理学院学报，2020（10）

3530. 宽和 崇文 富足 优待文臣：士大夫的黄金时代［J］/李霞//国家人文历史，2020（11）

3531. 江汉朝宗：向水生长的一种可能［J］/陈进//中国三峡，2020（11）

3532. 清道光年间征收厘金布告雕版版片［J］/王尹芹//档案记忆，2020（12）

3533. 以陶器为视角的石家河文化青龙泉三期类型发展阶段研究［J］/何强//华夏考古，2021（1）

3534. 千湖之省 百湖之城［J］/胡榴明//湖北文史，2021（1）

3535. 楚武王伐随路线考证［J］/姜敏琦//炎黄地理，2021（1）

3536. 楚"鄩"地考［J］/王先福//长江大学学报（社会科学版），2021（3）

3537. 二里头文化下王岗类型及相关问题研究［J］/庞小霞//考古，2021（3）

3538. 汉水中游地区先秦时期生业经济探索——郧县大寺遗址出土动物遗存研究［J］/刘一婷，陶洋，黄文新//江汉考古，2021（3）

3539. 胸怀敬畏写汉江［J］/帅瑜//绿叶，2021（4）

3540. 湖光山色流水镇［J］/行向辉//陕西画报，2021（4）

3541. "郧县人"研究的考古人类学意义［J］/傅广典//汉江师范学院学报，2021（5）

3542. 试论二里头晚期中原文化对江汉地区的扩张［J］/孙卓//华夏考古，2021（5）

3543. 古城襄阳 "李焕英"身后那一座城［J］/皮曙初，侯文坤//科学大观园，2021（6）

3544. 逝去的云梦泽 武汉湖泊的前世今生［J］/董道涛//中国三峡，2021（7）

3545. 长江［J］/吴佳美//科幻画报，2021（9）

3546. 沧浪亭［J］/科教文汇（下旬刊），2021（10）

3547. 沧浪之水清兮 可以北调润京畿［J］/武当，2021（10）

3548. 诗情画意 大美丹江——我们的诗和远方［J］/唐晨，胡文波，牛夺战，潘耀春，梁祝明，裴建丹//武当，2021（10）

14 汉水动植物

3549. 秦巴山区特异的自然条件与植物资源［J］/张亮成//经济林研究，1987（S1）

3550. 秦巴山区野生观赏植物资源的调查开发和利用［J］/袁力，邢吉庆，庞长民，崔铁成，刘青林//园艺学报，1992（2）

3551. 秦巴山区木本抗癌药用植物的开发利用与资源保护［J］/郭军战，李周岐，赵军虎//陕西林业科技，1996（2）

3552. 秦巴山区红豆杉属植物资源及其利用［J］/张宗勤，杨金祥，陈冲，罗新谈//陕西林业科技，1996（3）

3553. 秦巴山区悬钩子属植物的地理分布及花粉形态观察［J］/李维林，贺善安，晁无疾//植物研究，2000（2）

3554. 汉中地区汉水流域水生维管植物种类及地理分布［J］/赵桦，王东//西北植物学报，2002（6）

3555. 秦巴山系西缘撂荒地生物多样性动态与水土保持能力关系研究［D］/黄舸．—西南大学（硕士论文），2007

3556. 秦巴山及其毗邻地区8种野生百合孢粉学研究［J］/张延龙，张启翔，谢松林//西北农业学报，2010（1）

3557. 秦巴山药用种子植物的花［J］/中学生物教学，2013（12）

3558. 秦巴山间地区植被覆盖变化及其对气候变化的响应［D］/杨波．—西北师范大学（硕士论文），2014

3559. 汉江汉中平川段鱼类生境特征及模拟研究［D］/闫文龙．—西安理工大学（硕士论文），2017

3560. 汉江上游纤毛虫群落结构及与环境理化因子的关系［J］/刘智峰，葛红光，赵佐平，李琛，宋凤敏，王彦民//西北农林科技大学学报（自然科学版），2017（1）

3561. 汉江上游流域（陕西段）翘嘴鳜胚胎发育及苗种培育技术研究［D］/符争．—西北农林科技大学（硕士论文），2017

3562. 陕西省安康汉江发现黑腹滨鹬、角??和斑脸海番鸭［J］/董荣，曹强，林俊礼，于晓平//动物学杂志，2017（3）

3563. 湖北省汉江中游黏虫成虫种群动态监测与分析［J］/常向前，吕亮，余小青，张舒//湖北农业科学，2017（1）

3564. 陕西岚皋县莲花山巴山珍稀植物园规划研究［D］/蒲娟．—西北农林科技大学（硕士论文），2018

3565. 小陇山嘉陵江流域和汉水流域野生树种地理分布新记录［J］/颜晓鲁//甘肃林业，2019（5）

3566. 中华小蜜蜂酿出秦巴山"脱贫致富蜜"［J］/农民文摘，2019（8）

3567. 秦巴山脉国家公园与自然保护地空间体系研究［J］/周语夏，刘海龙，赵智聪，

杨锐//中国工程科学，2020（1）

15 汉水防洪专题

3568. 汉江中下游2007年洪水水量平衡分析［J］/刘超，匡威，程正选//长江工程职业技术学院学报，2008（2）

3569. 三里坪和寺坪水库对汉江中下游防洪的作用［J］/余蔚卿，饶光辉，谢敏//湖北水力发电，2008（1）

3570. 2005年杜家台分蓄洪区洪道分流实践回顾［C］/袁达燚//湖北省水利学会.纪念'98抗洪十周年学术研讨会优秀文集.湖北省水利学会：湖北省科学技术协会，2008

3571. 长江与汉江两江洪水演进数学模型研究［J］/张艳霞，张小峰，杨芳丽//中国农村水利水电，2008（9）

3572. 梯级水库汛期分期及汛限水位合理确定研究［D］/吕玉洁. —西安理工大学（硕士论文），2008

3573. 小河沟与大河洪水遭遇情况分析方法探讨［J］/张修龙//陕西水利，2009（5）

3574. 汉水堵河流域致洪暴雨面雨量的估算与预警［C］/尹恒//中国气象学会气象灾害与服务委员会、中国气象局预测减灾司、国家气象中心、中国气象局公共气象服务中心.第26届中国气象学会年会气象灾害与社会和谐分会场论文集.中国气象学会气象灾害与服务委员会、中国气象局预测减灾司、国家气象中心、中国气象局公共气象服务中心：中国气象学会，2009

3575. 江汉平原洪水沉积物的粒度特征及环境意义——以2005年汉江大洪水为例［J］/李长安，张玉芬，袁胜元，杨勇//第四纪研究，2009（2）

3576. 浅析南水北调后的汉江防洪对策［J］/李习高//硅谷，2010（5）

3577. 精确预报，通宵会商，长江防总科学调度汉江洪水［J］/长江//人民长江，2010（15）

3578. 长江委主任蔡其华一行考察武汉江段防洪工作［J］/长江//人民长江，2010（12）

3579. 长江防总办严阵以待应对今年可能出现的洪涝灾害［J］/长江//人民长江，2010（10）

3580. 科学防洪的典范——湖北汉江杜家台不分洪决策纪实［J］/本刊编辑部//决策与信

息，2010（9）

3581. 2010年与1998年长江流域洪水对比分析［J］/邹红梅，陈新国//水利水电快报，2011（5）

3582. 丹江口水库2010年夏季防洪效益分析［J］/刘松//中国防汛抗旱，2011（4）

3583. 2010年长江流域暴雨洪水初步分析［J］/周新春，杨文发//人民长江，2011（6）

3584. 汉江上游近50年来降水变化与暴雨洪水发生规律［C］/殷淑燕//中国地理学会.地理学核心问题与主线——中国地理学会2011年学术年会暨中国科学院新疆生态与地理研究所建所五十年庆典论文摘要集.中国地理学会：中国地理学会，2011

3585. 上游郧县前坊段全新世古洪水水文学研究［J］/乔晶，庞奖励，黄春长，查小春，周亚利，虎亚伟//长江流域资源与环境，2012（5）

3586. 上游郧县段全新世古洪水滞流沉积物特征［J］/乔晶，庞奖励，黄春长，查小春，赵艳雷，张玉柱//理科学进展，2012（11）

3587. 汉江上游白河段万年尺度洪水水文学研究［J］/李晓刚，黄春长，庞奖励，查小春，周亚利，王恒松//地理科学，2012（8）

3588. 河道糙率系数变化对全新世古洪水流量计算的影响研究［J］/薛小燕，查小春，黄春长，庞奖励//干旱区地理，2015（2）

3589. HEC-RAS模型在郧县尚家河段古洪水流量重建的应用研究［D］/薛小燕.—陕西师范大学（硕士论文），2015

3590. 河流古洪水水文学重建的多种方法比较研究［D］/刘涛.—陕西师范大学（硕士论文），2015

3591. 湖北弥陀寺汉江段北宋时期古洪水研究［J］/郑树伟，庞奖励，黄春长，周亚利，查小春，卞鸿雁//自然灾害学报，2015（3）

3592. 汉江上游黄坪村段东汉时期古洪水水文学研究［J］/郑树伟，庞奖励，黄春长，周亚利，查小春，李欣//长江流域资源与环境，2015（2）

3593. 汉江辽瓦店全新世黄土-古土壤序列风化过程及古洪水事件记录［J］/吴帅虎，庞奖励，程和琴，黄春长，查小春，杨建超//长江流域资源与环境，2015（5）

3594. 汉江上游晏家棚段全新世古洪水研究［J］/吉琳，庞奖励，黄春长，查小春，周亚利，刘涛，王蕾彬//地球科学进展，2015（4）

3595. 黄河晋陕峡谷柳林段与汉江上游洋县段全新世古洪水研究［D］/范龙江.—陕西师范大学（硕士论文），2015

3596. 奋力推进重大水利工程建设 不断提升防汛抗旱减灾能力［J］/魏小抗//陕西水利，

2015（3）

3597. 汉江上游北宋时期洪水事件的沉积记录和文献记录对比［J］/靳俊芳，殷淑燕，王学佳//山地学报，2016（3）

3598. 汉江上游东汉时期特大历史洪水考证研究［D］/姬霖.——陕西师范大学（硕士论文），2016

3599. 湖北境内长江河流系统物质组分迁移模式研究［J］/张德存，杨明银，虞刚箭，全浩理//资源环境与工程，2017（1）

3600. 三种不同环境因子对汉江硅藻水华优势种冠盘藻（Stephanodiscus sp.）生长生理的影响［J］/郑凌凌，张琪，李天丽，殷大聪，宋立荣//海洋湖沼通报，2017（6）

3601. 汉江子午河流域洪水预警指标及阈值计算方法［J］/张艳玲，邰高曦//陕西气象，2017（6）

3602. 气候变化和人类活动对汉江上游径流变化影响的定量研究［J］/夏军，马协一，邹磊，王咏铃，景朝霞//南水北调与水利科技，2017（1）

3603. 汉江上游沉积记录的东汉时期古洪水事件考证研究［J］/查小春，黄春长，庞奖励，姬霖，王光朋//地理学报，2017（9）

3604. 孤山电站对库区鱼类产卵场水文情势的影响研究［J］/王中敏，樊皓，刘金珍//人民长江，2017（1）

3605. HEC-RAS模型在汉江上游洪水演进和流量重建中的应用［J］/王光朋，查小春，黄春长，庞奖励，张国芳//西北农林科技大学学报（自然科学版），2017（12）

3606. 汉江雅口航运枢纽船闸通航条件试验研究［J］/孙保虎，李君涛//水运工程，2017（1）

3607. 基于云模型的汉江上游安康市洪水灾害风险评价［J］/石晓静，查小春，刘嘉慧，王光朋//水利水电科技进展，2017（3）

3608. 基于GIS的汉江上游安康市洪水灾害风险评价［J］/石晓静，查小春，郭永强，石彬楠//山东农业科学，2017（6）

3609. 基于云模型的安康市洪水灾害风险时空变化研究［D］/石晓静.—陕西师范大学（硕士论文），2017

3610. 汉江水上突发事件应急资源储备点选址研究［J］/彭静，蓝慧娜，宋文娟//科技通报，2017（6）

3611. 我国季风区若干河流万年尺度稀遇洪水事件水文恢复研究［D］/郭永强.—陕西师范大学（硕士论文），2017

3612. 基于MIKE21FM的杜家台分蓄洪区洪水演进模拟［J］/常楚阳，周建中，徐少军，江焱生//人民长江，2017（1）

3613. 2017年汉江秋季洪水特性及预报调度分析［J］/李玉荣，张俊，张潇//人民长江，2017（24）

3614. 汉江"83·10"致洪暴雨重预报研究［J］/李春龙，邱辉，邢雯慧，杨文发，段唯鑫//人民长江，2017（19）

3615. 及早谋划 严密防守 强化支撑 确保长江流域防洪安全［J］/陈敏，陈桂亚，宁磊，陈炯宏//中国防汛抗旱，2018（1）

3616. 黄河发生2021年第3号洪水水利部进一步会商部署秋汛洪水防御工作［J］/本站讯//水利技术监督，2021（10）

3617. 水利部组织开展2021年长江流域防洪调度演练［J］/中国防汛抗旱，2021（7）

16　汉水有关新闻报道

3618. 汉水润笔 秦岭当鼓［N］/林惠/工人日报，2000-8-23

3619. 全国政协南水北调中线调研组来我省考察［N］/黄俊华；李良树/湖北日报，2000-12-4

3620. 良言劝世见效果 汉江村里有变化［N］/苏金远；陈明政//湖北日报，2000-12-5

3621. 南水北调：构筑生命线［N］/黄俊华//湖北日报，2001-1-3

3622. 南水北调中线源头受污染［N］/张连业//新华每日电讯，2001-1-18

3623. 今春汉江不会出现"水华"［N］/涂亚卓；金仁章//湖北日报，2001-4-4

3624. 汉江将定期公报"体检"结果［N］/余凯//湖北日报，2001-4-8

3625. 秦岭险阻今不再 秦巴汉水待君来［N］/方良根//人民日报海外版，2001-5-15

3626. 2000年湖北省水资源公报［N］/湖北省水利厅//湖北日报，2001-6-18

3627. 汉江水面添"疮疤"［N］/翟志清；吕苑鹃//湖北日报，2001-9-26

3628. 专家破解汉江环保难题［N］/翟志清；吕苑鹃//湖北日报，2001-10-30

3629. 与"汉江"的非常对话［N］/王会志；郭会玲；东方//厂长经理日报，2001-11-21

3630. 长江汉水全面禁渔［N］/鄂学胜；周芳//湖北日报，2002-4-2

3631. 充分认识南水北调重大战略意义［N］/熊家余//湖北日报，2002-5-10

3632. 做好汉江开发大文章［N］/张国祥//中国水运报，2002-6-19

3633. 汉江中下游洪水预报将更快、更准［N］/周长征；熊波；夏斐//光明日报，2002-7-5

3634. 南水北调有利防治汉江"水华"［N］//王宏/中国水利报，2002-12-21

3635. 水资源保护专家解读汉江"水华"［N］/王宏；汤进为//中国水利报，2003-2-15

3636. "羌笛"响起汉江源［N］/李丛//中华合作时报，2003-6-27

3637. 规划武汉"汉江长廊"［N］/涂亚卓；李奇彬；张娟//湖北日报，2003-7-26

3638. 加强领导周密部署 全力迎战汉江洪水［N］/鄂学胜；刘潇潇；裴海燕//湖北日报，2003-9-5

3639. 源头活水汉江来［N］/朱定昌；张真弼//中国教育报，2003-9-8

3640. 鄂陕两省组成漂流考察队［N］/王志林；王清；李启东//湖北日报，2003-9-24

3641. "鱼梁洲开发区"向何处去？［N］/李剑军；谷岳飞//湖北日报，2003-9-24

3642. 碧水清流的"守护神"［N］/尹世峰//中国水利报，2003-10-16

3643. "两江"禁渔效益日益显现［N］/鄂学胜；付玉；林伟华//湖北日报，2003-10-23

3644. 福星升腾汉江边［N］//湖北日报，2003-11-15

3645. 汉江水文局做好中线水文工作［N］/尹世峰//中国水利报，2003-12-11

3646. 踏千山万水颂宏伟蓝图［N］//湖北日报，2003-12-19

3647. 哈佛人画出汉江蓝图［N］/涂亚卓；何孝齐//湖北日报，2004-5-12

3648. 南水北调项目评审调研组来鄂考察［N］//黄中朝；覃翔燕//湖北日报，2004-7-29

3649. 汉江下游也成"悬河"［N］/郭嘉轩//新华每日电讯，2004-9-23

3650. 樱桃挂满汉江边［N］/明杰；柯璐//湖北科技报，2004-10-1

3651. 治水与城建结合 打造汉江第一滩［N］/马汉利//湖北日报，2004-10-11

3652. 对汉江中下游综合利用进行规划［N］/李咏成；毛丽萍//人民政协报，2004-10-13

3653. 国家将投资35.3亿元整治汉江流域水污染［N］/阎友华；高翠//中国经济导报，2004-10-30

3654. 水源区利益应遵循市场［N］/江溶；吴浩//中华工商时报，2004-11-22

3655. 梦圆丹江口［N］/吴涛；姜志斌//中国水利报，2004-11-25

3656. 汉江水利现代化建设纲要出台［N］/甘勇；黄晓军；郭建武；龚富华//湖北日报，2005-3-17

3657. 汉江：南水北调保护区成了垃圾场？［N］/王利；刘书云//新华每日电讯，2005-4-4

3658. 汉江未来如此美丽［N］/陈松平；龚富华//中国水利报，2005-4-21

3659. 第六届汉江龙舟节看点多多［N］/良军；芳霞；正宏//安康日报，2005-4-22

3660. 第六届中国安康汉江龙舟节隆重开幕［N］/董良军；刘芳霞//安康日报，2005-5-3

3661. 第六届中国安康汉江龙舟节圆满闭幕［N］/董良军；刘芳霞//安康日报，2005-5-9

3662. 防患未然确保安澜［N］/鄂学胜；胡顺华//湖北日报，2005-6-9

3663. 汉江试行"环保问责制"［N］/晓方；陈勇；张金星；唐必武；宋晓华//湖北日报，2005-6-22

3664. 赤壁之战发生在汉水而非长江？［N］/戴劲松；卢娟//新华每日电讯，2005-6-24

3665. 汉江中上游地区发展"环保型工业"［N］/李元浩//工人日报，2005-7-14

3666. 汉江水资源保护力度亟待加强［N］/李元浩//工人日报，2005-7-29

3667. 南水北调：库区奉献很大 问题亟待解决［N］/郭亚林//中国经济导报，2005-7-30

3668. 南北双赢，中线水源"贡献区"的憧憬［N］/陈松平；颜超华；王谦；王昱；梅雪峰//人民长江报，2005-7-30

3669. 让南水北调源头早日变清［N］/丁增义//解放军报，2005-8-8

3670. 坚持敌后抗战的郧山汉水［N］/萧岛泉//湖北日报，2005-8-15

3671. 汉江中上游工业的环保改造［N］/刘铁军//中国水利报，2005-9-15

3672. 汉江中上游水源保护 不容忽视［N］/刘铁军//中国水利报，2005-9-29

3673. 供水后，北调的南水会否贵如油［N］//新华每日电讯，2005-9-29

3674. 南水北调中线工程建设全面启动［N］/周长征；颜超华；方启军//人民长江报，2005-10-1

3675. 全力以赴迎战汉江秋汛［N］/吴志远//湖北日报，2005-10-4

3676. 丹江水：流动的生命动脉［N］/刘铁军/中国水利报，2006-1-5

3677. 汉江河畔兴教歌［N］/山风//陕西科技报，2006-4-18

3678. 汉水之滨石榴红［N］/耿建扩//光明日报，2006-5-24

3679. 汉江岸边弄潮儿［N］/李志荣；李晓光//孝感日报，2006-6-9

3680. 一江清水孕育希望安康［N］/来庆琳；谭西；张俊//安康日报，2006-6-20

3681. 汉台向汉江增殖放流鱼苗［N］/屠庆福//汉中日报，2006-6-30

3682. 秦巴汉水腾蛟龙［N］/徐立生//汉中日报，2006-7-18

3683. 汉水文化研讨镇坪笔会成功举办［N］/李大斌/安康日报，2006-9-11

3684. 汉江两岸绿潮涌［N］/潘全耀/安康日报，2006-9-6

3685. 建言南水北调多个提案泽被长远［N］/徐和平//湖北日报，2006-9-7

3686. 汉水文化研讨镇坪笔会成功举办［N］/李大斌/安康日报，2006-9-11

3687. 加大汉江治污力度 确保一库清水进京［N］/董良军//安康日报，2006-10-20

3688. 湖北十堰拟建汉江中上游地区人才公共信息网［N］/李名志；闵德玉/中国人事报，2006-10-20

3689. "汉江生态论坛"在旬阳举办［N］/王高路//安康日报，2006-11-6

3690. 汉江水源地保护情况受到全国政协委员高度关注［N］/董良军；吴咏梅//安康日报，2006-11-7

3691. 汉江潮涌舟正急［N］/夏效生；唐先武//科技日报，2006-11-9

3692. 汉江下游堤防年度加固完成［N］/黄发晖//人民长江报，2006-11-11

3693. 汉江河畔奇女子［N］/梁其生；李文//人民代表报，2006-11-30

3694. 汉江截流成功［N］/梁晓莹；李剑军；张建/湖北日报，2006-12-1

3695. 汉江流域实施环保问责制［N］/陈勇；唐必武；张金星/湖北日报，2006-12-12

3696. 汉水河畔听和韵［N］/陈红星；吴昌权//安康日报，2007-1-23

3697. 湖北汉江流域水污染防治列入政府考核［N］/胡顺华；李飞//中国水利报，2007-1-23

3698. 春风正绿汉江岸［N］/张教志；黄英华；秦宗道//安康日报，2007-1-30

3699. 汉江流域气象预警中心建设步伐加快［N］/艾蓓/安康日报，2007-1-31

3700. 确保一江清水送北京［N］/张琦雪//西安日报，2007-2-2

3701. 汉江崔家营航电枢纽工程进展顺利［N］/马日福；陈世勇//中国交通报，2007-3-20

3702. 安启元委员：保护汉江和丹江生态环境刻不容缓［N］//人民政协报，2007-3-20

3703. 第八届汉江龙舟节总体方案敲定［N］/来庆琳；刘伟//安康日报，2007-3-27

3704. 保护汉江水质成为我市环保主旋律［N］/邹秉融//安康日报，2007-3-28

3705. 汉江文化魅力再发现（上）［N］/江作苏；韩少林；杨耕耘；张孺海；易飞//湖北日报，2007-4-3

3706. 汉江水质保护受困财力不足［N］/李将辉//人民政协报，2007-4-12

3707. 汉江河口水浅 船舶容易出险［N］/费保康；黄俊鹏//中国水运报，2007-4-13

3708. 湖北年底开挖运河引江济汉［N］/高斌//中国交通报，2007-5-15

3709. 300万尾鱼苗游入汉江［N］/焉泽；肖又平//湖北科技报，2007-6-5

3710. 投资81亿开发十堰汉江流域水电［N］/刘铁军；吴涛；叶金华//人民长江报，2007-6-23

3711. 合作开发湖北十堰汉江流域水电资源［N］/刘铁军；吴涛；叶金华//中国水利报，

2007-6-26

3712. 丹江口大坝开闸泄洪［N］/甘勇；吴涛；姜志斌//湖北日报，2007-7-19

3713. 长江汉江涨势趋猛［N］/甘勇；孙又欣；李明河//湖北日报，2007-7-22

3714. 汉江流域水质趋好［N］/陈勇；王春霞//湖北日报，2007-7-24

3715. "一江清水送北京"，不给钱怕是难清［N］/丁冰；李斌//新华每日电讯，2007-7-30

3716. 丹江口：历史的选择［N］/刘铁军//中国水利报，2007-8-7

3717. 加大污染治理确保南水北调中线水源安全［N］/李静//安康日报，2007-10-9

3718. 汉王镇：汉水河畔绘美景［N］/秦宗道；余兴福//安康日报，2007-11-22

3719. 滔滔汉水 滚滚长江［N］/朱海燕；张荣文//中国铁道建筑报，2007-12-4

3720. 西汉水流域将新增耕地四千多亩［N］/张霞//陇南日报，2007-12-6

3721. 汉江治理：中国"田纳西工程"的想象空间［N］/聂春林；陈哲//21世纪经济报道，2008-2-19

3722. 汉江环境改善项目使数百万居民受益［N］/杜吟//中国质量报，2008-5-21

3723. 滔滔汉水情 拳拳报国心［N］/本报特约通讯员 蒲双 任涛 胡国强//人民长江报，2008-7-5

3724. 积极践行可持续发展治水思路 开创丹江口工程建设新局面［N］/记者 贾君洋 刘铁军 吴涛//中国水利报，2008-9-5

3725. 崛起在巴山汉水间［N］/通讯员 张教志 叶飞//安康日报，2008-9-29

3726. 汉水河畔，因鹤城民乐团而沸腾［N］/记者 孙志伟//齐齐哈尔日报，2008-10-6

3727. 对江汉平原形成的贡献汉水胜过长江［N］/记者 陈岩 通讯员 晏丽//湖北日报，2008-12-3

3728. 汉江中下游治理帷幕将启［N］/记者 杨念明 通讯员 夏雄彪//湖北日报，2008-12-7

3729. 镇巴确保汉江支流水质达标［N］/王克琴//汉中日报，2009-3-4

3730. 省政府召开汉江流域水华形势分析会［N］/黄中朝//湖北日报，2009-3-5

3731. 勉县"一江两岸"组团开发如火如荼［N］/宁波//汉中日报，2009-3-6

3732. 崛起在汉水之畔［N］/恒志；李静；先安//安康日报，2009-4-15

3733. 关于建立南水北调汉中水源涵养区经济补偿机制的建议［N］//各界导报，2009-4-17

3734. 魅力古城的迷人新姿［N］/孔祥福；涂玉国//湖北日报，2009-7-13

3735. 首个内河天然泳场开放［N］/严运涛；冯亚敏；徐才//湖北日报，2009-7-16

3736. 巴山汉水吟唱变迁［N］/刘合章；刘全军//安康日报，2009-9-23

3737. 借汉江之水 润关中大地［N］/韩勋//西安日报，2009-11-9

3738. 4年后长江汉江在中游相连［N］/梁晓莹；梅华峰；叶斌；高斌//湖北日报，2009-11-23

3739. 湖北引江济汉通航控制性工程开工［N］/高斌//中国交通报，2009-11-25

3740. 汉江网络舆情拓宽民意沟通渠道［N］/吴涛//人民法院报，2009-11-26

3741. 中线引江济汉通航控制性工程全面开工［N］//胡同章；尹铃瑕；胡定平/中国水利报，2009-11-27

3742. "引江济汉"：调水重塑江河格局［N］/周呈思；杨勇//21世纪经济报道，2009-12-3

3743. 掬起堵河水 送电润民生［N］/张焱；刘铁军//中国水利报，2010-1-12

3744. 优质汉江水给我们带来哪些好处？［N］/晏乐安；张可杰；安楚雄//孝感日报，2010-2-3

3745. 情满汉江三千里 改革发展谱新篇［N］/翰文//人民长江报，2010-2-20

3746. 引江济汉初步设计获批［N］/甘勇；龚富华；武耕民//湖北日报，2010-2-24

3747. 引江济汉工程今年3月动工［N］/武耕民；韩玮//长江日报，2010-2-25

3748. 中国将开建现代最大人工运河［N］/陈莹；梅长权//中国水运报，2010-3-1

3749. 给予汉江中下游地区生态和发展补偿［N］/毛丽萍//人民政协报，2010-3-12

3750. 湖北将现现代最大人工运河［N］/吴华清；甘勇；龚富华//湖北日报，2010-3-21

3751. 中国现代最大人工运河开建［N］/杜若原//人民日报海外版，2010-3-27

3752. 引江济汉工程开工［N］/赵洪亮//中国水利报，2010-4-2

3753. 百里汉江将变身东方塞纳河［N］/江卉；贺璇//湖北日报，2010-4-28

3754. "绿色汉江"倾心守护汉江近十年［N］/刘长松//湖北日报，2010-5-4

3755. 襄樊打造百里汉江风光带［N］/孔祥福//湖北日报，2010-7-23

3756. 鏖战汉江［N］/赵良英；蒋勇；徐应东；刘宇//湖北日报，2010-7-29

3757. 汉江防汛取得阶段性胜利［N］/甘勇；孙又欣；程波//湖北日报，2010-7-30

3758. 汉江危情120小时［N］/陈岩鹏；姚芳//华夏时报，2010-7-31

3759. 丹江口水库再度开闸腾库迎洪［N］/吴丹明//人民长江报，2010-8-28

3760. 立体交通舞动楚山汉水［N］/梁晓莹//湖北日报，2010-8-31

3761. 丹江口水库七孔泄洪汉江第三次洪峰顺利通过［N］/邹琴//人民长江报，2010-

9-18

3762. 襄樊争创"中国书法名城"［N］/孔祥福；涂玉国；刘多斌//湖北日报，2010-9-19

3763. 汉水河畔的"开心农场"［N］/林荣虎；龙平//安康日报，2010-10-25

3764. 汉江沿岸花菜香飘［N］/陆素军//中国城乡金融报，2010-12-9

3765. 十堰"明日"必大兴［N］/苏海涛；王志林；阮志伟//湖北日报，2010-12-15

3766. 汉江河畔涌春潮［N］//人民长江报，2011-1-6

3767. 汉江风光好 此处是襄阳［N］/李强//南方日报，2011-2-7

3768. 汉江之滨 独具特色的山水人文城市——湖北谷城［N］/冯举高//中国县域经济报，2011-3-10

3769. 在汉江上游建生态保护与发展示范区［N］/刘慧//中国经济时报，2011-3-17

3770. 张野来鄂考察汉江治理工程［N］/甘勇；龚李朱//湖北日报，2011-5-9

3771. 弘扬茶歌特色文化 助推紫阳跨越发展［N］/梁涛//安康日报，2011-12-16

3772. 十大工程：让人水和谐［N］/梁潇；喻晶//陕西日报，2013-1-30

3773. 引汉济渭与水资源权场［N］/孙春芳//21世纪经济报道，2013-2-21

3774. 堤防线上筑新绿［N］/李文芳；胡志刚//人民长江报，2013-10-12

3775. 推进汉江流域水利现代化的思考［N］/王忠法；王万林//人民长江报，2013-10-26

3776. 推动流域合作 共话长江未来［N］/廖志慧；罗天娇//湖北日报，2013-11-11

3777. 打造安澜生态新汉江的思考［N］/魏小抗//人民长江报，2013-12-28

3778. 为加快建设省域副中心城市和汉江流域中心城市作出新贡献［N］//襄阳日报，2014-1-4

3779. 建设汉江流域中心城市是信任，更是责任［N］/凡言//襄阳日报，2014-1-4

3780. 为助推襄阳跨越发展建言献策［N］/刘明//襄阳日报，2014-1-7

3781. 建设汉江流域中心城市，是压力更是动力［N］/凡言//襄阳日报，2014-1-7

3782. 汉江生态经济带离市民有多远？［N］/陈栋//襄阳日报，2014-1-8

3783. 开放开发汉江生态经济带 形成两圈两带战略新格局［N］/廖志慧；张茜；胡水兵；胡志东；梁琴//湖北日报，2014-2-11

3784. 汉江湾延续百年自强梦［N］/刘林德//长江日报，2014-2-24

3785. 汉江生态经济带应纳入国家战略［N］/周慧；申俊涵//21世纪经济报道，2014-3-7

3786. 携手建设湖北汉江生态经济带［N］/唐良智//湖北日报，2014-4-9

3787. 建设汉江流域旅游目的地［N］/本报评论员//襄阳日报，2014-8-1

3788. 成为国家水源地后，陕南发展，路在何方？［N］/武盾//陕西日报，2014-8-29

3789. "中国襄阳·汉水文化论坛"专家学者发言摘登［N］/朱科；严俊杰//襄阳日报，2014-10-15

3790. "后调水时代"的思考［N］/唐红丽//中国社会科学报，2014-10-29

3791. 解放思想 求实奋进 加快建设汉江流域中心城市㈢［N］//襄阳日报，2014-10-31

3792. 汉江流域中心城市建设生机勃勃［N］/龚莉；李晖//襄阳日报，2015-1-21

3793. 开放是引领汉江流域协同发展的"金钥匙"［N］/柳洁//中国经济时报，2015-09-21

3794. 汉江禁渔，请不止于"期间"［N］/刘云//安康日报，2015-07-01

3795. 汉江清江水文化比较及发展建议［N］/李广彦//中国水利报，2015-08-27

3796. 汇聚建设汉江流域中心城市的强大力量［N］/本报评论员//襄阳日报，2015-10-15

3797. 推进媒体交流合作 共促汉江流域发展［N］//襄阳日报，2015-10-27

3798. 推动人大工作与时俱进 为建设汉江流域中心城市凝聚强大力量［N］/本报评论员/襄阳日报，2015-10-30

3799. 规划建设汉江生态经济带增强区域经济实力［N］/张飞明//安康日报，2015-11-13

3800. 十堰应做好"水"文章［N］/贺鑫//十堰日报，2015-11-20

3801. 钟振振//王维《汉江临泛》赏析［N］//人民日报海外版，2015-12-01

3802. 为了一库清水永续北送［N］//人民政协报，2015-12-14

3803. 汉江挖出千年铜甬钟来自西周［N］/朱媛媛；骆春燕//汉中日报，2016-7-29

3804. 守护美丽汉江［N］/付磊磊//中国县域经济报，2016-12-12

3805. 关于打造汉江风光旅游带的调研思考［N］/陈栋//襄阳日报，2017-7-14

3806. 雄踞汉水，一座铁打的城［N］/刘晓青//襄阳日报，2017-11-16

3807. 世界水日，看汉江河水清又清［N］/张庆；崔慧芬//汉中日报，2018-3-23

3808. 天水：古汉水源头［N］/王若冰//甘肃日报，2018-4-25

3809. 逐梦六十载 汉江铸辉煌［N］/人民长江报，2018-8-25

3810. 引江补汉工程的初步设想［N］/徐少军；李瑞清；常景坤//人民长江报，2018-9-1

3811. 唱响新时代汉江生态之歌［N］/本报评论员//襄阳日报，2018-12-28

3812. 把"五美郧西"建成"美丽汉江"的绚丽画卷［N］/张涛//十堰日报，2019-1-16

3813. 汉中市汉江流域水环境保护条例［N］/汉中日报，2019-4-11

3814. 深入贯彻习近平生态文明思想 坚决打好打赢污染防治攻坚战［N］/陈新武//十堰日报，2019-06-05

3815. 建设美丽长江 保护母亲河［N］/万勇//中国渔业报，2019-07-01

3816. 沧浪之水清兮［N］/团结报，2019-09-12

3817. 携手绘就汉江流域高质量发展壮丽图景［N］/本报评论员//襄阳日报，2019-11-08

3818. 湖北省汉江流域水环境保护条例［N］/湖北日报，2020-08-06

3819. 打造汉江制造业高质量发展带［N］/吴海涛，刘宇//湖北日报，2020-12-04

3820. 读懂伍子胥，读出"文化沧浪"的力量［N］/王嘉言//苏州日报，2020-06-30

3821. 冯小波：古老的汉江是汉民族文化的摇篮［N］/海冰//湖北日报，2020-12-02

3822. 打造汉江制造业高质量发展带［N］/吴海涛；刘宇//湖北日报，2020-12-4

3823. 安康市汉江流域水质保护条例［N］//安康日报，2021-1-5

3824. 千里汉江源 清流送京津［N］/刘艳芹//人民长江报，2021-6-26

3825. 第六届汉江创客英雄汇7月1日举行［N］/刘倩//襄阳日报，2021-06-28

3826. 汉水丹心相映红［N］/马胜江；时红；魏晚霞；余龙//十堰日报，2021-7-3

3827. 红旗漫卷汉江春［N］/郑斐//陕西日报，2021-07-08

3828. 汉江滨水空间成为新地标［N］/肖擎；陈鑫；江伟兵//湖北日报，2021-8-16

3829. 为了"一泓清水永续北上"［N］/熊彬彬//安康日报，2021-8-17

3830. 汉水文化知多少［N］/海冰//湖北日报，2021-11-25

3831. "江汉明珠"锚定工业路［N］/胡琼瑶；邹伟//湖北日报，2021-12-1

3832. 潮起汉江风正劲 再踏征程力千钧［N］/熊丹青//襄阳日报，2021-12-7

3833. 潮涌汉江 扬帆启航［N］/熊丹青//襄阳日报，2021-12-10

3834. 让"汉江明珠"重现繁荣［N］/童晨曦；张亚运//湖北日报，2021-12-10

3835. 汉江·云赫为汉阳发展注入"新"力量［N］//湖北日报，2021-12-13

3836. 为了清水永续北上［N］/吴莎莎//陕西日报，2021-12-14

3837. 守护秦岭"水之源"［N］/张继勇；李楠；丁廉超//中国矿业报，2022-1-12

3838. 南水北调的陕西贡献［N］/吴莎莎//陕西日报，2022-1-25

第二部分　汉水文化研究图书书目索引

001 行水金鉴［M］/（清）傅泽洪撰.—淮扬官署 清雍正三年［1725］

002 汉水发源考：1卷［M］/（清）王筠撰.—沈氏世楷堂 清道光中［1821—1850］

003 东西二汉水辩：1卷［M］/（清）王士禛撰.—沈氏世楷堂 清道光中［1821—1850］

004 禹贡班义述［M］/（清）成蓉镜撰.—广雅书局 清光绪十四年［1888］

005 陕境汉江流域贸易稽核表［M］/.—清光绪三十二年［1906］

006 汉江水道查勘报告［M］/经济部编.—1939

007 汉水流域地方气候概况［M］/［中支那气象部著］.—［中支那气象部］，1940

008 汉江两岸防御战斗总结［M］/113师编，1951

009 在汉水铁桥工地上［M］/万林.—石家庄：河北人民出版社，1955

010 汉水桥边：小演唱［M］/官忠义著.—武汉：湖北人民出版社，1955

011 汉水铁桥：武汉长江大桥重要组成部分［M］/江洪等摄影.—武汉：长江文艺出版社，1957

012 汉江流域地理调查报告［M］/中国科学院地理研究所，中华人民共和国水利部长江水利委员会汉江工作队著.—北京：科学出版社，1957

013 汉水发源考［M］/（清）王筠撰.—台北：新文丰出版公司，1989

014 汉江中国乳齿象［M］/宗冠福，汤英俊，雷遇鲁，李双喜.—北京：科学技术出版社，1989

015 襄樊港史［M］/襄樊港史编写委员会.—北京：人民交通出版社，1991

016 悠悠汉水情［M］/黄辉亮著.—西安：陕西人民出版社，1993

017 汴水说［M］/（清）朱际虞［等］撰.—上海：上海书店出版社，1994

018 汉水魂［M］/宋民新著.—西安：陕西人民出版社，1996

019 汉水词典［M］/中国社会科学院民族研究所主编．曾晓渝 姚福祥编著.—成都：四川民族出版社，1996

020 水环境化学元素研究［M］/张立城，佘中盛，章申等著.—北京：中国环境科学

出版社，1996

021 中国汉水文化研究［M］/马建勋主编．—西安：西北大学出版社，1996

022 区域历史地理研究： 对象与方法——汉水流域的个案考察［M］/鲁西奇著．—南宁：广西人民出版社，1999

023 汉水听涛［M］/程少瑛主编．—武汉：长江文艺出版社，2000

024 汉水清清［M］/李继诚著．—北京：中国文联出版社，2001

025 中国地方志集成．湖北府县志辑［M］/南京：江苏古籍出版社

026 雾中汉水［M］/蔡其矫著．—福州：海峡文艺出版社，2002

027 汉水上游与蜀道历史地理研究［M］/马强．—成都：四川人民出版社，2004

028 汉水中下游河道变迁与堤防［M］/鲁西奇，潘晟著．—武汉：武汉大学出版社，2004

029 中国西部开发文献［M］/全国图书馆文献缩微复制中心．—全国图书馆文献缩微复制中心，2004

030 龙腾汉江：中国安康龙舟节精彩回放［M］/李焕龙编．—安康：安康市万顺印务公司印制，2004

031 丫头彩凤［M］/王雄著．—北京：中国工人出版社，2005

032 汉水文化研究［M］/冯天瑜主编．—北京：中国国际广播音像出版社，2006

033 金匮银楼［M］/王雄著．—北京：中国工人出版社，2006

034 汉水［M］/左鹏著．—南京：江苏教育出版社，2006

035 汉水文化研究集刊［M］/叶孟理主编．—西安：西北大学出版社，2006

036 汉水文化探源：一个河流守望者的文学手记［M］/王雄著．—北京：中国青年出版社，2007

037 汉水长歌［M］/王学智著．—北京：大众文艺出版社，2007

038 大江北去［M］/梅洁著．—北京：十月文艺出版社，2007

039 陕西汉中［M］/王蓬著．—北京：中国旅游出版社，2007

040 汉水文化论纲［M］/潘世东著．—武汉：湖北人民出版社，2008

041 西汉水上游考古调查报告［M］/甘肃省文物考古研究所［等］．—北京：文物出版社，2008

042 十堰历史文化十四讲［M］/喻斌主编．—武汉：湖北人民出版社，2009

043 汉水文化研究集刊 二［M］/王立新．—西安：西北大学出版社，2009

044 汉水文化概论［M］/潘世东，王道国著．—武汉：湖北人民出版社，2009

045 汉水情丝［M］/刘全新著. —北京：中国文联出版社，2010

046 湖北汉江流域综合开发研究［M］/严官金主编. —北京：研究出版社，2010

047 城墙内外：古代汉水流域城市的形态与空间结构［M］/鲁西奇著. —上海：中华书局，2010

048 区域历史地理研究：对象与方法 汉水流域的个案考察［M］/鲁西奇著. —南宁：广西人民出版社，2010

049 湖北汉江流域综合开发研究［M］/湖北省人民政府研究室（发展研究中心）编. —北京：研究出版社，2010

050 南水北调中线工程水源区汉江水文水资源分析关键技术研究与应用［M］/王俊，郭生练编著. —北京：中国水利水电出版社，2010

051 让汉江告诉中国［M］/张华侨著. —北京：中国经济出版社，2010

052 汉水运河［M］/杨家毅著. —桂林：漓江出版社，2010

053 上津古镇：艺术摄影集［M］/杨启国著. —武汉：湖北美术出版社，2010

054 汉水诗草［M］/牛灿著. —西安：三秦出版社，2010

055 舞动汉水［M］/罗先余主编. —安康：安康市江南印务有限公司，2010

056 水调歌头：国家南水北调中线工程水源地探行［M］/陈长吟. —西安：太白文艺出版社，2011

057 城墙内外：古代汉水流域城市的形态与空间结构［M］/鲁西奇 著. —上海：中华书局，2011汉水文化研究［M］/张社民，主编. —西安：西北大学出版社，2011

058 汉水大道：汉水小镇大道河［M］/郑功荣. —西北大学出版社，2012

059 汉水大移民［M］/梅洁，鄂一民著. —武汉：湖北人民出版社，2012

060 郧阳文化论纲［M］/主编柳长毅，匡裕从. —武汉：湖北人民出版社，2012

061 汉水文化研究论文集［M］/潘世东，饶咬成，聂在垠主编. —北京：世界图书出版公司，2012

062 汉水流域民俗体育集萃［M］/张华江，徐微，王林编著. —武汉：湖北人民出版社，2012

063 上游·上墨：汉水文化考察［M］/张尹著. —西安：陕西师范大学出版社，2012

064 巴山深处［M］/杜文涛著. —西安：太白文艺出版社，2012

065 汉水谣［M］/曹其云著. —合肥：安徽人民出版社，2012

066 一个人的汉江［M］/周国军著. —北京：中国书法出版社，2012

067 沧浪地源考［M］/王永国编著. —武汉：武汉出版社，2012

068 汉水文化研究论文集.2［M］/潘世东，饶咬成，聂在垠主编．—上海：上海世界图书出版公司，2012

069 襄阳文化旅游发展研究［M］/朱运海著．—武汉：华中科技大学出版社，2013

070 唐宋时期汉水上游作家作品研究［M］/付兴林，马玉霞，胡金佳著．—北京：中国社会科学出版社，2013

071 汉水文化史［M］/刘清河主编．—西安：陕西人民出版社，2013

072 汉水流域新时期小说研究［M］/李仲凡，费团结著．—北京：中国社会科学出版社，2013

073 白河流域史前遗址调查报告［M］/北京大学考古文博学院，南阳市文物考古研究所编著．—文物出版社，2013

074 汉水文化研究集刊.4［M］/张义明主编．—西安：西北大学出版社，2015

075 文化生态学视野下的汉水流域教育发展研究［M］/董文军［等］著．—成都：西南交通大学出版社，2013

076 荆楚文化与汉水文明［M］/武清海主编．—武汉：湖北人民出版社，2013

077 汉水谣［M］/木棉著．—合肥：安徽人民出版社，2013

078 浪漫佳期：七夕节俗与妇女乞巧［M］/肖东发主编．—北京：现代出版社，2014

079 汉水流域生态补偿研究［M］/胡仪元［等］著．—北京：人民出版社，2014

080 汉水流域城市化进程中农村劳动力转移问题研究［M］/郭蕊，戴俊平著．—成都：西南交通大学出版社，2014

081 强渡汉水［M］/原著姚雪垠．—上海：上海古籍出版社，2014

082 汉江之水 汉水之城 汉城之名：关于建设南水北调中线核心水源生态特区的第一手资料［M］/柯愈华编著．—武汉：湖北人民出版社，2014

083 寻源：叩问秦山汉水纪行［M］/张永刚编著/摄影．—北京：中国摄影出版社，2014

084 汉水行吟［M］/黄平安著．—西安：陕西旅游出版社，2015

085 汉水汉中［M］/汉中市水利局．—西安：西安出版社，2015

086 汉水流域民歌研究［M］/袁仕萍著．—武汉：湖北人民出版社，2015

087 历史时期以来汉江上游极端性气候水文事件及其社会影响研究［M］/殷淑燕．—北京：科学出版社，2015

088 中国水利史典.长江卷［M］/中国水利史典编委会编．—北京：中国水利水电出版社，2015

089 汉水文化调查［M］/夏日新主编．—武汉：湖北人民出版社，2015

090 汉江宗教文化生态［M］/刘松著．—武汉：湖北人民出版社，2015

091 汉水的襄阳："人文汉水·襄阳笔会"文集［M］/郭忠编．—北京：人民文学出版社，2015

092 汉水北上：湖北日报南水北调中线通水报道辑录［M］/邹贤启，蔡华东主编．—武汉：湖北日报出版社，2015

093 龙兴之地：汉水文化特色与形态［M］/肖东发主编．—北京：现代出版社，2015

094 陕南传统民居考察［M］/李琰君著．—西安：陕西师范大学出版总社，2016

095 汉中盆地地理考察报告［M］/王德基［等］著．—西安：三秦出版社，2016

096 流域生态补偿模式、核算标准与分配模型研究：以汉江水源地生态补偿为例［M］/胡仪元等著．—北京：人民出版社，2016

097 溯水而上：汉水文化寻访之旅［M］/张惠著．—西安：陕西师范大学出版社，2016

098 湖北汉水图说［M］/（清）田宗汉等撰．—台北：成文出版社有限公司，2017

099 汉水文化研究集刊［M］/程琳杰主编．—西安：西北大学出版社，2017

100 上游·上墨：汉水文化考察［M］/张尹著．—西安：陕西师范大学出版总社，2017

101 秦巴明珠［M］/王典根著．—北京：中国水利水电出版社，2017

102 寻源：叩问秦山汉水［M］/张永刚编著/摄影．—北京：中国摄影出版社，2017

103 远去的帆影：1870—1980年的汉江［M］/中国汉江航运博物馆编．—北京：人民交通出版社股份有限公司，2017

104 美丽十堰.秀水［M］/胡哲主编．—北京：世界图书出版公司广东有限公司，2017

105 汉江流域非物质文化遗产保护性旅游开发研究［M］/朱运海著．—武汉：华中科技大学出版社，2017

106 湖北省汉江纪程［M］/（清）王凤生撰．—台北：成文出版社有限公司，2017

107 汉水流域民俗文化［M］/杨郧生编著．—湖北：湖北人民出版社，2018

108 汉水流域儿童歌谣辑注［M］/潘龚凌子著．—北京：九州出版社，2018

109 汉水瑶［M］/温洁著．—重庆：重庆出版社，2018

110 汉江歌魂［M］/潘世东，郝敏主编．—北京：新华出版社，2018

111 汉水战争史［M］/赵盛国，龚艳丽著．—武汉：武汉理工大学出版社，2018

112 郧阳历史文化探研［M］/冷小平，冷遇春，冷静著．—北京：中国国际广播出版社，2018

113 襄阳故事［M］/姜家林，江万丰，主编．—武汉：湖北人民出版社，2018

114 汉水上游报刊史话［M］/付鹏，周尚原，程培长编著．—北京：中国文联出版

社，2018

115 明清时期汉水中游治所城市的空间形态研究［M］/徐俊辉著．—北京：中国建筑工业出版社，2018

116 秦巴山地乡土建筑及当代发展研究：以汉水上游汉中、安康为例［M］/闫杰著．—北京：科学出版社，2018

117 秦风蜀韵羌楚影：秦巴汉水民间舞蹈概览［M］/吴珊编著．—北京：中国社会科学出版社，2018

118 汉水流域文明暨中国古代文学学术研讨会论文集［M］/潘世东主编．—北京：中国文联出版社，2018

119 终南文化与产业发展研究［M］/宋虹桥著．—西安：西北大学出版社，2018

120 研究区域历史地理研究：对象与方法：汉水流域的个案考察［M］/鲁西奇著．—北京：社会科学文献出版社，2019

121 明代汉江文化史［M］/潘世东著．—北京：九州出版社，2019

122 汉江上游梯级水库优化调度理论与实践［M］/白涛，李瑛，黄强著．—北京：中国水利水电出版社，2019

123 清代汉江流域会馆碑刻［M］/李秀桦，任爱国编著．—郑州：中州古籍出版社，2019

124 汉水悠悠［M］/丞卫著．—广州：广东人民出版社，2020

125 组合调水工程和气候变化对汉江水环境生态的影响研究［M］/陈攀，李剑平著．—北京：中国水利水电出版社，2020

126 秦风楚韵 多元荟萃：安康博物馆［M］/陕西省文物局编．—西安：西安地图出版社，2020

127 汉江流域水文情势变化与生态过程响应研究［M］/王学雷等著．—武汉：湖北科学技术出版社，2020

128 远山古道：寻找汉水女神［M］/李延风著．—北京：商务印书馆，2020

129 湖北汉江流域环境保护研究［M］/李兆华，刘巍，卢进登主编．—武汉：湖北科学技术出版社，2020

130 汉江遗产廊道文化资源及价值研究［M］/崔俊涛著．—武汉：华中科技大学出版社，2020

131 汉代居延及肩水两都尉辖境出土简牍疑难文字考与相关专题研究［M］/周艳涛著．—重庆：西南师范大学出版社，2021

132 曲莫如汉：汉水流域历史文明巡礼［M］/潘世东著．—武汉：武汉理工大学出版社，2021

133 古盐道上的文化奇迹：［M］/夏树田，陈德明，编著．—武汉：武汉理工大学出版社，2021

134 汉水风神［M］/潘世东，王道国著．—武汉：武汉理工大学出版社，2021

135 乡风乡韵［M］/赵伯贤编著．—武汉：武汉理工大学出版社，2021

136 汉江中游新石器晚期的古环境与人类活动［M］/李中车著．—郑州：黄河水利出版社，2021

137 汉水游女［M］/陈海钵著．—西安：三秦出版社，2022

138 汉江绿心老河口［M］/刘解军著．—北京：团结出版社，2022

139 汉江古韵［M］/胡晓军著．—武汉：湖北美术出版社，2022

140 秦巴歌魂：秦巴古老长篇传说故事歌谣汇编［M］/潘世东编著．—北京：线装书局，2022

141 饮食汉江：汉水食俗文化论略［M］/何道明著．—北京：中国民主法制出版社，2022

第三部分　汉水文化科学研究项目目录索引

1 历史时期长江流域的森林变迁研究（国家社会科学基金）/周宏伟//湖南师范大学国土学院///1999

2 洪水特性与减灾方法研究（国家自然科学基金）/文伏波//长江水利委员会长江科学院///2000

3 历史时期长江中下游平原旱涝序列时空格局与风险评价（国家自然科学基金）/姜彤//中国科学院南京地理与湖泊研究所///2002

4 近代陕西水资源环境与社会经济变迁（国家社会科学基金）/钞晓鸿//厦门大学人文学院///2002

5 长江流域空间结构演化规律研究（国家自然科学基金）/陆玉麒//南京师范大学///2003

6 长江三峡地区全新世典型遗址与自然沉积剖面的环境考古研究（国家自然科学基金）/朱诚//南京大学///2004

7 长江上游古文化与中国文明的起源——从宝墩文化、三星堆文化到金沙遗址（国家社会科学基金）/李绍明//四川省民族研究所///2004

8 丹江库区含手斧旧石器遗址及其环境考古学研究（国家自然科学基金）/李超荣//中国科学院古脊椎动物与古人类研究所///2006

9 汉水文化与地方特色教育课程体系构筑（湖北省高等学校省级教学研究项目）/潘世东//郧阳师范高等专科学校///2006

10 南水北调中线水源地流域侵蚀与营养元素水文地球化学循环（国家自然科学基金）/徐志方//中国科学院地质与地球物理研究所///2007

11 先秦时期三峡地区的文化变迁（教育部人文社会科学研究项目）/黄尚明//华中师范大学///2007

12 外生技术对中国技术效率的影响：理论模型与数量测度（国家自然科学基金）/代谦//武汉大学///2007

13 适应生态要求的梯级水库群多尺度多目标调控模型与方法（国家自然科学基金）/梅亚东//武汉大学///2007

14 湖北郧西黄龙洞更新世晚期人类遗址综合研究（国家自然科学基金）/刘武//中国科学院古脊椎动物与古人类研究所///2007

15 汉唐时期汉水流域的社会变迁及其区域差异（教育部人文社会科学研究项目）/鲁西奇//厦门大学///2008

16 唐代南方交通考述(一)——湘水流域诸驿道（台湾省政府科研基金）/廖幼华//中正大学历史学系///2009

17 汉江上游大鲵产业化人工高效繁育配套技术研究与示范（国家农业科技成果转化资金/陕西汉水大鲵开发有限公司///2009

18 流域地缘关系过程与中国传统政治地理（国家自然科学基金）/于薇//中山大学///2009

19 江汉平原早中全新世古洪水事件考古地层学研究（国家自然科学基金）/朱诚//南京大学///2009

20 简帛所见楚地丧祭礼制研究（国家社会科学基金）/杨华//武汉大学历史学院///2009

21 明清"湖广填四川"移民通道上的会馆研究（国家自然科学基金）/赵逵//华中科技大学///2009

22 汉江流域文化线路上的聚落形态变迁及其社会动力机制研究（国家自然科学基金）/李晓峰//华中科技大学///2010

23 汉水流域民俗体育研究（教育部人文社会科学研究项目）/张华江//襄樊学院///2010

24 水库引起的流域下垫面变化下的水文预报和不确定性分析（国家自然科学基金）/熊立华//武汉大学///2010

25 文化背景下的汉水流域当代作家创作研究（陕西省教育厅科学研究计划/蒋丽//陕西理工学院///2010

26 我国中部南洛河流域早更新世以来环境演变与古人类活动（国家自然科学基金）/鹿化煜//南京大学///2010

27 地域文化背景下的秦文学研究（国家社会科学基金）/延娟芹//西北民族大学文学院///2010

28 《山海经》名物考证及中国早期神话研究（国家社会科学基金）/李炳海//中国人民大学文学院///2010

29 环境、生计与社会秩序——以清中期川楚陕白莲教起义为中心（国家社会科学基金）/江田祥//广西师范大学历史文化与旅游学院///2011

30 汉水上游地区民间法在民商事纠纷解决中的实际作用发挥与进入司法运用的可行性分析（陕西省教育厅科学研究计划）/张赟//陕西理工学院///2011

31　汉江流域土地利用/覆被变化对径流的影响及其尺度效应研究（陕西省教育厅科学研究计划/马彩虹//陕西理工学院///2011

32　北京水源地环境固体中腐殖质与重金属相互作用机理及影响研究（国家自然科学基金）/季宏兵//北京科技大学///2011

33　生态补偿资金分配模式及其效益评估模型研究——以汉江为例（国家社会科学基金）/胡仪元//陕西理工学院经济与法学学院///2011

34　汉江流域土地利用/覆被变化对水环境化学的影响研究（国家自然科学基金）/李思悦//中国科学院武汉植物园///2011

35　流域水环境、水生态与综合管理（国家自然科学基金）/杨志峰//北京师范大学///2011

36　汉江上游不同尺度土地利用及水质对底栖藻类的影响研究（国家自然科学基金）/谭香//中国科学院武汉植物园///2012

37　陕西汉水流域特色文献数据库建设（陕西省教育厅科学研究计划）/周卫妮//陕西理工学院///2012

38　"汉水韵"陶艺手工坊（国家级大学生创新创业训练计划/国显胜//安康学院///2012

39　汉江流域水资源可持续利用的管理制度创新研究（陕西省教育厅科学研究计划）/杨涛//陕西理工学院///2012

40　流域水文极端事件时空演变特征及其对气候变化的响应机理（国家自然科学基金）/张利平//武汉大学///2012

41　秦岭南麓汉中盆地更新世黄土堆积与旧石器年代研究（国家自然科学基金）/孙雪峰//南京大学/// 2012

42　汉水中上游唐宋文人"汉中诗词"研究（陕西省教育厅科学研究计划）/宫臻祥//陕西理工学院///2012

43　汉水流域民俗文化研究（湖北省社会科学基金）/杨郧生//郧阳师范专科学校///2012

44　历史时期汉水上游地区野生动物资源分布变迁及其原因研究（陕西省教育厅科学研究计划）/王晓霞//安康学院///2012

45　汉水上游民俗文化研究——以节庆、婚俗、葬俗为对象（陕西省教育厅科学研究计划）/刘昌安//陕西理工学院///2012

46　基于决策网络和风险约束优化的城市增长边界调控模式研究（国家自然科学基金）/韩昊英//浙江大学///2012

47　汉水上游地区自然灾害与环境变迁研究（1840—1949）（陕西省教育厅科学研究计划）/温艳//陕西理工学院///2012

48 "汉中仙毫"茶标准化生产技术集成应用（陕西省重大科技创新专项资金项目计划）/付铁红//汉中市汉水茗园茶业有限公司///2012

49 不同水域水华蓝藻磷利用策略的比较研究（国家自然科学基金）/曹秀云//中国科学院水生生物研究所///2012

50 天水市秦州区西汉水流域古集梁高效循环生态农业集成技术示范推广（甘肃省创新引导计划/2012

51 边缘地区旅游产业发展与区域联动响应——以陕南三市为例（陕西省教育厅科学研究计划）/何红//陕西理工学院///2012

52 大型多卷本《中国城市通史》编纂（国家社会科学基金）/何一民//四川大学///2012

53 邓州八里岗仰韶聚落研究与报告编写（国家社会科学基金）/张弛//北京大学///2012

54 流域不同尺度非点源污染的最佳管理措施配置研究（国家自然科学基金）/王晓燕//首都师范大学///2012

55 陕西省体育类非物质文化遗产发展转型与保护研究（陕西省教育厅科学研究计划）/杨柳//陕西理工学院///2012

56 自死窑——中国的老人自死习俗与传说研究（教育部人文社会科学研究项目/徐永安//湖北汽车工业学院///2012

57 近两千年来长江三角洲沉积物物源及黄河南迁的影响（国家自然科学基金）/张卫国//华东师范大学///2012

58 近代南阳盆地社会变迁研究（1906—1937）（国家社会科学基金）/刘振华//上海理工大学///2012

59 人水关系的和谐论调控理论方法研究（国家自然科学基金）/左其亭//郑州大学///2012

60 基于人水和谐理念的最严格水资源管理制度体系研究（国家自然科学基金）/左其亭//郑州大学///2012

61 城市大规模保障性住房空间分布及决策支持模型研究——以武汉为例（国家自然科学基金）/张祚//湖北大学///2012

62 中国保障性住房空间选址和空间福利分配问题研究：以武汉为例（教育部人文社会科学研究项目/张祚//湖北大学///2012

63 湖北省郧县人遗址发掘研究报告（国家社会科学基金）/冯小波//北京联合大学应用文理学院///2012

64 楚文化西渐区域的历史发展与文化变迁（国家社会科学基金）/蔡靖泉//华中师范大学///2012

65 陕西传统民居建筑艺术及居住民俗文化遗产（抢救性）研究（教育部人文社会科学研究项目/李琰君//西安理工大学////2012

66 非物质文化遗产文化生态及其保护模式研究（国家社会科学基金）/丁永祥//河南师范大学////2012

67 水利工程影响下河岸带和库岸带湿地植被的差异及形成机理研究（国家自然科学基金）/刘晖//水利部中国科学院水工程生态研究所////2013

68 汉水中上游乡土建筑的文化特征及传承策略研究（教育部人文社会科学研究项目）/闫杰//陕西理工学院////2013

69 《诗经》与汉水流域生态文明关系研究（陕西省大学生创新创业训练计划）/罗宁//陕西理工学院////2013

70 旱涝急转发生机理与减灾方法研究（国家自然科学基金）/谈广鸣//武汉大学///2013

71 泥河湾盆地早更新世人类行为及其与环境关系研究——以麻地沟遗址为例（国家自然科学基金）/裴树文//中国科学院古脊椎动物与古人类研究所////2013

72 三峡水库下游河床冲刷与再造过程研究（国家自然科学基金）/卢金友//长江水利委员会长江科学院////2013

73 南洛河和汉江流域更新世地貌演化、环境变迁与古人类行为的联系（高等学校博士学科点专项科研基金）/鹿化煜//南京大学///2013

74 黄土高原生态建设的生态—水文过程响应机理研究（国家自然科学基金）/李占斌//中国科学院水利部水土保持研究所////2013

75 秦州区西汉水流域古集梁现代农业集成技术示范推广（国家星火计划）/天水市秦州区科技信息服务中心//2013

76 夏商时期汉水流域考古学文化交流的廊道功能研究（河南省教育厅人文社会科学研究项目/徐燕//河南大学///2013

77 "秦巴·汉水"体育课程开发研究（陕西省教育厅科学研究计划）/李龙正//陕西理工学院///2013

78 汉江上游沿江地区方言语音研究（国家社会科学基金）/柯西钢//陕西师范大学///2013

79 我国中西部南北旅游大通道的构建研究（国家社会科学基金）/赵临龙//安康学院////2013

80 基于三层分级框架的地理本体映射方法研究（国家自然科学基金）/胡承芳//长江水利委员会长江科学院///2013

81 甘青地区新石器时期社会复杂化进程与文明起源研究（国家社会科学基金）/苏海洋//

天水师范学院///2013

82 晋南北朝私撰史籍与文学之关系及其影响研究（国家社会科学基金）/王琳魏//山东师范大学///2013

83 陇南金石释录（国家社会科学基金）/蔡副全//陇南师范高等专科学校///2013

84 中国苗族古经采集整理与研究（国家社会科学基金）/刘锋//贵州大学///2013

85 中国南北两大生业区早期文明进程比较研究（国家社会科学基金）/刘俊男//重庆师范大学///2013

86 四川三星堆文明消失和金沙文明兴起成因的环境考古研究（国家自然科学基金）/朱诚//南京大学///2013

87 淅川沟湾2007-2009年田野考古发掘报告（国家社会科学基金）/靳松安//郑州大学///2013

88 汉江上游阶地释光年代学及地貌演变研究（国家自然科学基金）/周亚利//陕西师范大学///2013

89 耦合于生态单元的秦巴山区乡村聚落结构形态研究（国家自然科学基金）/武联//长安大学///2013

90 横断山区大型地衣特有种及其内生真菌遗传多样性研究（国家自然科学基金）/郭守玉//中国科学院微生物研究所///2013

91 汉水中下游流域城址类遗址群整体保护方法研究（国家自然科学基金）/王玏//华中农业大学///2014

92 水库汛期洪峰沙峰多目标联合优化调度研究（国家自然科学基金）/刘心愿//长江水利委员会长江科学院///2014

93 汉水流域生态文明建设绩效评价研究（陕西省教育厅科学研究计划）/唐萍萍//陕西理工学院///2014

94 一水双城：襄樊古城墙的变迁研究（四川省大学生创新创业训练计划）/刘元//西南民族大学///2014

95 二元结构河岸侵蚀失稳与不平衡输沙交互作用机理研究（国家自然科学基金）/余明辉//武汉大学///2014

96 秦岭弃耕地自然恢复过程中土壤有机碳库变化及稳定机制（国家自然科学基金）/张克荣//中国科学院武汉植物园///2014

97 不同根系深度植物对薄层紫色土坡地的水分适应机理（国家自然科学基金）/赵培//商洛学院///2014

98 先秦《诗经》哲学视阈下的汉水上游文化本质特征研究（陕西省教育厅科学研究计划）/杨名//陕西理工学院///2014

99 汉水上游区域文化变迁与民间音乐的发展研究（陕西省教育厅科学研究计划）/常增宏//陕西理工学院///2014

100 汉水中上游民间信仰研究（陕西省教育厅科学研究计划）/樊丽沙//陕西理工学院///2014

101 明清时期汉水中游治所城市的空间形态特征研究（湖北省社会科学基金）/徐俊辉//武汉理工大学///2014

102 汉水战争史（湖北省社会科学基金）/赵盛国//郧阳师范高等专科学校///2014

103 汉语方言音系汇纂及方音对照处理系统研究（国家社会科学基金）/胡安顺//陕西师范大学///2014

104 历代汉水流域辞赋文献注释与研究（陕西省社会科学基金）/许松//陕西理工学院///2014

105 基于能量过程的坡沟系统侵蚀产沙过程调控与模拟（国家自然科学基金）/李鹏//西安理工大学///2014

106 秦岭山间盆地更新世旧石器工业发展演化与黄土地层年代（国家自然科学基金）/王社江//中国科学院古脊椎动物与古人类研究所///2014

107 汉江上游黄土堆积有机质稳定碳同位素揭示的古人类生存环境（国家自然科学基金）/张红艳//南京大学///2014

108 南水北调中线与引江济汉工程对汉江中下游水域生态环境的影响（湖北省自然科学基金）/郭益铭//中国地质大学(武汉)///2015

109 汉水上游区域经济与社会研究（1912-1949）（陕西省教育厅科学研究计划）/温艳//陕西理工学院汉水文化研究中心///2015

110 水文情势变化下汉江中下游流域湿地系统功能结构及生态响应机制（国家自然科学基金）/王学雷//中国科学院测量与地球物理研究所///2015

111 明清时期汉水中上游的水资源开发与社会变迁（国家级大学生创新创业训练计划）/邵华//华中师范大学///2015

112 河流生态系统纵向梯度上反硝化潜力及其关键微生物过程研究（国家自然科学基金）/张全发//中国科学院武汉植物园///2015

113 秦巴山区多鳞铲颌鱼种质资源调查、保护与人工养殖技术研究（陕西省科学技术研究发展计划）/屈国胜//安康学院///2015

114 汉水流域唐宋诗歌研究（陕西省社会科学基金）/付兴林//陕西理工学院///2015

115 汉中地方文献整理与研究（陕西省教育厅科学研究计划）/周卫妮//陕西理工学院汉水文化研究中心///2015

116 王蓬文学创作研究（陕西省教育厅科学研究计划）/付兴林//陕西理工学院汉水文化研究中心///2015

117 陇东南区域民间美术的文化历史特征研究（教育部人文社会科学研究项目）/余永红//陇南师范高等专科学校///2015

118 流域水文水资源与社会耦合系统新理论新方法研究（国家自然科学基金）/郭生练//武汉大学///2015

119 南水北调中线工程水源区硝酸盐氮污染形成的生态学机制及其调控（国家自然科学基金）/倪晋仁//北京大学///2015

120 流域降雨径流关系的非稳定性识别及其模拟研究（国家自然科学基金）/刘德地//武汉大学///2015

121 水文学及水资源（国家自然科学基金）/刘家宏//中国水利水电科学研究院///2015

122 周代汉淮地区列国青铜器和历史、地理综合整理与研究（国家社会科学基金）/徐少华//武汉大学///2015

123 楚国疆域变迁研究（国家社会科学基金）/赵炳清//河南大学///2015

124 汉江樱桃种植基地产业化与技术示范推广（湖北省科技计划）/何士兵//十堰市快活岭樱桃专业合作社///2016

125 重点水域通航安全主动防控系统的研发与示范（湖北省科技计划）/严新平//武汉理工大学///2016

126 流域水资源系统临界状态解析与预警技术（国家重点研发计划）/杨文发//长江水利委员会水文局///2016

127 京津冀外调水高效利用措施与扩大利用潜力研究（国家重点研发计划）/牛万军//水利部南水北调规划设计管理局///2016

128 丹江口库区植被覆盖度和生物量变化研究（湖北省自然科学基金）/池泓//中国科学院测量与地球物理研究所///2016

129 汉江中下游河流湿地植被对水文情势变化的响应过程与生态机理（国家自然科学基金）/厉恩华//中国科学院测量与地球物理研究所///2016

130 汉水农庄·汉山红红茶系列产品开发和互联网营销模式研究与实践（国家级大学生创新创业训练计划）/刘智强//陕西理工大学///2016

131 汉江流域季节降水的重建与特征分析（国家自然科学基金）/丁玲玲//湖北文理学院///2016

132 汉水农庄·汉山红红茶系列产品开发和互联网营销模式研究与实践（国家级大学生创新创业训练计划）/刘智强//陕西理工大学///2016

133 水文—泥沙—环境情势变化下的河湖生态健康评价与保护（国家自然科学基金）/潘保柱//西安理工大学///2016

134 流域雨洪资源高效开发利用技术及示范（国家重点研发计划）/王银堂//水利部交通运输部国家能源局///2016

135 光盐扰动下闸控河流水华暴发的驱动机制研究（国家自然科学基金）/窦明//郑州大学///2016

136 元明清小说中的汉水流域历史与风俗研究（陕西省教育厅科学研究计划）/陈曦//陕西理工学院///2016

137 汉水上游早期宗教文化研究（陕西省社会科学基金）/黄红兵//陕西理工学院///2016

138 汉水流域青铜时代考古学文化研究（教育部人文社会科学研究项目）/徐燕//河南大学///2016

139 汉中抗战遗迹调查及其研究（陕西省教育厅科学研究计划）/王文礼//陕西理工学院汉水文化研究中心///2016

140 汉中汉魏时期石刻研究（陕西省教育厅科学研究计划）/冯岁平//陕西理工学院汉水文化研究中心///2016

141 雨洪利用全过程风险动态控制方法（国家重点研发计划）/周惠成//大连理工大学///2016

142 方济众艺术研究（陕西省教育厅科学研究计划/吉武昌//陕西理工学院汉水文化研究中心///2016

143 多尺度水文水资源预报预测预警关键技术及应用研究（国家重点研发计划）/余钟波//河海大学///2016

144 服务于最严格水资源管理考核制度的规制及系统集成研究（国家自然科学基金）/解建仓//西安理工大学///2016

145 春秋列国金文史料汇编校注与分类索引（国家社会科学基金）/胡长春//西南大学///2016

146 汉江中游水库型河流水生生物群落时空动态及其对水环境响应研究（湖北省自然科学基金）/刘襄河//襄阳职业技术学院///2017

147 基于社会自然多过程模拟的汉江流域供水—发电—环境互馈关系研究（国家自然科学基金）/刘登峰//西安理工大学///2017

148 汉水流域戏曲剧本整理与研究（国家社会科学基金）/王建科//陕西理工大学///2017

149 秦岭高海拔山地降水变化及其对水资源的影响（国家自然科学基金）/段克勤//陕西师范大学///2017

150 南水北调中线水源地河流大型无脊椎动物多样性对人类干扰的响应（国家自然科学基金）/蒋小明//西安理工大学///2017

151 汉水流域青铜时代考古学文化研究（国家社会科学基金）/徐燕//河南大学///2017

152 安康古民居建筑与移民文化关系的调查研究（国家级大学生创新创业训练计划）/刘豪//安康学院///2017

153 城市用户群节水行为仿真分析及其规制研究（国家自然科学基金）/朱记伟//西安理工大学///2017

154 社会水循环立体监测技术与应用（国家重点研发计划）/黄诗峰//中国水利水电科学研究院///2017

155 卫星耦合传感网的长江中游洪涝灾害实时动态监测方法研究（国家自然科学基金）/陈泽强//武汉大学///2017

156 基于动态余留库容的梯级水库群发电调度序贯决策研究（国家自然科学基金）/王旭//中国水利水电科学研究院///2017

157 江汉平原地下水流系统演化与劣质水的形成（国家自然科学基金）/梁杏//中国地质大学(武汉)///2017

158 通江湖泊水沙节律性波动环境下重金属铜的迁移机制（国家自然科学基金）/王华//河海大学///2017

159 丝绸之路陕甘川毗邻区非物质文化遗产旅游开发及其生态保护研究（国家社会科学基金）/刘吉平//陇南师范高等专科学校///2017

160 基于hgcAB同源基因探针研究大九湖湿地汞微生物甲基化作用机制（国家自然科学基金）/刘金铃//中国地质大学(武汉)///2017

161 陇南西汉水流域特困片带油橄榄扶贫产业中试示范基地建设（甘肃省科技计划）/赵强宏//陇南市经济林研究院油橄榄研究所///2018

162 大型调水工程影响硅藻生长的多因子耦合机制及阈值（国家自然科学基金）/郭益铭//中国地质大学(武汉)///2018

163 汉江下游水华暴发的多影响要素识别与成因机制研究（国家自然科学基金）/夏瑞//

中国环境科学研究院///2018

164 水文变异对汉江中下游水华暴发的驱动机制与风险评估（国家自然科学基金）/窦明//郑州大学///2018

165 安康市汉水南体育文化传播有限公司的创办与运营（陕西省大学生创新创业训练计划）/万龙//安康学院///2018

166 城乡融合导向的土地多功能利用空间关联网络演变机制（国家自然科学基金）/李红波//华中农业大学///2018

167 汉水上游双重属性县域绿色脱贫实现机制研究（陕西省教育厅科学研究计划）/唐萍萍//陕西理工大学///2018

168 "一带一路"背景下汉水文化对外交流研究（陕西省教育厅科学研究计划）/刘子富//安康学院///2018

169 法社会学视野下的汉水上游地区移民搬迁社区社会秩序重构研究（陕西省教育厅科学研究计划）/罗兴平//陕西理工大学///2018

170 暴雨洪水立体监测与精细预报预警（国家重点研发计划）/闵要武//长江水利委员会水文局///2018

171 水资源数量动态评价与预测（国家重点研发计划）/曾焱//水利部信息中心///2018

172 国家水资源动态评价关键技术与应用（国家重点研发计划）/蒋云钟//中国水利水电科学研究院///2018

173 基于多源数据的水敏性城市景观空间减灾评价与调控方法研究（国家自然科学基金）/武静//武汉大学///2018

174 基于蓝绿水迁移转化的灌区水资源精细化配置研究（国家自然科学基金）/任冲锋//长安大学///2018

175 长江流域水循环变化及上下游耦合关系与演变（国家自然科学基金）/程磊//武汉大学///2018

176 陕西秦岭南北地区生态系统服务供需风险演变机制研究（国家自然科学基金）/张立伟//陕西师范大学///2018

177 长江中游石家河古聚落兴衰的地貌和水环境因素（国家自然科学基金）/李长安//中国地质大学(武汉)///2018

178 周代邓国考古学文化研究（国家社会科学基金）/王先福//湖北省文物考古研究所///2018

179 变化环境下考虑不确定性的流域洪水演变及适应性调控研究（国家自然科学基金）/

王义民//西安理工大学///2018

180 商代前期中原文化在南方地区的扩张与影响研究（国家社会科学基金）/孙卓//武汉大学///2018

181 出土先秦文献地理资料整理与研究及地图编绘（国家社会科学基金）/吴良宝//吉林大学///2018

182 新出战国竹简地理史料的整理与研究（国家社会科学基金）/魏栋//清华大学///2018

183 秦巴山地植被—气候协同变异规律分析（国家自然科学基金）/姚永慧//中国科学院地理科学与资源研究所///2018

184 考古视野下早期中国铜钺与王权研究（国家社会科学基金）/井中伟//吉林大学///2018

185 陆路"丝绸之路"境内段中国传统民居建筑艺术及民俗文化研究（国家社会科学基金）/李琰君//西安理工大学///2018

186 汉水中游地区新石器时代至秦汉时期的动物考古学研究（国家社会科学基金）/刘一婷//武汉大学///2019

187 考虑低渗透介质特性的越流含水层中水流与溶质运移实验与模拟研究（国家自然科学基金）/孟宪萌//中国地质大学(武汉)///2019

188 汉水银梭家乡茶电商平台运营（陕西省大学生创新创业训练计划）/宋琳岚//西安翻译学院///2019

189 长江水资源开发保护战略与关键技术研究（国家重点研发计划）/长江水利委员会长江科学院//2019

190 汉水流域戏剧文化的传承与保护研究（湖北省社会科学基金）/曹赟//汉江师范学院///2019

191 南路秦腔"汉调桄桄"传承调研——以汉中市洋县为例（国家级大学生创新创业训练计划）/颜筱靖//山东师范大学///2019

192 世界遗产申报语境中的襄阳古城保护研究（国家级大学生创新创业训练计划）/南冰诺//湖北文理学院///2019

193 汉水战争文化助力汉江生态经济带十堰段建设的路径研究（十堰市社会科学研究课题）/赵盛国//汉江师范学院///2019

194 "万里茶道"茶业资料搜集整理与研究（国家社会科学基金）/黄柏权//湖北大学///2019

195 走马岭史前城址考古资料整理与研究（国家社会科学基金）/余西云//武汉大学///

2019

196 更新世古人类穿越秦岭山脉路线的探寻与研究（国家自然科学基金）/孙雪峰//南京大学///2019

197 秦岭南麓汉中盆地龙岗寺旧石器遗址考古发掘报告与综合研究（国家社会科学基金）/王社江//中科院古脊椎动物与古人类所///2019

198 汉水上游方志整理与研究（陕西省教育厅科学研究计划）/张莹//汉水文化研究中心（陕西理工大学）///2020

199 汉水巴山陕南情（陕西省大学生创新创业训练计划）/王龙飞//西安音乐学院///2020

200 严如熤汉水流域文学地理文献整理（陕西省社会科学基金）/丁俊丽//陕西理工大学///2020

201 汉水流域源头绿色经济发展的问题研究——以宁强地区生态文化旅游为例（陕西省大学生创新创业训练计划）/张嘉雯//陕西理工大学///2020

202 长江流域洪水对气候变化的热动力学响应机理及迁移路径研究（国家自然科学基金）/尹家波//武汉大学///2020

203 拓扑学在石门十三品研究中的应用——以石门颂为例（陕西省教育厅科学研究计划）/贾锐//汉水文化研究中心（陕西理工大学）///2020

204 地域文学视野下的新时期陕南作家群研究（陕西省教育厅科学研究计划）/张晓辉//汉水文化研究中心（陕西理工大学）///2020

205 西北联大师范教育的史料整理与研究（陕西省教育厅科学研究计划）/张晓华//汉水文化研究中心（陕西理工大学）///2020

206 汉水中游史前磨制石器的生产和流通体系研究（国家社会科学基金）/黄可佳//北京联合大学///2020

207 陇蜀道金石文学文献的整理与研究（国家社会科学基金）/蒲向明//陇南师范高等专科学校///2020

后 记

从20世纪90年代末期，我校图书馆员便从浩如烟海的文献中整理出武当文化研究索引，2008年有幸跟随已故的图书馆老前辈胡遂生同志开始起步研究汉水文化，把20世纪80年代至2008年初期汉水文化研究论文索引整理出来，后又陆续整理14年，在这期间随着2014年12月12日南水北调中线工程通水，2016年学校成功升级为本科师范院校，我校汉水文化研究基地被列为湖北省高等学校人文社会科学重点研究基地，科研成果不断增加。循着前辈的研究足迹，我又将后续学者发表的论文、著作进行整理，最终形成了本部书稿，也算为五年来汉水文化研究索引的课题画上了一个圆满的句号。

在《汉水文化研究资料索引》付梓出版之际，首先感谢培养、教育我的汉江师范学院，正是学校升级为本科师范院校后，发展态势蒸蒸日上，社会影响力不断提升，让我对学校未来更有信心、更加期待、更有目标。此外在汉水文化研究资料索引编制过程中得到学校汉水文化研究基地主任潘世东教授的大力支持，正是他悉心指点、关心鼓励，才让我克服各种困难坚持完成科研项目，此外还要感谢科研处饶咬成处长和汉水文化研究基地同仁志士的相助指导，让这部书稿在研究过程中不断得到完善和优化。还有湖北省生态环境厅襄阳生态环境监测中心杨瑛女士、十堰市生态环境局吴昊及水利部长江水利委员会南水北调中线水源有限责任公司杨硕女士对索引的分类提供专业的参考资料，对他们的支持帮助，在此一并感谢。

在索引整理中非常感谢我校图书馆年轻馆员杨晓月女士，她通过自己扎实的专业素养，全面细致检索了有关汉水主题的相关文献，付出了辛勤的努力和艰辛的汗水，书稿才得以顺利问世；此外还要感谢喻正夫、宋永虹两位馆员在梳理文献期间齐心协力整理数据、完善书稿。另外还要特别感谢我校2016级文学院毕业生王雅娟同学，她在汉江师范学院求学期间，经常利用学习间隙无私帮助我开展了论文资料检索基础性工作，还有读书协会会长向思仪、副会长张文静以及历史文化与旅游学院贾淑慧、教育学院张聪同学在书稿格式编排中，做了大量的格式规范工作，还有为本书出版事宜付出辛劳的出版社编辑与审校人员，在此一并致以衷心的感谢！

最后还要感恩我年逾七旬的老父亲，他全心全力支持我的工作与科学研究，给予我养育及照顾，使得我能全心全意、心无旁骛的思考写作，还有爱妻李艳和爱女付君悦对我的关爱与体贴、包容与理解，正是你们的支持与鼓励，才让我能孜孜不倦潜心研究汉水文化，取得研究成果。集腋成裘，编成此书，不仅是给自己的一个交代，也是对九泉之下母亲的缅怀和告慰。

汉水文化研究索引的书稿虽已完稿，回顾自己近20年的图书馆工作经历，这本文化研究索引既是对汉水流域地方文献挖掘整理工作的总结思考，也是为图书馆近20年的职业生涯交上一份工作答卷，更是对哺育我们的汉江致以最深的回报。"路漫漫其修远兮，吾将上下而求索"，新时代、新征程，新的百年，我将踔厉奋发，勇毅前行，为学校的建设发展贡献力量，为汉水文化的传承和发展再立新功。

为保证选录标准的一致性和索引内容的完备性，本人始终保持谨慎和敬畏之心，力求尽可能全面地检索汉水相关研究成果，奈何研究汉水文化的文献资料浩如烟海，时间跨度长，加之自身学识浅薄、能力有限、见闻不广，书中难免有检索遗漏和谬误，敬请各位读者专家拨冗指正，不吝赐教！

付鹏谨识于茹古涵今

2022年6月9日 初夏